*Les
grandes
découvertes
de la
psychanalyse*

LES
PSYCHOSES
la perte
de la réalité

LES PSYCHOSES
la perte de la réalité

LAFFONT
TCHOU

Racamier
Freud
Ferenczi
Abraham
Tausk
Klein
Fairbairn
Federn
Rosen
Sechehaye
Rosenfeld
Bergeret

Les
grandes
découvertes
de la
psychanalyse
Collection
dirigée par
Bela Grunberger
et Janine
Chasseguet-Smirgel
avec le concours
de Claire Parenti

SOMMAIRE

PRÉFACE

Docteur P.C. Racamier

PREMIÈRE PARTIE
Comprendre les psychoses

DEUXIÈME PARTIE
Soigner les psychoses

Préface

Hormis les plus « normales » des activités humaines comme l'art, rien ne propose à la compréhension psychanalytique autant d'énigmes que les phénomènes psychotiques. Si c'est un défi, nous ne saurions le laisser en suspens. Aussi bien la psychanalyse ne pouvait-elle pas s'en dessaisir. Les nombreuses questions que nous posent les psychoses sont graves. Elles le sont pour plusieurs raisons. Nous voyons aujourd'hui de plus en plus de pathologies psychotiques ou avoisinantes. Quelle part cette augmentation doit-elle à une diminution relative des névroses bien tempérées au profit des psychopathologies plus lourdes ? Et quelle part doit-elle aux modifications concordantes de la demande — aujourd'hui moins craintive et mieux informée — et des possibilités techniques, elles-mêmes améliorées et plus accueillantes ? Il importe assez peu d'en décider. Reste que si l'on regarde l'évolution actuelle et à venir des besoins en matière de santé mentale, on peut s'assurer que nous aurons de plus en plus à nous occuper des souffrances psychotiques.

Car la psychose est une souffrance, ou en résulte ; et, pour être psychique, cette souffrance n'en est que plus poignante. En même temps, elle soulève d'irrésistible façon certaines questions sur la vie psychique humaine, parmi les plus fondamentales et les plus universelles.

Ces questions pressantes, il ne manque certes pas de conceptions ou de méthodes pour les évacuer, et nous n'en mentionnerons que deux parmi les plus à la mode. L'une consiste à prendre les psychoses uniquement par le bout de leurs symptômes les plus manifestes et les plus aberrants ; reste alors à les faire taire. L'autre consiste à ne voir dans les psychoses que le produit final des aberrations sociales. Par leurs excès respectifs, la chimio-psychiatrie comme l'anti-psychiatrie se rejoignent dans une même éviction du sujet souffrant et de ses intimes complexités individuelles : oubli que la psychanalyse, elle, ne saurait commettre.

« La psychose est une souffrance, ou en résulte; et, pour être psychique, cette souffrance n'en est que plus poignante » (Illustration de A. Beardslay pour « La Chute de la maison Usher », d'E. A. Poe. Bibliothèque des Arts décoratifs).

UN COMBAT PERDU CONTRE LE RÉEL

Mais cette recherche engage une longue aventure. Elle commence très tôt. Elle ne connaîtra pas de cesse. La principale des questions qu'elle soulève intéressera Freud du début jusqu'à la fin de ses travaux : il s'agit de savoir de quelle espèce est le rapport établi par un psychotique avec le réel. La toute première réponse de Freud à cette question s'approfondira chemin faisant, mais ne changera pas d'essence : ce rapport est fondé sur la rupture. Le malade rompt avec la représentation qu'il a de la réalité quand celle-ci se montre détestable, imposant une frustration douloureuse à de vifs désirs. On aurait cependant tort de penser que la psychanalyse va considérer la psychose comme un retour au paradis des désirs enfantins. Il n'y a d'ailleurs point de paradis, et le réel ne se laisse pas escamoter. Ainsi, telle jeune fille qui vient de perdre son fiancé dénie cette dure réalité ; lancée comme une fusée, elle se met à délirer : son mariage est pour tout à l'heure. Mais sa douteuse exaltation ne fera pas long feu. C'est en observant non pas ces états psychotiques aigus, mais des psychoses au long cours, comme celle du bientôt célèbre Schreber, que Freud va dégager la complexe ambiguïté du rapport psychotique à l'ordre du réel. Cette ambiguïté même sera à l'origine de travaux et de conceptions dont la diversité, voire même les divergences proposent des confrontations fécondes.

C'est alors qu'apparaît un phénomène remarquable : dans l'histoire de la recherche psychanalytique, les psychoses occuperont longtemps la place la plus singulière. D'une part, en effet, leur considération clinique apportera une contribution décisive au développement des concepts psychanalytiques : ainsi, sans les schizophrénies, la notion du narcissisme ne serait pas ce qu'elle est ; rien comme la mélancolie n'a montré et ne montre ce qu'est l'instance du Surmoi, dont elle accomplit une culture pure, et purement toxique ou destructive ; les mécanismes intimes du clivage et du déni doivent leur relief majeur à l'observation des psychoses, où ils règnent en maîtres qui seraient absolus si seulement ils y parvenaient. Rien enfin ne prouve mieux que les psychoses, où elle défaille, l'infinie vertu de l'organisation représentationnelle de la vie psychique inconsciente, dont le rêve constitue le témoin par excellence.

Que l'élucidation des phénomènes psychopathologiques renvoie aux lois générales de la vie psychique et les éclaire, voilà qui se trouve bien dans le fil de l'investigation psychanalytique. A cet égard les mystères des psychoses n'ont pas fini, s'ils finissent jamais, de nous aiguiller sur les mystères de la psyché. Santé et maladie jamais ne sont séparées — jamais non plus confondues — par le regard psychanalytique.

12

Cependant, c'est ici qu'apparaît la singularité annoncée voilà un instant : on a pu croire qu'en retour et thérapeutiquement parlant, les psychotiques ne bénéficiaient guère des services qu'ils rendaient sans le savoir à la connaissance psychanalytique. Freud ne les pensait pas accessibles à l'action du psychanalyste. C'est ainsi que Natalia, la jeune schizophrène grâce à qui surtout Tausk a su apprendre de quelle chair est faite une machine à influencer et ce qu'elle veut dire, a totalement échappé aux possibles bénéfices du travail psychanalytique en refusant d'y coopérer. Elle aussi, comme la jeune fille aux fiançailles rompues, souffrait d'amour, mais tout autrement : l'amour qu'elle avait lui soutirait sa substance, au point qu'elle ne pouvait se débarrasser d'un objet trop attirant qu'en l'exilant hors de son propre territoire psychique, parmi des espaces étranges, étrangers et persécutoires. D'elle-même, ou plutôt de la représentation qu'elle se fit d'elle-même et qu'elle concrétisa en une sorte de stalagmite mentale, il ne subsista finalement qu'une machine de plus en plus désincarnée, une boîte funèbre aux contours elliptiques : tristes reliefs d'un amour non consommé, cet amour étant à la fois celui de l'autre et celui de soi.

UN VERTIGINEUX ANÉANTISSEMENT

La désincarnation : tel est le destin des délires. Pourtant, par un paradoxe qui n'a pas fini d'attiser la curiosité psychanalytique — et qui, voilà plus de vingt ans, avait longuement retenu l'attention de S. Nacht et la mienne —, le délire tente d'accomplir, de la façon la plus manifeste et la plus éperdue, l'incarnation de cela même qui d'ordinaire se vit en silence et sans preuve : un sentiment vivant et continu d'existence.

Car c'est bien avec la vie et avec la mort que les psychoses ont affaire. En filigrane ou en clair, c'est ce qui apparaît dans les textes remarquables que ce recueil donne à lire ou à relire. Ce qui est en cause dans les psychoses, c'est l'être ; c'est le sens de la vie de l'objet, des objets, des êtres et du monde, et c'est la peur poignante de leur anéantissement, dans ce vécu de catastrophe et de fin du monde que Freud a justement placé au cœur des processus psychotiques. C'est aussi le sens de la vie du sujet propre, et c'est la peur de l'anéantissement de soi-même : autre et corrélatif aspect de la catastrophe existentielle ; car, entre autres vérités, l'étude des psychoses montre que toute tentative visant à donner à sa propre vie un sens fondé sur la non-vie du monde, ou vice versa, est irrémédiablement vouée à l'échec, tout au long de limbes interminables.

Au demeurant, ce ne sont pas seulement le sens et le sentiment de la vie qui sont en question dans les psychoses : c'est aussi la vie même. Car l'approfondissement psychanalytique des états mélancoliques — ces structures intermédiaires entre névroses proprement dites et psychoses, et qui furent désignées par Freud comme névroses narcissiques — montre qu'afin de préserver désespérément la vie que prête à l'objet comme à soi-même l'amour qu'on lui porte, en dépit de la haine qu'on lui voue, on peut vraiment se tuer.

Ainsi voit-on, simplement résumé ici, l'approfondissement que la clinique psychotique apporte à la connaissance psychanalytique, dans un domaine où ne s'aventurent que certains poètes et quelques philosophes.

UNE DIFFICILE PROGRESSION

Peu, disions-nous, pour les psychotiques, peu de bénéfices en échange de ces éclairages singuliers et parfois fulgurants qu'ils donnent à voir sur certains mystères de la psyché. C'est ce qu'on a pu croire pendant quelque temps, quelques décennies. Il fallait seulement attendre. Il fallait attendre de nouveaux éclairages, une certaine hardiesse dans l'imagination des méthodes d'approche et d'intervention ; et une maîtrise encore plus fine des remous affectifs que vaut au psychanalyste le contact intime et prolongé avec les espaces inconscients de la folie.

Nous serions vraiment naïfs de croire que la psychanalyse a décidément réglé les difficultés inhérentes au traitement des psychotiques. Elle y rencontre encore des obstacles que la cure des névroses — et même celle des névroses graves ou marginales qui se présentent de plus en plus souvent de nos jours — ne connaît guère ou se contente d'entrevoir. Ainsi peut-on mesurer la patience qu'il a fallu aux psychanalystes pour persévérer dans des chemins où, plus que jamais, on ne doit avancer qu'en n'escomptant pas la récolte pourtant souhaitable — et surtout pas le très douteux trophée que la « guérison » du malade pourrait représenter pour un chasseur de têtes.

DEUX PREMIÈRES ÉTAPES

En quelques lignes, on peut apercevoir les grandes étapes qu'a eu à parcourir avec les psychotiques l'approche psychanalytique — ou psychanalytiquement psychothérapique. Deux obstacles évidents étaient à franchir. En premier lieu, il s'agissait de montrer qu'en dépit des incessants processus de rupture propres à la psychose, il se pouvait établir une sorte d'alliance avec le patient, et qui fût thérapeutique. Colmater

la dramatique hémorragie libidinale que le contact humain tend para-
doxalement à raviver ; instaurer, tête de pont souvent fragile, un terrain d'échanges, un langage commun ; tels sont les objectifs de la première étape, dont les tentatives de M. Sechehaye ou de J. Rosen
illustrent assez bien les difficultés.

La démarche suivante, si l'on peut la distinguer de la première, va
consister à chercher comment cette singulière sorte de transfert peut se
travailler dans la cure. Plusieurs démarches vont alors se distinguer :
celle que Federn, pourtant pionnier, fut à peu près seul à illustrer, pour
qui les courants hostiles du transfert psychotique sont à laisser de côté
au bénéfice de ses courants positifs, dont il faut prendre avantage pour
aider le malade — et c'est bien ici de schizophrène qu'il s'agit — à
mieux connaître et délimiter son propre Moi ; celle qu'illustrent les travaux successifs de Frieda Fromm-Reichmann et de Searles, tous deux
remarquables praticiens ; celle qu'a parcouru en particulier Edith
Jacobson, qui a su tirer toutes les conséquences théoriques et techniques des considérations essentielles de Freud en 1924 ; celle des perspectives ouvertes par Winnicott, encore en cours d'exploration ; et
enfin, plus renommée, plus solide peut être et parfois plus contestée,

Don Quichotte : un combat perdu contre le réel
(Gravure du XVIIIᵉ *siècle. Bibliothèque des Arts décoratifs).*

15

celle qu'illustrent à la fois Fairbairn et Melanie Klein, et d'autres à la suite de celle-ci, comme Bion, H. Segal, H. Rosenfeld.

CONTINUITÉ OU RUPTURE ENTRE LA NÉVROSE ET LA PSYCHOSE

C'est alors qu'apparaît à nos yeux une division parmi les auteurs, entre ceux pour qui les processus névrotiques et psychotiques sont dans un rapport mutuel de continuité et d'isomorphie, se distinguant seulement par des degrés différents de régression ou d'archaïsme, et ceux pour qui ces mêmes processus sont entre eux dans un rapport d'hétéromorphie fondamentale, se distinguant les uns des autres par quelque trait foncier, une faille de la psyché, une béance de l'être, une défaillance profonde, dont seuls souffrent les psychotiques et les patients avoisinants.

Isomorphisme ou hétéromorphisme entre le registre névrotique et le registre psychotique : il n'est pas toujours aisé de répartir en ces deux camps schématiquement tranchés les positions théoriques et techniques des praticiens qui, d'abord, se sont suffisamment occupés de malades psychotiques et qui, ensuite, ont suffisamment réfléchi à leur expérience, pour pouvoir en parler de façon consistante. Freud même ne se peut ranger dans aucun des camps : il a fait le lit des deux. Aussi bien est-ce une position non pas éclectique, parce que l'éclectisme n'est trop souvent qu'une parure dont se revêt l'indécision — mais une position tierce, pour ne pas dire intermédiaire, qui très probablement ressortira des travaux actuellement en cours.

DES PERSPECTIVES NOUVELLES

Il reste en effet à se demander vers quelles voies se dirigent aujourd'hui les chemins de la recherche. Essayons donc d'esquisser quelques thèmes principaux, sans prétendre tout explorer, et sans non plus mentionner les auteurs qui s'y consacrent — même pas le signataire de cette préface...

Sur la puissance et sur les raffinements de la destructivité qui s'exerce au sein des processus mentaux et des relations d'objet psychotiques, nous sommes assez bien renseignés. De même que sur la « profondeur » des niveaux régressifs où certains psychotiques plongent épisodiquement, tandis que d'autres s'y installent. Tout, dans ces eaux-là, n'est que prédation. Tout ? La question se pose en effet de savoir quel rapport subsiste dans une organisation psychotique, surtout lorsqu'elle dure, avec d'aussi peu résistibles coordonnées que la jouissance libidinale, le narcissisme et l'Œdipe. Entre l'anéantissement et le triomphe de Narcisse, les psychotiques tels que les schizophrènes semblent avoir découvert quelque sorte de subversion narcissique. De même, entre l'inceste et l'exclusion de l'Œdipe, une « solution » singulière est la leur, pour laquelle il faudrait inventer le mythe d'un héros inconnu : Antœdipe.

L'ÉCOLE DE PALO ALTO

Pensée démontée, déliée, défaite, que celle des schizophrènes ? Certes, mais — tentent de montrer des travaux récents — pensée quand même, pensée organisée dans l'absurde et pensée contre la pensée. Les travaux modernes s'appuient sur la certitude que, dans le registre psychotique non moins qu'ailleurs, le mode de pensée et le mode relationnel (intérieur et actuel) vont toujours de pair. La folie, qui ne coïncide pas exactement avec la psychose — car s'il n'y a pas de psychose durable sans folie, il peut y avoir folie sans psychose — la folie apparaît alors comme une technique mentale ainsi que relationnelle. En relève une façon foncièrement paradoxale de penser, de se penser et de se rapporter à autrui. La recherche psychanalytique a récemment entrepris d'étudier et d'aborder ces processus paradoxaux, que l'école californienne de Palo Alto avait décortiqués de manière excessivement naturaliste en décrivant des communications piégées et des transactions insolubles, dont la plus célèbre a été décrite sous la dénomination malaisément traduisible de « double bind ».

De vastes horizons de recherche et d'action sont ouverts par cette perspective nouvelle, remaniée et fécondée par la compréhension psychanalytique.

FAMILLE ET SOCIÉTÉ EN CAUSE : L'ANTI-PSYCHIATRIE

Corrélativement se pose la question des interactions familiales dans la constitution et l'émergence des processus psychotiques. De remarquables observations montrent que la psychose évidente d'un individu se constitue comme l'îlot émergent, voire même le symptôme, de la secrète folie d'une famille. Comme toutes les observations complexes, elles peuvent s'interpréter diversement. Tandis que certains, comme les anti-psychiatres, débouchent très vite sur une idéologie qui met en accusation l'institution familiale et la société tout entière et veut seule-

Le Petit Journal

ADMINISTRATION
61, RUE LAFAYETTE, 61
Les manuscrits ne sont pas rendus

5 CENT.   SUPPLÉMENT ILLUSTRÉ   **5** CENT.

21ᵐᵉ Année —— Numéro 1.047

ABONNEMENTS

	SIX MOIS	UN AN
SEINE et SEINE-ET-OISE...	2 fr.	3 fr. 50
DÉPARTEMENTS...........	2 fr.	4 fr. »
ÉTRANGER	2 50	5 fr. »

On s'abonne sans frais
dans tous les bureaux de poste

DIMANCHE 11 DÉCEMBRE 1910

UN FOU DANS UN WAGON-POSTE

*L'image du « fou criminel », véhiculée par les journaux à sensation, contribue
à créer dans le public la psychose de... la psychose.*

ment faire du malade mental à la fois la victime et le héros des institutions sociales, d'autres cherchent à pénétrer ces interactions singulières, soit en systématisant la dynamique intrafamiliale, au risque de la simplifier et d'évincer l'inconscient individuel, soit enfin en tâchant de comprendre comment peuvent s'organiser des intrications telles qu'un individu en vient à se concevoir non pas comme une entité propre, mais seulement comme le morceau d'un ensemble au demeurant dénué d'ouverture ; et c'est ici que, loin des systèmes simplistes, la psychanalyse retrouve son absolue nécessité.

Voici d'ailleurs que ces perspectives « familialistes » raniment par contraste un terrain que la psychanalyse n'a jamais omis mais qu'elle aborde difficultueusement : c'est celui des facteurs chimio et physiobiologiques à l'œuvre, dès la naissance, et plus tard, dans la prédisposition, dans l'émergence et dans l'éventuelle perpétuation des psychoses. Il n'est pas douteux qu'en ce domaine la recherche psychanalytique elle-même et les confrontations interdisciplinaires aient encore beaucoup à faire.

Cette remarque nous ramène à la clinique des psychoses. L'un des domaines cliniques où la psychanalyse est experte est celui des pathologies occultes : structures ou personnalités psychotiques, psychoses cachées sans symptômes avérés, ou psychoses à symptômes détournés comme l'anorexie mentale[1] ou bien encore cette anorexie vitale qui fait souffrir en silence et ne laisse au sujet que la force de survivre — ou de se suicider. De même, à une époque où trop souvent la mode a voulu qu'on en vienne à parler de psychose au singulier, en vrac et sans détail, il appartient au contraire à la clinique psychanalytique de spécifier selon ses voies propres l'organisation différentielle des principales formes ou variétés d'organisations et d'évolutions psychotiques.

Ce champ de recherche nous ramène lui aussi à l'ultime souci des travaux en cours : c'est le souci thérapeutique. En effet, c'est dans la mesure même où la cure psychanalytique, si longue, si exigeante et si délicate qu'elle soit à conduire, n'a plus à faire ses preuves que l'on doit préciser les cas et les conditions où ses chances sont les meilleures — ou les moins aléatoires. De même travaille-t-on de nos jours sur des méthodes de traitement qui, sans strictement obéir aux exigences les

---

1. L'anorexie mentale est cette affection de l'adolescence dans laquelle les symptômes les plus évidents, comme la perte de l'appétit, l'amaigrissement grave, l'hyperactivité et la disparition des règles dissimulent au regard clinique usuel un vécu secrètement délirant du corps propre et un empire écrasant sur les besoins et les désirs du corps.

plus rigoureuses de la psychanalyse, ne tirent cependant leur substance et leur sens que des connaissances psychanalytiques.

Mais quels que puissent être les progrès que pourra connaître l'approche psychanalytique des psychoses, il restera toujours une vertu que les malades ne cesseront de nous enseigner : c'est la vertu de modestie.

DOCTEUR P.C. RACAMIER

PREMIÈRE PARTIE

Comprendre les psychoses

C.G. Jung

Chapitre I

La paranoïa
et son origine homosexuelle

Si Freud étudie l'ensemble des psychoses — que l'on peut regrouper essentiellement en deux catégories : la paranoïa et la schizophrénie d'une part, et, de l'autre, la manie-mélancolie —, c'est à la paranoïa qu'il se consacre avant tout. Il se fonde pour ce faire sur la clinique entendue au sens large. En effet, les principaux cas sur lesquels il s'appuie sont les suivants : en 1911, le cas Schreber, en interprétant l'autobiographie du président de la cour d'appel de Saxe, intitulée Mémoires d'un névropathe *et publiée en 1903 ; en 1923, celui du peintre Haitzmann, qui fit l'objet d'un travail intitulé* Une névrose démoniaque au XVIIᵉ siècle, *et pour lequel Freud prend comme point de départ le récit laissé par l'artiste de ses différents épisodes délirants et les représentations plastiques qu'il en avait données.*

Enfin, en 1915, il rédige sa Communication d'un cas de paranoïa en contradiction avec la théorie psychanalytique, *écrite à partir d'une consultation demandée par un avocat au sujet d'une plaignante dont il communiqua les lettres à Freud. Celui-ci eut deux entretiens avec la jeune femme.*

Mais pourquoi se fonde-t-il sur des récits ou des entretiens plutôt que sur un matériel de cure ?

En fait, il répond lui-même à cette question : les malades paranoïaques s'adressent rarement au psychanalyste ; de plus, leur traitement se révèle vite impossible à poursuivre, dans la mesure où ces patients incluent rapidement le thérapeute dans leur délire.

◀ *Jung consacra toute une partie de son œuvre aux psychoses, et s'en entretint avec Freud.*

Les psychoses : la perte de la réalité

En outre, comme nous le verrons ultérieurement, Freud considérait que les psychotiques étaient incapables d'opérer un véritable transfert ; il opposait donc les névroses de transfert (c'est-à-dire les névroses proprement dites[1]) aux névroses narcissiques, qui englobaient les psychoses.

Ceci jusqu'en 1924, où il réservera le terme de névrose narcissique à la seule manie-mélancolie.

Dans ce volume, nous avons choisi de présenter quelques textes classiques sur les psychoses, nous réservant de donner un aperçu des développements actuels que connaissent la théorie et le traitement des psychotiques dans un autre tome de cette collection, consacré aux écoles psychanalytiques[2], car le problème de la psychose est devenu depuis quelques années un lieu privilégié pour les débats idéologiques. Les traiter ici nous écarterait donc de notre but : dégager les fondements de la théorie psychanalytique des psychoses.

Rappelons que le terme de psychose désigne les affections mentales qui, dans le vocabulaire familier, sont appelées « folie », bien que les deux termes ne soient pas exactement synonymes, comme le note P. C. Racamier dans sa préface.

Au cours du XIXe siècle, la psychiatrie classique s'est peu à peu attachée à distinguer névroses et psychoses. Les psychoses furent en même temps progressivement différenciées en maladies organiques provoquant des manifestations mentales (telles que la paralysie générale, d'origine syphilitique) et affections mentales, aiguës ou chroniques, souvent caractérisées par la présence d'un délire et un retrait de la réalité dont le substrat organique n'est pas décelable. Il n'en reste pas moins que la psychiatrie classique continue généralement à postuler une organogénèse — c'est-à-dire une origine organique — aux psychoses.

Sans totalement réfuter les causes constitutionnelles et l'existence d'un possible appoint organique, la psychanalyse considère la psychose comme une maladie essentiellement psychogène, dont elle tente par conséquent de découvrir le conflit nodal. Tout cela peut apparaître aujourd'hui comme une banalité aux yeux d'un certain nombre de lecteurs ; mais la résistance qu'a opposée la psychiatrie classique à l'origine essentiellement psychique des psychoses n'en a pas moins été opiniâtre, et, au reste, persiste toujours plus ou moins.

Le 1er janvier 1907, Freud écrivait à Jung : « Les grands messieurs

---

1. Voir *Les Névroses : l'homme et ses conflits,* paru dans la même collection.
2. Voir *Les Écoles psychanalytiques : la psychanalyse en mouvement,* à paraitre dans la même collection.

Le délire utilise souvent des représentations religieuses.
La puissance de Dieu et son rayonnement
sont des thèmes fréquents dans la paranoïa
(« Conversion de Saül », gravure du XIXe siècle. Bibliothèque des Arts décoratifs).

de la psychiatrie ont bien peu d'importance ; l'avenir nous appartient ainsi qu'à nos conceptions, et la jeunesse prend — sans doute partout — vivement parti pour nous. »

Nous allons donc découvrir ici des extraits du cas Schreber, l'exemple le plus cité de toute la littérature psychanalytique, et qui en a même débordé les frontières, puisqu'il a fait l'objet d'une dramatique à la télévision allemande, d'une pièce de théâtre et de nombreux ouvrages de commentaires, dont certains très récents.

Dans la nosographie psychiatrique, la paranoïa fait partie du même groupe que la schizophrénie, une certaine classification tendant à grouper l'ensemble des délires chroniques : c'est le cas de la psychiatrie allemande du XIXe siècle et aussi, aujourd'hui encore, de la psychiatrie américaine. Cependant, en 1899, le célèbre psychiatre allemand Kraepelin fait de la paranoïa une entité bien distincte, car le délire paranoïaque est dit « systématisé » ; il est en quelque sorte coextensif à *la structure même de la personnalité du malade ; il se développe « dans l'ordre, la cohérence et la clarté » ; il obéit à une logique sans faille, basée sur des « postulats erronés » (de Clérambault). La psychiatrie classique décrit le caractère paranoïaque comme intrinsèquement lié à la méfiance, à l'orgueil, à la rigidité, à la fausseté du jugement ainsi qu'à l'agressivité.*

En France, les psychiatres — et, parmi eux, Montassut et Génil-Perrin — se sont également attachés à la description du caractère paranoïaque ; ils sont arrivés à une conclusion intéressante : celui-ci constitue l'essence même de la maladie, tandis que le délire pourrait signer l'échec du système.

Sans entrer dans les détails complexes du diagnostic différentiel que l'on peut poser à propos du cas Schreber, notons que Freud adopte à son sujet la classification de Kraepelin, et qu'à la fin de son travail, dans des pages non reproduites ici, il souligne la différence existant entre les points de fixation et de régression dans la schizophrénie et la paranoïa. Car Freud découvre, en étudiant le délire paranoïaque, l'origine homosexuelle de la maladie. Le cas du président de la cour d'appel de Saxe le passionne visiblement, à tel point que, dans sa correspondance avec Jung, il évoque « le merveilleux Schreber, que l'on aurait dû faire professeur de psychiatrie et directeur d'asile[3] ». Dans une autre lettre à Jung, il l'appelle « notre cher et spirituel ami Schreber ». Le 18 décembre 1910, adoptant décidément le vocabulaire du président, il écrit que son travail « est véritablement bâclé à la six-quatre-deux » (c'est de cette façon que Schreber percevait les êtres humains au début de son délire, comme nous le verrons dans le chapitre III). Freud poursuit : « ... Mais il contient quelques beaux moments, et représente le coup le plus audacieux contre la psychiatrie depuis votre Dementia praecox », *faisant ici allusion à sa découverte, précisément, de l'origine homosexuelle du délire paranoïaque ; et, dans la lettre précédemment citée, il parle de « l'importance colossale de l'homosexualité dans la paranoïa ».*

Mais avant les extraits du cas Schreber, nous prendrons connaissance d'une lettre adressée à Jung en 1910, et dans laquelle Freud met l'accent sur sa thèse essentielle : le narcissisme est au cœur de l'explication qu'il donne du passage de la paranoïa persécutoire à la paranoïa mystique chez le président. La soumission homosexuelle passive au père — ou à son substitut, le médecin Flechsig —, l'émasculation qui en résulte, la transformation en femme, sont intolérables au Moi de Schreber. Le transfert sur Dieu de ses désirs homosexuels passifs font de lui l'épouse du Seigneur, devant donner naissance à une nouvelle

---

3. Lettre du 22 avril 1910.

race d'hommes. Servir au plus grand plaisir de Dieu et non plus d'un être humain — aussi prestigieux soit-il — permet à Schreber de se réconcilier avec son désir transsexuel.

Aux fragments du cas Schreber, nous ajoutons un court article de Ferenczi, publié en 1911 — c'est-à-dire la même année que l'étude de Freud —, et dans lequel l'auteur montre comment s'est déclenché un délire paranoïaque à la suite d'une excitation anale provoquée par un examen médical chez un individu à forte fixation homosexuelle : dans ce cas, le toucher rectal aboutit à une « désublimation » des pulsions homosexuelles et à leur réinvestissement. Peut-être faut-il conclure, à partir de cet exemple, que médecins et chirurgiens auraient avantage à demander l'avis d'un psychanalyste avant de procéder à certains examens ou à certaines interventions ?

Mon étude du [cas] Schreber a été interrompue ; je la reprendrai à présent. Je n'ai pas lu la moitié du livre en Sicile, mais le secret est clairement au jour. La réduction au complexe nucléaire est facile. Sa femme tombe amoureuse du médecin et a pendant des années le portrait de celui-ci sur son bureau. Lui naturellement aussi, mais chez la femme il y a des déceptions, la progéniture échoue aussi ; on en vient ainsi au conflit ; il doit haïr Flechsig comme rival, mais l'aime en vertu de sa disposition et du transfert provenant de la première maladie. Ainsi la situation infantile est achevée, et derrière Fl[echsig] apparaît bientôt le père. Par bonheur pour la psychiatrie, ce père était également médecin. Il se confirme à nouveau ce qu'autrefois à Zurich nous avons illustré à propos de tant de cas paranoïdes, à savoir que les paranoïaques échouent dans la tâche d'éviter le réinvestissement de leurs tendances homosexuelles. On arriverait ainsi au point de jonction avec la théorie.

J'ai avancé d'un bon morceau dans cette théorie pendant le voyage, morceau que je veux à présent éprouver sur le cas de Schreber et sur quelques autres publications sur la paranoïa. Le tout, il est vrai, est tellement inachevé en comparaison de son plan que je ne sais pas quand ni dans quelle mesure cela viendra à être publié. Une étude sur Schreber en sortira en tout cas, et les gens pourront croire que j'ai fait la théorie d'après le livre.

Je partage votre enthousiasme pour Schreber ; c'est une sorte de révélation. Je compte faire un usage sérieux du terme technique de « langue fondamentale », par lequel il entend en fait l'énoncé propre du délirant, que le malade n'éprouve dans son conscient que défiguré (exactement comme chez l'homme aux rats[4]). Il sera peut-être possible,

4. Freud fait ici allusion à un autre de ses patients. (N.d.E.)

après une lecture répétée, de résoudre chacun des séduisants fantasmes ; je n'y suis pas parvenu la première fois. J'ai déjà pensé, puisque l'homme vit encore, à m'adresser à lui-même pour quelques renseignements (par exemple la date de son mariage), et à le prier de me donner son assentiment pour travailler sur son histoire. Mais je crois que c'est trop risqué. Que pensez-vous de *cela ?* Je vois au reste que vous vous y prenez, pour travailler, exactement comme moi, que vous guettez où vous tire votre inclination, et que vous laissez intouché le chemin manifeste et droit. Je crois que cela est bien la bonne manière ; on s'étonne après coup combien ces détours étaient logiques[5]. Je vous souhaite donc beaucoup de chance dans votre approfondissement de la mythologie. Une observation dans la conférence de Putnam va aussi dans ce sens : recueillir à nouveau dans l'âme ce qui a été projeté au-dehors.

SIGMUND FREUD[6]

FREUD PRÉSENTE SCHREBER

L'investigation psychanalytique de la paranoïa serait d'ailleurs impossible si ces malades n'offraient pas la particularité de trahir justement, certes sur un mode déformé, ce que d'autres névrosés gardent secret. Mais comme on ne peut contraindre les paranoïaques à surmonter leurs résistances intérieures et qu'ils ne disent, en outre, que ce qu'ils veulent bien dire, il s'ensuit que dans cette affection un mémoire rédigé par le malade ou bien une auto-observation imprimée peut remplacer la connaissance personnelle du malade. C'est pourquoi je trouve légitime de rattacher des interprétations analytiques à l'histoire de la maladie d'un paranoïaque *(Dementia paranoides)* que je n'ai jamais vu, mais qui a écrit et publié lui-même son cas.

Il s'agit de l'ex-président *(Senatspräsident)* de la cour d'appel de Saxe, le docteur en droit Daniel-Paul Schreber, dont les *Denkwürdigkeiten eines Nervenkranken (Mémoires d'un névropathe),* parus sous forme de livre en 1903, si je suis bien informé, ont éveillé un assez grand intérêt chez les psychiatres. Il est possible que le docteur Schreber vive encore à ce jour et ait abandonné le système délirant dont il s'était fait, en 1903, l'avocat, au point d'être affecté par mes observations sur son livre. Mais, dans la mesure où l'identité de sa personnalité d'alors et d'aujourd'hui s'est maintenue, je puis en appeler à

5. Paragraphe cité jusque-là dans Jones, *La vie et l'œuvre de Sigmund Freud,* II, p. 472 (P.U.F.).
6. *Correspondance,* tome II (1910-1914), Paris, Gallimard, p. 97-98.

ses propres arguments, aux arguments que « cet homme d'un niveau intellectuel si élevé, possédant une acuité d'esprit et un don d'observation peu ordinaires[7] » avait opposés à ceux qui s'efforçaient de le détourner de la publication de ses *Mémoires* : « Je ne me suis pas dissimulé les scrupules qui semblent s'opposer à une publication ; il s'agit en effet des égards dus à certaines personnes encore vivantes. D'un autre côté, je suis d'avis qu'il pourrait être important pour la science et pour la reconnaissance des vérités religieuses que, de mon vivant encore, soient rendues possibles des observations sur mon corps et sur tout ce qui m'est arrivé, et que ces observations soient faites par des hommes compétents. Au regard de ces considérations, tout scrupule d'ordre personnel doit se taire[8]. » Dans un autre passage, il déclare s'être résolu à ne pas renoncer à cette publication, même si son médecin, le docteur Flechsig, de Leipzig, devait l'assigner, à ce sujet, en justice. Il prête alors à Flechsig les mêmes sentiments que je suppose aujourd'hui devoir être ceux de Schreber : « J'espère, dit-il, que chez le professeur Flechsig l'intérêt scientifique porté à mes *Mémoires* saura tenir en échec d'éventuelles susceptibilités personnelles. »

Bien que, dans les pages qui suivent, je rapporte textuellement tous les passages des *Mémoires* qui étayent mes interprétations, je prie cependant mes lecteurs de se familiariser auparavant avec le livre de Schreber en le lisant au moins une fois.

Puis Freud résume en quelques pages l'histoire de la maladie de Schreber : celui-ci souffrit, en 1884, de ce qu'il appelle lui-même une « maladie nerveuse », pour laquelle le professeur Flechsig le soigna avec succès ; Mme Schreber se mit alors à révérer le médecin.

En 1893, Schreber dut à nouveau entrer en clinique. Ce nouvel épisode débuta par une insomnie opiniâtre et par des rêves à contenu pénible — un matin, dans un demi-sommeil, il lui vint d'ailleurs cette pensée : « ... Ce serait très beau d'être une femme subissant l'accouplement. » Son état s'aggrava, marqué notamment par des idées hypocondriaques, à tel point qu'il en vint à souhaiter de mourir ; il se croyait également persécuté.

Progressivement, écrit Freud, « les idées délirantes prirent un caractère mystique, religieux ». Transféré à Sonnenstein, il présenta un délire parfaitement systématisé. Il entreprit des démarches pour sortir d'asile, malgré l'avis contraire du docteur Weber, le directeur. Il fut libéré en 1902 ; un an plus tard, il publiait ses Mémoires d'un névropathe,

---

7. Ce portrait de Schreber par lui-même, qui est loin d'être inexact, se trouve à la p. 35 de son livre.
8. Préface des *Mémoires*.

et c'est pourquoi, tant qu'il restera homme, il restera immortel. A présent, ces phénomènes menaçants ont depuis longtemps disparu ; par contre, sa « féminité » est maintenant passée au premier plan ; il s'agit là d'un processus évolutif qui nécessitera probablement pour s'accomplir des décennies, sinon des siècles, et il n'est guère probable qu'aucun homme vivant à l'heure actuelle en voie la fin. Il a le sentiment qu'une masse de « nerfs femelles » lui a déjà passé dans le corps, nerfs dont la fécondation divine immédiate engendrera de nouveaux humains. Ce n'est qu'alors qu'il pourra mourir d'une mort naturelle, et retrouver, ainsi que tous les autres êtres humains, la félicité éternelle. En attendant, non seulement le soleil lui parle, mais encore les arbres et les oiseaux, qui sont quelque chose comme « des vestiges miraculés d'anciennes âmes humaines » ; ils lui parlent avec des accents humains, « et de toutes parts autour de lui s'accomplissent des choses miraculeuses » (p. 386).

UNE ÉMASCULATION CONFORME À « L'ORDRE DE L'UNIVERS »

L'intérêt que porte le psychiatre praticien à des idées délirantes de cette sorte est en général épuisé quand il a constaté les effets du délire et évalué son influence sur le comportement général du malade ; l'étonnement du médecin, en présence de ces phénomènes, n'est pas chez lui le point de départ de leur compréhension. Le psychanalyste, par contre, à la lumière de sa connaissance des psychonévroses, aborde ces phénomènes armé de l'hypothèse d'après laquelle même des manifestations psychiques si singulières, si éloignées de la pensée habituelle des hommes, découlent des processus les plus généraux et les plus naturels de la vie psychique, et il voudrait apprendre à connaître les mobiles comme les voies de cette transformation. C'est dans cette intention qu'il se mettra à étudier plus à fond l'évolution et les détails de ce délire.

a) L'expertise médicale souligne le *rôle rédempteur* et la *transformation en femme,* comme en étant les deux points principaux. Le délire de rédemption est un fantasme qui nous est familier, il constitue très fréquemment le noyau de la paranoïa religieuse. Ce facteur additionnel : que la rédemption doive s'accomplir par la transformation d'un homme en femme est en soi peu ordinaire et a de quoi surprendre, car il s'éloigne du mythe historique que l'imagination du malade veut reproduire. Il semblerait naturel d'admettre, comme l'expertise médicale, que l'ambition de jouer au rédempteur soit le promoteur de cet ensemble d'idées délirantes et que l'*émasculation* ne soit, elle, qu'un moyen d'atteindre à ce but. Bien que tel puisse être le cas dans la forme définitive du délire, l'étude des *Mémoires* nous impose néanmoins une conception toute différente. Ils nous apprennent que la transformation en femme (l'émasculation) constituait le délire primaire, qu'elle était ressentie d'abord comme une persécution et une injure grave, et que ce n'est que secondairement qu'elle entra en rapport avec le thème de rédemption. De même, il est indubitable que l'émasculation ne devait, au début, avoir lieu que dans un but de mésusage sexuel, et nullement dans une intention plus élevée. Pour le dire d'une façon plus formelle, un délire de persécution sexuel s'est transformé par la suite chez le patient en une mégalomanie mystique. Le persécuteur était d'abord le médecin traitant, le professeur Flechsig ; plus tard, Dieu lui-même prit la place de ce dernier.

Je cite ici *in extenso* les passages significatifs des *Mémoires* : « Ainsi s'ourdit un complot contre moi (à peu près en mars ou avril 1894), complot ayant pour but, ma maladie nerveuse étant reconnue ou considérée comme incurable, de me livrer à un être humain de telle sorte que mon âme lui soit abandonnée, cependant que mon corps — grâce à une conception erronée de la tendance précitée, tendance qui est à la base de l'ordre de l'univers — que mon corps, dis-je, changé en un corps de femme, soit alors livré à cet être humain[9] en vue d'abus sexuels et soit ensuite « laissé en plan », c'est-à-dire, sans aucun doute, abandonné à la putréfaction » (p. 56).

« En outre, il était parfaitement naturel, du point de vue humain, qui alors me dominait de préférence, que je regardasse le professeur Flechsig ou son âme comme mon véritable ennemi (plus tard s'y adjoignit l'âme de von W. dont je parlerai plus loin). Il allait également de soi que je considérasse la toute-puissance divine comme mon alliée naturelle ; je supposais seulement qu'elle se trouvait en état de grande détresse par rapport à Flechsig, et c'est pourquoi je croyais devoir la soutenir contre lui par tous les moyens imaginables, dussé-je aller jusqu'au sacrifice de moi-même. Que Dieu lui-même ait été le complice, sinon même l'instigateur, du plan d'après lequel on devait assassiner mon âme et livrer mon corps, tel celui d'une femme, à la prostitution, voilà une pensée qui ne s'imposa à moi que beaucoup plus tard, et je puis dire ne m'est devenue clairement consciente que pendant que j'écrivais le présent mémoire » (p. 59).

« Toutes les tentatives d'assassiner mon âme ou de m'émasculer dans des buts *contraires à l'ordre de l'univers* (c'est-à-dire afin de satisfaire la concupiscence d'un être humain) et plus tard celles de détruire

9. Il s'ensuit, du contexte de ce passage et d'autres encore, que l'être humain qui devait exercer ces abus n'était autre que Flechsig.

ma raison ont échoué. De ce combat apparemment inégal entre un homme faible et isolé et Dieu lui-même, je sortis vainqueur, bien qu'après avoir subi maintes souffrances et privations, et ceci prouve que l'ordre de l'univers est de mon côté » (p. 61).

SCHREBER ANNONCE LA NAISSANCE D'UNE NOUVELLE RACE HUMAINE

Dans la note 34, Schreber annonce quelle sera la transformation ultérieure du délire d'émasculation et des rapports avec Dieu : « Je montrerai plus tard qu'une émasculation, dans un autre but, dans un but *conforme à l'ordre de l'univers,* est possible et contient même peut-être la solution probable du conflit. »

Ces paroles sont d'une importance décisive pour la compréhension du délire d'émasculation et, partant, pour la compréhension du cas tout entier. Ajoutons que les « voix » entendues par le malade ne traitaient jamais sa transformation en femme que comme une honte sexuelle, qui leur donnait le droit de se moquer de lui. « Vu l'émasculation imminente que je devais, prétendait-on, subir, les rayons de Dieu[10] se croyaient souvent autorisés à m'appeler ironiquement *miss Schreber* » « Et ça prétend avoir été président de tribunal, et ça se laisse f...[11] » « N'avez-vous pas honte devant madame votre épouse ? »

La « représentation » que Schreber avait eue dans un état de demi-veille, à savoir qu'il devait être beau d'être une femme subissant l'accouplement, témoigne aussi de la nature primaire du fantasme d'émasculation et de son indépendance, au début, de l'idée de rédemption (p. 36). Ce fantasme apparut durant la période d'incubation de la maladie et avant qu'il ne ressentît les effets du surmenage à Dresde.

Schreber lui-même indique le mois de novembre 1895 comme étant la date où s'établit le rapport entre le fantasme d'émasculation et l'idée de rédemption, ce qui commença à le réconcilier avec ce fantasme. « Dès lors, écrit-il, il me devint indubitablement conscient que l'ordre de l'univers exigeait impérieusement mon émasculation, que celle-ci me convînt personnellement ou non, et donc, par suite, il ne me restait *raisonnablement* rien d'autre à faire que de me résigner à l'idée d'être changé en femme. En tant que conséquence de l'émasculation, ne pouvait naturellement entrer en ligne de compte qu'une fécondation par les

---

10. Les « rayons de Dieu » sont identiques, comme on va le voir, aux voix parlant la « langue fondamentale ».

11. Cette omission, ainsi que toutes les autres particularités de style, je les emprunte aux *Mémoires*. Je n'aurais moi-même vu aucune raison d'être tellement pudibond dans un domaine aussi grave.

« Zeus enlevant le jeune Ganymède »:
la représentation d'un fantasme homosexuel paranoïaque
(Gustave Moreau).

rayons divins, en vue de la procréation d'hommes nouveaux » (p. 177).

L'idée d'une transformation en femme avait été le trait saillant, le premier germe du système délirant. Elle se révéla encore comme en étant la seule partie qui survécût au rétablissement du malade, la seule qui sût garder sa place dans l'activité réelle du malade après sa guérison. « La seule chose qui, aux yeux des autres, peut sembler quelque peu déraisonnable est le fait, cité également par MM. les experts, qu'on me trouve parfois installé devant un miroir ou ailleurs, le torse à demi nu, et paré comme une femme de rubans, de colliers faux, etc. Ceci n'a d'ailleurs lieu que lorsque je suis *seul,* jamais, du moins, autant que je puisse l'éviter, en présence d'autres personnes » (p. 429). Le président Schreber avoue se livrer à ces jeux à une époque (juillet 1901) où il caractérise très exactement en ces termes sa santé pratiquement recouvrée : « A présent, je sais depuis longtemps que des personnes que je vois devant moi ne sont pas des « ombres d'hommes bâclés à la six-quatre-deux[12] », mais de vrais hommes et que, par suite, je dois me comporter envers eux comme tout homme raisonnable a coutume de le faire en fréquentant ses semblables » (p. 409). En contraste avec cette mise en action du fantasme d'émasculation, le malade n'a jamais entrepris rien d'autre que la publication de ses *Mémoires,* pour faire reconnaître sa mission de rédempteur.

LES NERFS DE DIEU

b) Les rapports de notre malade avec Dieu sont si singuliers et si pleins de contradictions internes qu'il faut être bien optimiste pour persister dans l'espérance de trouver de la « méthode » en sa « folie ». Nous devons à présent chercher à y voir plus clair, grâce à l'exposé du système théologico-psychologique que M. Schreber nous fait dans ses *Mémoires* et nous aurons à expliquer ses conceptions relatives aux *nerfs,* à la *béatitude,* à la *hiérarchie divine* et aux *qualités de Dieu,* telles qu'elles se présentent dans son système délirant. Partout, dans ce système, nous serons frappés par un singulier mélange de banalités et d'esprit, d'éléments empruntés et d'éléments originaux.

L'âme humaine est contenue dans les *nerfs* du corps, et il faut se représenter les nerfs comme étant d'une extraordinaire ténuité, comparables aux fils les plus fins. Une partie de ces nerfs ne peuvent servir qu'à la perception des impressions sensorielles, d'autres *(les nerfs de l'intellect)* accomplissent tout ce qui est psychique, et ceci de la façon suivante : *chaque nerf de l'intellect représente l'individualité spirituelle*

---

12. *Flüchtig hingemachte Männer.* Nous devons l'heureuse traduction de ce terme de la « *langue fondamentale* » au docteur Édouard Pichon. (N. d. T.).

totale de l'homme, et le plus ou moins grand nombre des nerfs de l'intellect n'a d'influence que sur la durée pendant laquelle les impressions peuvent se conserver[13].

Les hommes sont constitués de corps et de nerfs, tandis que Dieu n'est par essence que nerf. Cependant, les nerfs de Dieu ne sont pas, comme ceux du corps humain, limités en nombre, mais infinis ou éternels. Ils possèdent toutes les qualités des nerfs humains, mais dans une mesure immensément accrue. En tant que doués de la faculté de créer, c'est-à-dire de se métamorphoser en toutes sortes d'objets de la création, ils s'appellent *rayons.* Entre Dieu et le ciel étoilé ou le soleil, il y a une relation intime[14].

D'OÙ PROVIENT LE CHOIX DES PERSÉCUTEURS ?

La maladie de Schreber avait eu au début le caractère d'un délire de persécution, caractère qui ne s'effaça qu'à partir du moment critique où la maladie changea de face (« réconciliation »). Les persécutions se firent alors de plus en plus supportables, l'objectif d'abord ignominieux de l'émasculation dont Schreber était menacé fut alors refoulé à l'arrière-plan par un objectif nouveau conforme à l'ordre de l'univers. Mais l'auteur premier de toutes les persécutions était Flechsig, et il demeura leur instigateur durant tout le cours de la maladie[15].

Quoi qu'il en soit, le délire de Schreber subit bientôt une nouvelle évolution touchant les rapports du malade avec Dieu, ceci sans modifier les rapports du malade avec Flechsig. Si Schreber avait jusqu'alors regardé Flechsig (ou plutôt l'âme de celui-ci) comme son ennemi proprement dit et Dieu tout-puissant comme son allié, il ne pouvait à présent plus se défendre de l'idée que Dieu lui-même était le complice,

---

13. A ces passages soulignés par lui-même, Schreber adjoint une note dans laquelle il avance qu'on pourrait utiliser cette théorie pour expliquer l'hérédité. « Le sperme viril contient un nerf du père et s'unit à un nerf pris au corps de la mère pour constituer une unité nouvelle » (p. 7). Ainsi il transfère aux nerfs un caractère que nous attribuons aux spermatozoïdes, et ceci rend vraisemblable que les « nerfs » de Schreber soient dérivés du domaine des représentations sexuelles. Il n'est pas rare dans les *Mémoires* qu'une remarque incidente faite à propos d'une théorie délirante contienne l'indication souhaitée relative à la genèse et par là à la signification du délire.

14. Au sujet de cette relation, voir plus bas ce qui touche au soleil. L'équivalence ou plutôt la « condensation » des nerfs et des rayons pourrait avoir comme trait commun leur forme linéaire. Les nerfs-rayons sont d'ailleurs tout aussi créateurs que les nerfs-spermatozoïdes.

15. Schreber, dans la lettre ouverte à Flechsig qui sert de préface à son livre, écrit : « Aujourd'hui encore les voix qui me parlent profèrent votre nom des centaines de fois par jour. Elles vous nomment dans des contextes qui se reproduisent sans cesse, en particulier en tant qu'auteur premier des dommages que j'ai subis. Et ceci, bien que les relations personnelles qui, pendant un certain temps, existaient entre nous se soient depuis longtemps estompées à l'arrière-plan, de telle sorte que j'aurais difficilement moi-même des raisons de me souvenir de vous, et moins de raisons encore de le faire avec le moindre ressentiment » (p. VIII).

sinon l'instigateur, de toute l'intrigue tramée contre lui (p. 59). Néanmoins Flechsig garda le rôle de premier séducteur, à l'influence duquel Dieu avait succombé (p. 60). Il avait réussi à s'élever jusqu'au ciel, avec son âme entière ou avec une partie de celle-ci, et à devenir ainsi — sans avoir passé par la mort ni subi une purification antérieure — un « capitaine de rayons ».

Dès les premières semaines du séjour de Schreber à Sonnenstein (la maison de santé où il fut finalement envoyé en l'été de 1894), l'âme de son nouveau médecin, le docteur Weber, entra aussi en action, et bien-

Certaines formes d'éducation peuvent créer une fixation au stade anal
(Musée Carnavalet).

Les psychoses : la perte de la réalité

tôt après se produisit, dans l'évolution du délire de Schreber, ce revirement que nous connaissons déjà sous le nom de « réconciliation ».

L'étude d'un certain nombre de cas de délire de persécution nous a conduits, moi ainsi que quelques autres investigateurs, à cette idée que la relation du malade à son persécuteur peut se ramener dans tous les cas à une formule très simple[16]. La personne à laquelle le délire assigne une si grande puissance et attribue une si grande influence et qui tient dans sa main tous les fils du complot est — quand elle est expressément nommée — la même que celle qui jouait, avant la maladie, un rôle d'importance égale dans la vie émotionnelle du patient, ou bien un substitut de celle-ci et facile à reconnaître comme tel. L'importance émotionnelle qui revient à cette personne est projetée au-dehors sous forme de pouvoir venant de l'extérieur, la qualité de l'émotion est changée en son contraire ; celui que l'on hait et craint à présent en tant que persécuteur fut en son temps aimé et vénéré. La persécution que postule le délire sert avant tout à justifier le changement d'attitude émotionnelle de la part du patient.

LA CAUSE DE LA MALADIE : UNE POUSSÉE DE LIBIDO HOMOSEXUELLE

Ne sachant rien de la causation de la première maladie (qu'il serait indispensable de comprendre pour pouvoir vraiment élucider la seconde et plus grave maladie), il nous faut maintenant nous lancer à l'aventure dans l'inconnu. Nous le savons : au cours de l'incubation de la maladie (c'est-à-dire entre la nomination de Schreber, en juin 1893, et son entrée en fonctions, en octobre 1893), il rêva à plusieurs reprises que sa vieille maladie nerveuse était revenue. Une autre fois, pendant un état de demi-sommeil, il eut tout à coup l'impression qu'il devait être beau d'être une femme soumise à l'accouplement. Schreber rapporte à la file ces rêves et ce fantasme ; si, à notre tour, nous les rapprochons quant à leur contenu, nous pourrons en déduire que le souvenir de la maladie éveilla aussi celui du médecin et que l'attitude féminine manifestée dans le fantasme se rapportait dès l'origine au médecin. Ou peut-être le rêve « la vieille maladie est revenue » exprimait-il en somme cette nostalgie : « Je voudrais revoir Flechsig. » Notre ignorance du contenu psychique de la première maladie nous empêche d'aller plus loin dans ce sens. Peut-être un état de tendre atta-

16. Comp. K. Abraham, « Die psychosexuellen Differenzen der Hysterie und der Dementia præcox » (« Les différences psycho-sexuelles entre l'hystérie et la démence précoce »), *Zentralblatt für Nervenh, und Psychiatrie,* juillet 1908. Dans ce travail, le scrupuleux auteur, se référant à une correspondance échangée entre nous, m'attribue une influence sur l'évolution de ses idées.

38

chement avait-il subsisté en Schreber à titre de reliquat de cet état morbide, attachement qui à présent — pour des raisons inconnues —
s'intensifia au point de devenir une inclination érotique. Ce fantasme
érotique — qui restait encore à l'écart de l'ensemble de la personnalité
— fut aussitôt désavoué par la personnalité consciente de Schreber ; il
lui opposa une véritable « protestation mâle », pour parler comme
Alfred Adler, mais pas dans le même sens que celui-ci[17]. Cependant,
dans la psychose grave qui éclata bientôt après, le fantasme féminin
s'affirma irrésistiblement, et il n'est besoin de modifier que fort peu
l'imprécision paranoïde des termes employés par Schreber pour deviner que le malade craignait que le médecin lui-même n'abusât sexuelle-
ment de lui. La cause occasionnelle de cette maladie fut donc une
poussée de libido homosexuelle ; l'objet sur lequel cette libido se portait était sans doute, dès l'origine, le médecin Flechsig, et la lutte
contre cette pulsion libidinale produisit le conflit générateur des phénomènes morbides.

EN DERNIÈRE ANALYSE,
UN CONFLIT INFANTILE AVEC LE PÈRE

Ce qui distingue le cas de Schreber d'autres cas semblables, c'est
son évolution ultérieure et la transformation qu'au cours de cette évolution il vint à subir.

L'une de ces transformations consista dans le remplacement de
Flechsig par la plus haute figure de Dieu, ce qui d'abord semble devoir
amener une aggravation du conflit, une intensification intolérable de la
persécution. Mais, on le voit bientôt, cette première transformation du
délire en entraîne une seconde et, avec celle-ci, la solution du conflit. Il
était impossible à Schreber de se complaire dans le rôle d'une prostituée livrée à son médecin ; mais la tâche qui lui est à présent imposée
— de donner à Dieu lui-même la volupté qu'Il recherche — ne se heurte
pas aux mêmes résistances de la part du Moi. L'émasculation n'est
plus une honte, elle devient « conforme à l'ordre de l'univers », elle
prend place dans un grand ensemble cosmique, elle permet une création nouvelle de l'humanité après l'extinction de celle-ci. « Une nouvelle race d'hommes, nés de l'esprit de Schreber », révérera un jour son
ancêtre dans cet homme qui se croit aujourd'hui un persécuté. Ainsi les
deux parties en présence trouvent à se satisfaire. Le Moi est dédom-

17. Adler, « Der psychische Hermaphroditismus im Leben und in der Neurose » (« L'hermaphrodisme
psychique dans la vie et dans la névrose »), *Fortschritte der Medizin,* n° 10, 1910. D'après Adler, la
protestation mâle participe à la genèse du symptôme ; dans le cas présent, la personne proteste contre le
symptôme tout constitué.

magé par la mégalomanie, cependant que le fantasme de désir féminin se fait jour et devient acceptable. Le conflit et la maladie peuvent à présent prendre fin. Le sens de la réalité, néanmoins, qui s'est entre-temps renforcé chez le patient le contraint à ajourner du présent dans un avenir lointain la solution trouvée, à se contenter, pour ainsi dire, d'une réalisation asymptotique de son désir[18]. Sa transformation en femme, il le prévoit, aura lieu un jour ; jusque-là, la personne du président Schreber demeurera indestructible.

Nous nous retrouvons donc, dans le cas de Schreber, sur le terrain familier du complexe paternel[19]. Si la lutte contre Flechsig finit par se dévoiler, aux yeux de Schreber, comme étant un conflit avec Dieu, c'est que nous devons traduire ce dernier combat par un conflit infantile avec le père, conflit dont les détails, inconnus de nous, ont déterminé le contenu du délire de Schreber.

SIGMUND FREUD[20]

ENTRETIEN
AVEC UN MALADE ATTEINT DE PARANOÏA

L'analyse de l'autobiographie de Schreber[21] ainsi que l'observation directe des malades[22] ont confirmé l'importance primordiale de l'inversion sexuelle dans la pathologie de la paranoïa. Depuis mes premières recherches dans ce domaine, j'ai observé de nombreux paranoïaques et j'ai constaté que chez tous, sans exception, la maladie était provoquée par l'échec de la sublimation sociale de l'homosexualité. Ce sont des individus dont le développement a été perturbé au niveau du passage de l'amour centré sur soi à l'amour objectal et qui, par suite d'une fixation narcissique infantile et de causes ultérieures fortuites, sont retombés au stade de développement de l'inversion sexuelle, état devenu intolérable pour leur conscience, qui les contraint à se défendre de la perversion.

En complément à mes communications précédentes, je rapporterai un cas plus récent.

---

18. Il écrit vers la fin du livre : « Ce n'est qu'au titre d'une possibilité dont il faut tenir compte que je le dis : mon émasculation pourrait cependant encore avoir lieu, afin qu'une génération nouvelle sorte de mon sein de par une fécondation divine » (p. 290).

19. De même le « fantasme de désir féminin » chez Schreber n'est que l'une des formes classiques que revêt le complexe nucléaire de l'enfant.

20. *Cinq Psychanalyses* (« Le président Schreber », 1911), P.U.F. édit., p. 264-265, 268-273, 287-291, 295-296, 302.

21. Freud, « Le cas Schreber : remarques psychanalytiques sur l'autobiographie d'un cas de paranoïa », *Jahrbuch für Psychoan.*

22. Ferenczi, « Le rôle de l'homosexualité dans la pathologie de la paranoïa », in *Problèmes psychiques*, M. Dick éditeur.

On m'amène un paysan souabe d'environ quarante-cinq ans, aux antécédents de sobriété, atteint, dit-on, d'une folie de persécution. Aux dires de sa femme, le malade a l'idée fixe que tout homme qui l'approche est un ennemi, veut l'empoisonner, le montre du doigt, se moque de lui, etc. Si le *coq* chante dans la cour, si un étranger le croise dans la rue, tout est à cause de lui, se rapporte à lui.

Je questionne le malade sur ses relations avec sa femme (car je sais que les délires de jalousie ne sont pas l'apanage des seules démences alcooliques). Le malade et sa femme me répondent de concert que sur ce point tout va bien ; ils s'aiment, ont plusieurs enfants — certes, depuis sa maladie, l'homme n'a plus d'activité sexuelle, mais seulement parce qu'il a *d'autres soucis*.

Puis je demande s'il s'intéresse à la vie de la commune, et si oui, cet intérêt s'est-il modifié depuis qu'il est malade. (Je sais par expérience que les individus dont le destin sera d'évoluer vers la paranoïa témoignent — comme les homosexuels caractérisés — d'un vif intérêt et d'une activité intense dans la vie publique, mais qui cessent plus ou moins complètement lorsque la démence éclate.) La femme acquiesce avec force. Son mari était le notaire du village et, en cette qualité, dépensait un zèle *extraordinaire* ; cependant, depuis sa maladie, il se désintéresse totalement des affaires publiques.

Le malade qui jusque-là avait tout écouté calmement, confirmant et approuvant à l'occasion, devient brusquement agité ; prié de s'expliquer, il finit par répondre que sa femme m'a certainement renseigné en cachette, sinon comment aurais-je pu deviner tout cela aussi exactement.

Je poursuis l'entretien en tête à tête avec le malade qui, revenant à ma question précédente, confirme sa jalousie, qu'il ne voulait pas admettre en présence de sa femme. Il soupçonne sa femme à propos de tous les hommes qui viennent dans leur maison. (Des observations antérieures me permirent d'interpréter sa jalousie, jointe à l'abstinence sexuelle remontant à plusieurs mois qui témoignait de la tiédeur de ses sentiments, comme la projection de sa préférence pour son propre sexe ; bien entendu, je ne communiquai pas cette interprétation au patient.)

DES SOUVENIRS D'ENFANCE RAVIVÉS PAR UNE INTERVENTION CHIRURGICALE

Je lui demandai ensuite dans quelles circonstances est survenu le changement en lui et autour de lui. Le malade répondit par un récit fort cohérent : quelques mois auparavant il dut subir coup sur coup deux interventions chirurgicales pour *fistule anale*. Il estimait que la deuxième intervention avait été mal faite. Par la suite, il éprouva longtemps l'impression que quelque chose *s'agitait dans sa poitrine* et plusieurs fois par jour il était assailli par une « angoisse de mort ». A ces moments il sentait comme si la « fistule lui remontait brusquement jusque dans l'estomac, ce qui le ferait mourir ». Mais, maintenant, il est guéri de cette angoisse, et les gens prétendent qu'il est fou.

La femme du malade et une autre personne qui les accompagnait confirmèrent ses dires, en particulier le fait que *ses idées délirantes n'étaient apparues qu'après la disparition de la paresthésie et de l'angoisse provoquée par l'intervention.* Plus tard, il avait même accusé le chirurgien d'avoir intentionnellement commis une erreur.

Ce que je savais de la relation entre paranoïa et homosexualité m'incita au raisonnement suivant : la nécessité d'une intervention active d'hommes (de médecins) *autour de l'orifice anal du malade* a pu réveiller, en faisant revivre des souvenirs infantiles, les tendances homosexuelles jusqu'alors latentes ou sublimées.

Connaissant la signification symbolique du couteau, c'est plus particulièrement la deuxième intervention, pratiquée sans anesthésie, qui m'a semblé avoir pu, du fait de la blessure infligée, raviver sur un mode régressif la représentation infantile du coïtus *a tergo* (l'instrument tranchant ayant été profondément introduit dans le rectum).

Sans ambages, je demandai au malade s'il avait, dans son enfance, fait des choses défendues. Ma question le surprit visiblement. Il hésita longtemps avant de répondre puis, fortement troublé, me raconta que vers 5-6 ans, avec un camarade, *le même justement qui aujourd'hui est son ennemi le plus acharné,* il se livrait à un jeu étrange. Son camarade lui avait proposé de jouer *au coq et à la poule.* Le garçon avait accepté, et il tenait toujours le rôle passif : c'était lui « la poule ». Son camarade lui enfonçait dans l'anus son pénis en érection ou un doigt ; d'autres fois, il y introduisait des cerises, puis les retirait avec son doigt. Ils pratiquèrent ce jeu jusqu'à 10 ou 11 ans. Mais il cessa dès qu'il comprit que c'était une chose immorale et répugnante ; d'ailleurs il n'y avait plus jamais repensé depuis. Il m'assura à plusieurs reprises qu'il n'avait plus que mépris pour toutes ces horreurs.

FIXATION HOMOSEXUELLE ET TENTATIVE DE RÉSOLUTION PAR LE DÉLIRE

Ce souvenir montre la fixation homosexuelle effectivement très intense et prolongée de notre malade, énergiquement refoulée et partiellement sublimée par la suite. Aussi la brutale intervention chirurgicale sur la zone érogène anale avait-elle dû créer les conditions favorables à l'éveil du désir de répéter le jeu homosexuel infantile toujours vivace dans l'inconscient. Mais ce qui autrefois n'était qu'un jeu d'enfants, la sexualité, s'était renforcé depuis lors jusqu'à devenir l'instinct impétueux et menaçant d'un homme adulte et vigoureux. Est-il surprenant que le malade ait tenté de se garantir contre la localisation anormale (perverse) d'une telle quantité de libido en essayant d'abord de la transformer en paresthésie et angoisse, puis de la projeter dans le monde extérieur sous forme de construction délirante ? La paresthésie précédant l'éclatement de la folie de persécution (la « remontée de la fistule anale dans l'estomac ») s'appuyait certainement sur le même fantasme inconscient homosexuel-passif que celui qui a fondé l'organisation délirante. Il n'est pas exclu que le malade ait tenté de résoudre ainsi sa sexualité sur le mode paraphrénique[23], c'est-à-dire en se détournant complètement de l'homme pour revenir à l'auto-érotisme anal ; son délire de persécution correspond au « retour de l'affect refoulé » : un réveil de son amour pour les hommes, longtemps sublimé, puis complètement rejeté. Le « coq qui chantait » dans sa cour, avec sa place privilégiée dans le système délirant du malade, représentait sans doute aussi son ennemi le plus acharné, le camarade des jeux d'enfance où il tenait le rôle de la poule.

Je n'ai pu confirmer mon hypothèse que la *peur de l'empoisonnement* symbolise ici, comme dans de nombreux cas analogues, l'idée de grossesse, car je n'ai eu qu'un seul entretien avec le malade.

Le pronostic m'a paru incertain dans ce cas, sans exclure cependant la possibilité d'une disparition plus ou moins totale des idées délirantes au cas où la fistule anale guérirait complètement, entraînant une amélioration de la condition physique du patient ; il pourrait retrouver alors sa capacité de sublimation, c'est-à-dire vivre ses intérêts homosexuels par le canal de l'activité sociale et de l'amitié, au lieu d'une grossière perversion, même inconsciente.

SANDOR FERENCZI[24]

---

23. L'expression de *paraphrénie* fut proposée par Freud en remplacement de celle de démence précoce. La pathologie de la paraphrénie est au demeurant beaucoup trop mal connue pour que nous puissions (comme par exemple dans ce cas) distinguer avec certitude les symptômes sensoriels d'excitation et l'angoisse d'une conversion hystérique.

24. *Œuvres complètes : Psychanalyse* I (« Un cas de paranoïa déclenchée par une excitation de la zone anale », 1911), Payot édit., p. 146-149.

LE SURMOI

Le Surmoi du paranoïaque est-il particulièrement sévère?
(Dessin de G. Allary dans « le Crapouillot », 1962).

Chapitre II

Délire
et projection paranoïaques

Tout au long de son œuvre[1], Freud a tenté de dégager le mécanisme propre à la psychose, qui serait à cette entité ce que le refoulement est à la névrose[2]. La projection occupe en effet une place particulière dans la théorie analytique : dans sa Psychopathologie de la vie quotidienne *(1901), Freud montre que le mécanisme de projection est normal. Douze ans plus tard, dans* Totem et Tabou, *il souligne que si le primitif attribue au monde environnant ses propres sentiments ou fonctions, d'après un modèle anthropomorphique, il réalise aussi une projection corrélative d'une méconnaissance : celle de sa propre réalité psychique interne. Revenants et mauvais esprits ne sont rien d'autre que la matérialisation de ses désirs inconscients agressifs.*

D'une façon générale, le mécanisme de projection est lié, selon Freud, à la naissance même de l'objet, à la première différenciation entre le Moi et le Non-Moi, entre l'intérieur et l'extérieur. Au début de la vie, tout ce qui est source d'excitations est vécu comme mauvais et « projeté ». C'est la frustration qui amène le nourrisson à reconnaître l'existence de l'objet. De ce fait, ce dernier « naît dans la haine ». Ainsi, ce qui est mauvais et haï est projeté hors du Moi : ce mécanisme, décrit en 1915 dans « Pulsions et destins des pulsions », sera repris en 1925 dans un autre article intitulé « La négation ».

Nous présentons ici en premier lieu le « Manuscrit H », rédigé en 1895. Il y apparaît clairement que Freud cherche à montrer la spécificité de la projection dans la paranoïa. Il y aurait « mésusage du méca-

---

1. Comme nous l'avons montré dans *Le Ça, le Moi et le Surmoi : la personnalité et ses instances*, et surtout, dans *Refoulement, Défenses et Interdits*, parus dans la même collection.
2. Voir *Refoulement, Défenses et Interdits*, IVᵉ partie, chap. 2.

nisme de projection utilisé en tant que défense ». *La patiente dont Freud décrit le cas refoule en quelque sorte à l'extérieur l'idée inacceptable :* « Le contenu réel resta intact, *dit Freud, alors que* l'emplacement *de toute la chose changea.* »

Le délire devient, dans cette perspective, un équivalent du « retour du refoulé », *le refoulé apparaissant dans le monde extérieur. Dans une lettre d'avril 1907, non reproduite ici, et intitulée :* « Quelques opinions théoriques sur la paranoïa », *Freud écrit à Jung :* « Qu'est-il arrivé dans cette espèce de refoulement et de retour caractéristique de la paranoïa ? Une idée — le contenu du désir — a surgi et est restée, est même d'inconsciente devenue consciente, mais cette idée née à l'intérieur a été projetée à l'extérieur, elle revient comme une réalité perçue, contre laquelle le refoulement peut à présent de nouveau s'exercer comme opposition. Le crédit a été refusé à l'affect du désir, et lors de son retour apparaît un affect contraire, hostile.* »

Dans le cas Schreber, dont on découvrira en second lieu d'autres extraits, on notera que le mécanisme de projection évoqué ne paraît pas très différent d'un mécanisme névrotique. Cependant, comme nous l'avons déjà précisé[3], Freud en vient à reprendre — brièvement il est vrai — l'idée exprimée dans le « Manuscrit H » *:* « Il n'était pas exact de dire que la sensation réprimée à l'intérieur était projetée vers l'extérieur ; nous reconnaissons bien plutôt que ce qui a été aboli à l'intérieur revient de l'extérieur.* »

Paranoïa

En psychiatrie, les idées délirantes doivent être rangées à côté des idées obsessionnelles, toutes deux étant des perturbations purement intellectuelles ; la paranoïa se place à côté du trouble obsessionnel en tant que psychose intellectuelle. Si les obsessions sont attribuables à quelque trouble affectif et si nous démontrons qu'elles doivent leur puissance à quelque conflit, la même explication doit être valable pour les idées délirantes. Ces idées découlent d'une perturbation affective et leur force est due à un processus psychologique. Les psychiatres sont d'un avis contraire, tandis que les profanes ont l'habitude d'attribuer la folie à des chocs psychiques : « Si quelqu'un, lors de certains événements, ne perd point la raison c'est qu'il n'en a point à perdre[4]. »

Le fait est là : la paranoïa chronique sous sa forme classique est *un*

---

3. Dans *Refoulement, Défenses et Interdits.*
4. Lessing, *Emilia Galotti,* act. IV.

LES TENDANCES HOMOSEXUELLES

*Depuis le travail que Freud a consacré en 1911 au cas du président Schreber,
l'origine homosexuelle de la paranoïa est parfaitement établie
(Dessin de G. Allary dans « Le Crapouillot », 1962).*

mode pathologique de défense, comme l'hystérie, la névrose obsessionnelle et les états de confusion mentale. Les gens deviennent paranoïaques parce qu'ils ne peuvent tolérer certaines choses, à condition naturellement que leur psychisme y soit particulièrement prédisposé.

En quoi consiste cette prédisposition ? En un penchant vers quelque
chose qui possède certaines caractéristiques psychiques de la paranoïa.
Servons-nous d'un exemple.

Une demoiselle déjà mûrissante (30 ans environ) vit avec son frère et
sa sœur [aînée]. Ils appartiennent à la classe des travailleurs qualifiés.
Son frère veut arriver à s'établir à son propre compte. Ils louent une
chambre à l'une de leurs connaissances, un garçon ayant beaucoup
voyagé, un peu mystérieux, très adroit et fort intelligent. Il demeure
chez eux pendant un an et se montre le meilleur des camarades et des

compagnons. Après les avoir quittés pendant six mois, il revient. Cette fois, il ne reste que relativement peu de temps et disparaît pour de bon. Les sœurs se lamentent souvent de son absence et n'en parlent qu'en termes élogieux. Toutefois, la sœur cadette raconte à son aînée qu'il voulut un jour la mettre à mal. Elle faisait le ménage dans la chambre alors qu'il était encore couché. Il la fit venir auprès du lit et quand, sans rien soupçonner, elle s'approcha, il lui mit son pénis dans la main. Cette scène n'eut pas de suite et, peu de temps après, l'étranger quitta la maison.

Quelques années plus tard, l'héroïne de cette aventure tomba malade. Elle se plaignait et d'indéniables symptômes de délires d'observation et de persécution apparurent : les voisines la plaignaient parce qu'elle était un laissé-pour-compte et qu'elle attendait le retour de cet homme. On lui faisait sans cesse des allusions de ce genre, on jasait à propos de cette histoire, etc. Naturellement, tout cela était faux. Depuis lors, la malade ne reste dans cet état que pendant quelques semaines, puis retrouve sa raison et déclare que tout cela ne résulte que d'un état d'excitation, mais, même dans ces intervalles, elle souffre d'une névrose dont il serait difficile de contester le caractère sexuel. Elle ne tarde pas à subir un nouvel accès de paranoïa.

La sœur aînée s'étonne de constater que si l'on vient à parler de la scène de séduction, la malade la nie chaque fois. Breuer entendit parler de ce cas qui me fut adressé. J'essayai sans succès[5] de supprimer la tendance à la paranoïa en évoquant, dans son souvenir, la scène de la séduction. J'eus avec elle deux entretiens et l'invitai, alors qu'elle était dans un état de « concentration hypnotique », à me raconter tout ce qui se rapportait à son locataire. L'ayant pressée de questions pour savoir si rien « d'embarrassant » ne lui était arrivé, elle le nia de la façon la plus formelle — et je ne la revis plus. Elle me fit dire que tout cela l'énervait trop. Défense ! Évidemment, elle ne voulait *pas* qu'on rappelât ses souvenirs et les refoulait intentionnellement.

La défense était indéniable, mais aurait tout aussi bien pu aboutir à un symptôme hystérique ou à une obsession. Quel était donc le caractère particulier de cette défense paranoïaque ?

La malade voulait éviter quelque chose, le refoulait. Nous devinons ce que c'était ; il est probable que ce qu'elle avait vu, ce dont elle se souvenait l'avait vraiment troublée. Elle tentait d'échapper au reproche d'être une « vilaine femme ». Mais ce reproche lui vint du dehors et ainsi *le contenu réel resta intact* alors que *l'emplacement* de toute la

---

5. Suivant la technique intermédiaire entre l'hypnose et les associations libres décrite dans le dernier chapitre des *Études sur l'hystérie*, trad. Anne Berman, P.U.F., 1956.

« *Car là où l'amour s'éveille, meurt le moi, ce sombre despote* »
(« *Roméo et Juliette* », *gravure romantique, Bibliothèque des Arts décoratifs*).

chose changea. Le reproche intérieur fut repoussé au-dehors : les gens disaient ce qu'elle se serait, sans cela, dit à elle-même. Elle aurait été forcée d'accepter le jugement formulé intérieurement, mais pouvait bien rejeter celui qui lui venait de l'extérieur. C'est ainsi que jugement et reproche étaient maintenus loin de son Moi.

Le but de la paranoïa était donc de chasser une idée que le Moi ne tolérait pas et qu'il fallait expulser.

FREUD RECHERCHE LE MÉCANISME COMMUN À TOUTES LES PARANOÏAS

Deux questions se posent : 1° Comment un pareil déplacement peut-il se produire ? 2° Tout se passe-t-il de la même façon dans d'autres cas de paranoïa ?

1. Le déplacement se réalise très simplement. Il s'agit du mésusage[6] d'un mécanisme psychique très courant, celui du déplacement ou de la projection. Toutes les fois que se produit une transformation intérieure, nous pouvons l'attribuer soit à une cause intérieure, soit à une cause extérieure. Si quelque chose nous empêche de choisir le motif intérieur, nous optons en faveur du motif extérieur. En second lieu, nous sommes accoutumés à voir nos états intérieurs se révéler à autrui (par l'expression de nos émois). C'est ce qui donne lieu à l'idée normale d'être observé et à la projection normale. Car ces réactions demeurent normales tant que nous restons conscients de nos propres modifications intérieures. Si nous les oublions, si nous ne tenons compte que du terme du syllogisme qui aboutit au-dehors, nous avons une paranoïa avec ses exagérations relatives à ce que les gens savent sur nous et à ce qu'ils nous font — ce qu'ils connaissent de nous et que nous ignorons, ce que nous ne pouvons admettre. *Il s'agit d'un mésusage du mécanisme de projection utilisé en tant que défense.*

Pour les obsessions, les choses sont tout à fait les mêmes. Ici encore le mécanisme de *substitution* est un mécanisme normal. Quand une vieille fille possède un chien ou qu'un vieux célibataire collectionne des tabatières, la première compense son besoin d'une vie conjugale, le second son envie de multiples conquêtes. Tous les collectionneurs sont des répliques de Don Juan Tenorio, et il en va de même pour les alpinistes, les sportifs, etc. Il s'agit d'équivalents de l'érotisme, équivalents

---

6. Dans l'édition allemande, le mot allemand *Ausbruch* a été imprimé au lieu du mot *Missbrauch* que contient le manuscrit.

familiers également aux femmes. Les traitements gynécologiques entrent dans cette catégorie. Il y a deux sortes de patientes, celles qui sont aussi fidèles à leur médecin qu'à leur mari et celles qui en changent comme elles changent d'amants. Ce mécanisme normal de substitution est mal utilisé dans les obsessions — toujours dans un but défensif.

2. Cette manière de voir s'applique-t-elle aussi à d'autres cas de paranoïa ? Je devrais dire à *tous* les cas. Prenons un exemple. Le paranoïaque revendicateur ne peut tolérer l'idée d'avoir agi injustement ou de devoir partager ses biens. En conséquence, il trouve que la sentence n'a aucune validité légale ; c'est lui qui a raison, etc. (Le cas est trop clair, peut-être pas tout à fait précis. On pourrait peut-être l'expliquer autrement.)

Une grande nation ne peut supporter l'idée d'avoir été battue. *Ergo*, elle n'a pas été vaincue ; la victoire ne compte pas. Voilà un exemple de paranoïa collective où se crée un délire de trahison.

L'alcoolique ne s'avoue jamais que la boisson l'a rendu impuissant. Quelle que soit la quantité d'alcool qu'il supporte, il rejette cette notion intolérable. C'est la femme qui est responsable, d'où délire de jalousie, etc.

L'hypocondriaque lutte longtemps avant de découvrir pourquoi il se sent gravement malade. Il n'admet jamais que cette impression soit d'origine sexuelle, mais éprouve la plus vive satisfaction à se dire que ses souffrances sont, non pas endogènes (comme le dit Mœbius), mais exogènes ; donc, il a été empoisonné.

Le fonctionnaire qui ne figure pas au tableau d'avancement a besoin de croire que des persécuteurs ont fomenté un complot contre lui et qu'on l'espionne dans sa chambre. Sinon, il devrait admettre son propre naufrage.

Mais ce n'est pas toujours un délire de persécution qui se produit. La mégalomanie réussit peut-être mieux encore à éliminer du Moi l'idée pénible. Pensons, par exemple, à cette cuisinière dont l'âge a flétri les charmes et qui doit s'habituer à penser que le bonheur d'être aimée n'est pas fait pour elle. Voilà le moment venu de découvrir que le patron montre clairement son désir de l'épouser et le lui a fait entendre, avec une remarquable timidité, mais néanmoins de façon indiscutable.

Dans tous ces cas, la ténacité avec laquelle le sujet s'accroche à son idée délirante est égale à celle qu'il déploie pour chasser hors de son Moi quelque autre idée intolérable. Ces malades aiment leur délire *comme ils s'aiment eux-mêmes*. Voilà tout le secret [de ces réactions].

ouvrage, « il est vrai, censuré et mutilé de maints passages importants », note encore Freud.

UNE NÉCESSITÉ S'IMPOSE A SCHREBER : SA TRANSFORMATION EN FEMME

Le jugement qui rendit la liberté à Schreber contient le résumé de son système délirant dans le passage suivant (p. 475) : « Il se considérait comme appelé à faire le salut du monde et à lui rendre la félicité perdue. Mais il ne le pourrait qu'après avoir été transformé en femme. »

Un exposé circonstancié du délire, sous sa forme définitive, est donné par le médecin de l'asile, le docteur Weber, dans son expertise de 1899 : « Le point culminant du système délirant du malade est de se croire appelé à faire le salut du monde et à rendre à l'humanité la félicité perdue. Il a été, prétend-il, voué à cette mission par une inspiration divine directe, ainsi qu'il est dit des prophètes ; des nerfs, excités comme le furent les siens pendant longtemps, auraient, en effet, justement la faculté d'exercer sur Dieu une attraction, mais il s'agit là de choses qui ne se laissent pas exprimer en langage humain, ou alors très difficilement, parce qu'elles sont situées au-delà de toute expérience humaine et n'ont été révélées qu'à lui seul. L'essentiel de sa mission salvatrice consisterait en ceci qu'il lui faudrait d'abord *être changé en femme*. Non pas qu'il *veuille* être changé en femme, il s'agirait là bien plutôt d'une « nécessité » fondée sur l'ordre universel, à laquelle il ne peut tout simplement pas échapper, bien qu'il lui eût été personnellement bien plus agréable de conserver sa situation d'homme, ce qui est tellement plus digne. Mais ni lui-même ni le restant de l'humanité ne pourront regagner l'immortalité, à moins que lui, Schreber, ne soit changé en femme (opération qui ne sera peut-être accomplie qu'après de nombreuses années, ou même décennies, et ceci au moyen de miracles divins). Il serait lui-même — il en est sûr — l'objet exclusif de miracles divins et, partant, l'homme le plus extraordinaire ayant jamais vécu sur terre. Depuis des années, à toute heure, à toute minute, il ressent ces miracles dans son propre corps ; ils lui sont confirmés par des voix qui lui parlent. Dans les premières années de sa maladie, certains organes de son corps avaient été détruits au point que de telles destructions auraient infailliblement tué tout autre homme. Il a longtemps vécu sans estomac, sans intestins, presque sans poumons, l'œsophage déchiré, sans vessie, les côtes broyées ; il avait parfois mangé en partie son propre larynx, et ainsi de suite. Mais les miracles divins (les « rayons ») avaient toujours à nouveau régénéré ce qui avait été détruit,

DES HALLUCINATIONS PARANOÏAQUES DÉSAGRÉABLES AU MOI

Maintenant, comparons cette forme de défense à celles que nous connaissons déjà dans : 1) l'hystérie ; 2) l'obsession ; 3) la confusion hallucinatoire ; et 4) la paranoïa. Nous avons à considérer l'affect, le contenu de la représentation et des hallucinations (voir tableau ci-dessous).

1. *Hystérie.* — La représentation intolérable ne peut parvenir à s'associer au Moi. Le contenu reste détaché, hors du conscient ; son affect se trouve déplacé, reporté dans le somatique, par conversion...

2. *Idées obsessionnelles.* — Là encore, la représentation intolérable est maintenue hors de l'association avec le Moi. L'affect demeure mais le contenu se trouve remplacé.

3. *Confusion hallucinatoire.* — Tout l'ensemble de la représentation intolérable (affect et contenu) est maintenu éloigné du Moi, ce qui ne devient possible que par un détachement partiel du monde extérieur. Des hallucinations agréables au Moi et qui favorisent la défense surviennent.

VUE D'ENSEMBLE

	Affect	Contenu en représentations	Halluci-nations	Résultat
Hystérie	Liquidé par conversion −	Absent du conscient −	−	Défense instable avec gain en satisfaction
Obsessions	Maintenu +	Absent du conscient et remplacé −	−	Défense permanente sans gain
Confusion hallucinatoire	Absent −	− Absent	Agréables au Moi et à la défense	Défense permanente gain brillant
Paranoïa	Maintenu +	+ Maintenu Projeté au-dehors	Hostiles au Moi Favorables à la défense	Défense permanente sans gain
Psychoses hystériques	Mainmise +	Conscient +	Hostiles au Moi et à la défense	Échec de la défense

4. *Paranoïa.* — Contrairement au 3, contenu et affect de l'idée intolérable sont maintenus, mais se trouvent alors projetés dans le monde extérieur. Les hallucinations qui se produisent, dans certaines formes de cette maladie, sont désagréables au Moi tout en favorisant aussi la défense.

Dans les *psychoses hystériques,* au contraire, c'est la représentation chassée qui prend le dessus. Le type en est l'accès et l'*état secondaire.* Les hallucinations sont désagréables au Moi.

Les *idées délirantes* sont soit la copie, soit le contraire de la représentation repoussée (mégalomanie). La paranoïa et la confusion hallucinatoire sont les deux psychoses d'obstination et de suspicion. Les « relations avec soi-même » dans la paranoïa sont analogues aux hallucinations des états confusionnels où le sujet affirme le contraire du fait qu'il a repoussé. De cette façon, les « relations avec soi-même » tendent à démontrer l'exactitude de la projection.

SIGMUND FREUD[7]

LA FIXATION DES PARANOÏAQUES À UN CERTAIN STADE DE LEUR ÉVOLUTION

Dans mes *Trois Essais sur la théorie de la sexualité,* j'ai exprimé l'opinion que chacun des stades que la psychosexualité parcourt dans son évolution implique une possibilité de « fixation » et, par là, fournit les bases d'une prédisposition ultérieure à telle ou telle psychonévrose. Les personnes qui ne se sont pas entièrement libérées du stade du narcissisme et qui, par suite, y ont une fixation capable d'agir à titre de prédisposition pathogène, ces personnes-là sont exposées au danger qu'un flot particulièrement puissant de libido, lorsqu'il ne trouve pas d'autre issue pour s'écouler, sexualise leurs pulsions sociales et ainsi annihile les sublimations acquises au cours de l'évolution psychique. Tout ce qui provoque un courant rétrograde de la libido (« régression ») peut produire le résultat suivant : que, d'une part, un renforcement collatéral de la libido homosexuelle se produise du fait qu'on est déçu par la femme, ou bien que la libido homosexuelle soit directement endiguée par un échec dans les rapports sociaux avec les hommes — ce sont là deux cas de « frustration » —, d'autre part, qu'une intensification générale de la libido vienne à se produire, intensification trop intense pour permettre alors à la libido de trouver à s'écouler par les voies déjà ouvertes, ce qui l'amène à rompre les digues au point faible

7. *La Naissance de la psychanalyse* (« Manuscrit H », du 24 janvier 1895), P.U.F. édit., p. 98-102.

de l'édifice. Comme nous voyons, dans nos analyses, les paranoïaques chercher *à se défendre contre une telle sexualisation de leurs investissements pulsionnels sociaux,* nous sommes forcés d'en conclure que le point faible de leur évolution doit se trouver quelque part aux stades de l'auto-érotisme, du narcissisme et de l'homosexualité et que leur prédisposition pathogène, peut-être plus exactement déterminable encore, réside en cet endroit. A la démence précoce de Kraepelin (*schizophrénie* de Bleuler), il conviendrait d'attribuer une prédisposition analogue, et nous espérons, par la suite, trouver d'autres points de repère nous permettant de rapporter les différences existant entre les deux affections, quant à la forme et à l'évolution, à des différences correspondantes entre les fixations prédisposantes.

Nous considérons donc que ce fantasme de désir homosexuel — *aimer un homme* — constitue le noyau du conflit dans la paranoïa de l'homme. Nous n'oublions cependant pas que la confirmation d'une hypothèse aussi importante ne pourrait se fonder que sur l'investigation d'un grand nombre de cas, où toutes les formes que peut revêtir la psychose paranoïaque seraient représentées. Aussi sommes-nous tout prêt à limiter, s'il le faut, notre assertion à un seul type de paranoïa. Il est néanmoins curieux de voir que les principales formes connues de la paranoïa puissent toutes se ramener à des façons diverses de contredire une proposition unique : « Moi (un homme), je l'aime (lui, un homme) » ; bien plus, qu'elles épuisent toutes les manières possibles de formuler cette contradiction.

LA PROJECTION
DANS QUELQUES FORMES DE PSYCHOSE

Cette phrase : « Je l'aime » (lui, l'homme) est contredite par :
a) Le délire de persécution, en tant qu'il proclame très haut : « Je ne *l'aime pas, je le hais.* » Cette contradiction, qui, dans l'inconscient[8], ne saurait s'exprimer autrement, ne peut cependant pas, chez un paranoïaque, devenir consciente sous cette forme. Le mécanisme de la formation des symptômes dans la paranoïa exige que les sentiments, la perception intérieure, soient remplacés par une perception venant de l'extérieur. C'est ainsi que la proposition : « Je le hais » se transforme, grâce à la *projection,* en cette autre : « *Il me hait* (me persécute) », ce qui alors justifie la haine que je lui porte. Ainsi, le sentiment interne, qui est le véritable promoteur, fait son apparition en tant que

---

8. Dans la « *langue fondamentale* », comme dirait Schreber.

conséquence d'une perception extérieure : « Je ne l'*aime* pas — je le *hais* — parce qu'*il me persécute.* »

L'observation ne permet aucun doute à cet égard : le persécuteur n'est jamais qu'un homme auparavant aimé.

b) L'*érotomanie,* qui, en dehors de notre hypothèse, demeurerait absolument incompréhensible, s'en prend à un autre élément de la même proposition : « Ce n'est pas *lui* que j'aime – c'est *elle* que j'aime. »

Et, en vertu de la même compulsion à la projection, la proposition est transformée comme suit : « Je m'en aperçois, *elle* m'aime. »

« Ce n'est pas *lui* que j'aime — c'est *elle* que j'aime — parce qu'*elle m'aime.* » Bien des cas d'érotomanie sembleraient pouvoir s'expliquer par des fixations hétérosexuelles exagérées ou déformées et cela sans qu'il soit besoin de chercher plus loin, si notre attention n'était pas attirée par le fait que toutes ces « amours » ne débutent pas par la perception intérieure que l'on aime, mais par la perception, venue de l'extérieur, que l'on est aimé. Dans cette forme de paranoïa, la proposition intermédiaire : « C'est *elle* que j'aime », peut également devenir consciente, parce qu'elle ne s'oppose pas diamétralement à la première comme lorsqu'il s'agit de haine ou d'amour. Il est, après tout, possible d'aimer à la fois *lui* et *elle.* C'est ainsi que la proposition substituée due à la projection : *« Elle m'aime »,* peut refaire place à cette proposition même de la « langue fondamentale » : *« C'est elle* que j'aime. »

c) Le troisième mode de contradiction est donné par le délire de jalousie, que nous pouvons étudier sous les formes caractéristiques qu'il affecte chez l'homme et chez la femme.

α) Envisageons d'abord le délire de jalousie alcoolique. Le rôle de l'alcool dans cette affection est des plus compréhensibles. Nous le savons : l'alcool lève les inhibitions et annihile les sublimations. Assez souvent, c'est après avoir été déçu par une femme que l'homme est poussé à boire, mais cela signifie qu'en général il revient au cabaret et à la compagnie des hommes qui lui procurent alors la satisfaction sentimentale lui ayant fait défaut à domicile, auprès d'une femme. Ces hommes deviennent-ils, dans leur inconscient, l'objet d'un investissement libidinal plus fort, ils s'en défendront alors au moyen du troisième mode de la contradiction :

« Ce n'est pas *moi* qui aime l'homme — *c'est elle qui l'aime* » — et il soupçonne la femme d'aimer tous les hommes qu'il est lui-même tenté d'aimer.

La déformation par projection n'a pas à jouer ici, puisque le changement dans la qualité de la personne qui aime suffit à projeter le processus entier hors du Moi. Que la femme aime les hommes, voilà qui est le fait d'une perception extérieure, tandis que soi-même on n'aime point, mais qu'on haïsse, que l'on n'aime point telle personne, mais telle autre, voilà qui reste par contre le fait d'une perception intérieure.

β) Le délire de jalousie de la femme se présente de façon tout à fait analogue.

« Ce n'est pas *moi* qui aime les femmes, *c'est lui qui les aime.* » La femme jalouse soupçonne l'homme d'aimer toutes les femmes qui lui plaisent à elle-même, en vertu de son homosexualité et de son narcissisme prédisposant exacerbé. Dans le choix des objets qu'elle attribue à l'homme se révèle clairement l'influence de femmes âgées, impropres à l'amour réel, de rééditions de nurses, de servantes, d'amies de son enfance, ou bien de ses sœurs et rivales.

On devrait croire qu'à une proposition composée de trois termes, telle que *« je l'aime »*, il ne puisse être contredit que de trois manières. Le délire de jalousie contredit le sujet, le délire de persécution, le verbe, l'érotomanie, l'objet. Mais il est pourtant encore une quatrième manière de repousser cette proposition, c'est de rejeter entièrement celle-ci.

« Je n'aime pas du tout — je n'aime personne. » Or, comme il faut bien que la libido d'un chacun se porte quelque part, cette proposition semble psychologiquement équivaloir à la suivante : « Je n'aime que moi. » Ce genre de contradiction donnerait le délire des grandeurs, que nous concevons comme étant une *surestimation sexuelle du Moi,* et que nous pouvons ainsi mettre en parallèle avec la surestimation de l'objet d'amour qui nous est déjà familière[9].

Il n'est pas sans importance, par rapport à d'autres parties de la théorie de la paranoïa, de constater qu'on trouve un élément de délire des grandeurs dans la plupart des autres formes de la paranoïa. Nous sommes en droit d'admettre que le délire des grandeurs est essentiellement de nature infantile et que, au cours de l'évolution ultérieure, il est sacrifié à la vie en société ; aussi la mégalomanie d'un individu n'est-elle jamais réprimée avec autant de force que lorsque celui-ci est en proie à un amour violent.

> *Car là où l'amour s'éveille, meurt*
> *Le moi, ce sombre despote*[10].

---

9. *Drei Abhandlungen zur Sexualtheorie,* Leipzig, Wien, Fr. Deuticke, 1905 ; *Trois Essais sur la théorie de la sexualité,* Paris, Gallimard, 1923 (trad. fr. par Reverchon). La même conception et les mêmes formules se retrouvent chez Abraham et chez Macder.

10. *Denn wo die Lieb erwachet, stirbt das Ich, der finstere Despot. — Djalal al-Din Rumi,* traduit en allemand par Rückert et cité d'après Kuhlenbeck, Introduction au Vᵉ vol. des *Œuvres* de Giordano Bruno.

AMOUR ET HAINE
DANS LE DÉLIRE DE PERSÉCUTION

Revenons-en, après cette discussion relative à l'importance inattendue du fantasme homosexuel dans la paranoïa, aux deux facteurs dans lesquels nous voulions tout d'abord voir les caractères essentiels de cette entité morbide : au mécanisme de la *formation des symptômes* et à celui du *refoulement*.

Pour commencer, nous n'avons aucun droit de supposer que ces deux mécanismes soient identiques et que la formation des symptômes suive la même voie que le refoulement, la même voie étant pour ainsi dire parcourue les deux fois en sens opposés. Il n'est d'ailleurs nullement vraisemblable qu'une telle identité existe ; néanmoins, nous nous abstiendrons de toute opinion à cet égard avant d'avoir poursuivi nos investigations.

En ce qui concerne la formation des symptômes dans la paranoïa, le trait le plus frappant est le processus qu'il convient de qualifier de *projection*. Une perception interne est réprimée et, en son lieu et place, son contenu, après avoir subi une certaine déformation, parvient au conscient sous forme de perception venant de l'extérieur. Dans le délire de persécution, la déformation consiste en une transformation de l'affect ; ce qui devrait être ressenti intérieurement comme de l'amour est perçu extérieurement comme de la haine.

SIGMUND FREUD[11]

---

11. *Cinq Psychanalyses* (« Le président Schreber », 1911), P.U.F. édit., p. 307-311.

*Grandville, avec une intuition profonde, a su représenter les angoisses
les plus archaïques qui sont au cœur des psychoses
(« Petites Misères de la vie humaine », 1843, Bibliothèque des Arts décoratifs).*

Chapitre III

Choix de la maladie
et signification du délire

Freud a constamment insisté sur le problème du choix de la maladie[1] : pourquoi et comment devlent-on hystérique, névrosé obsessionnel, paranoïaque ou schizophrène ? Et, puisque cet ouvrage est consacré aux psychoses : comment et pourquoi la psychose apparaît-elle, plutôt que la névrose ? Quels sont les points de fixation et de régression spécifiques des psychoses ? A l'intérieur de celles-ci, quels sont ceux propres à chaque entité nosologique ? Enfin, pour s'en tenir à la paranoïa, quels sont les points de fixation et de régression propres à cette maladie ?

Nous allons tout d'abord examiner une lettre de Freud à Fliess, en date du 9 décembre 1899, et dans laquelle Freud assigne à la paranoïa un point de fixation et une régression à l'auto-érotisme. Cette notion montre d'emblée — et ce sera là, pour Freud, une constante dans sa conception des psychoses — que le paranoïaque perd son lien avec les objets ; il retourne à un état dans lequel il trouvera sa satisfaction au niveau du corps propre et de ce que Freud appelle dans ce texte « le Moi primitif » (soulignons en passant que Freud parle ici de la paranoïa comme étant une névrose ; cela, sans doute, par assimilation à son concept de « psychonévrose »[2], qui incluait les troubles à caractère psychotique). En outre, il s'attache davantage à distinguer les mécanismes des différentes maladies mentales qu'à les étiqueter.

En 1908, son disciple Karl Abraham écrit un article intitulé : « Les

---

1. Nous avons déjà abordé cette question dans *Les Stades de la libido : de l'enfant à l'adulte*, et *Les Névroses : l'homme et ses conflits*.
2. Voir *Les Névroses : l'homme et ses conflits*.

Duendecitos

« *Son regard est fixe et absent, il hallucine, murmure quelques mots,*
il gesticule bizarrement » (« *Fous à l'asile* »,
dans les « *Caprices* » *de Goya, Bibliothèque nationale*).

différences psychosexuelles entre l'hystérie et la démence précoce » — *ce dernier terme désignant une forme de schizophrénie survenant au cours de l'adolescence, isolée par Kraepelin. Le mot « démence » souligne le caractère progressivement désorganisé de la pensée et des fonctions intellectuelles observé chez de jeunes patients en l'absence d'intervention thérapeutique. Or Abraham insiste sur l'absence de transfert chez ces malades et sur la destruction de la capacité d'amour objectal, ainsi que sur la désublimation. Le sujet se prend lui-même pour objet d'amour : il a détaché sa libido des objets. Sa libido s'infléchit sur son Moi et devient la source du délire de grandeur.*

Les sentiments de persécution ont pour objet celui ou celle qui, avant la maladie, avait absorbé la libido du patient. Autrefois objet sexuel, le persécuteur est celui qui, en quelque sorte, vient déranger l'infléchissement total de la libido sur le Moi. Nous verrons que cette idée, à peine esquissée dans le texte d'Abraham, est tout à fait centrale chez Victor Tausk[3].

Lorsque Freud rédige en 1914 « Pour introduire le narcissisme », il reprend les idées d'Abraham en montrant que la libido retirée au monde extérieur et apportée au Moi est devenue une libido narcissique. Ce narcissisme est en fait un état secondaire, construit sur la base d'un narcissisme primaire qu'il postule comme ayant existé au début de la vie, lorsque l'investissement du sujet se fait sur le Moi propre.

En 1915, dans un article métapsychologique consacré à « L'inconscient »[4], Freud précise que, dans la schizophrénie, le processus de refoulement est suivi d'un retrait de la libido dans le Moi : « L'investissement objectal étant abandonné, c'est un état narcissique primitif et sans objets qui se réinstaure. » Il évoque « l'incapacité de ces malades à faire un transfert » et « leur inaccessibilité, par suite, à la thérapeutique ». Cela le conduit, dans ce texte, à interpréter les troubles du langage chez le schizophrène, l'investissement de mots venant se substituer à l'investissement de choses[5]. Et lorsqu'il tente de caractériser la fixation et la régression propres à la paranoïa, il écrit, à propos du cas Schreber : « Les paranoïaques possèdent une fixation au stade du narcissisme ; nous pouvons dire que la somme de régression qui caractérise la paranoïa est mesurée par le chemin que la libido doit parcourir pour revenir de l'homosexualité sublimée au narcissisme[6]. »

---

3. Voir chapitre IV.
4. Non reproduit ici.
5. Voir *Le Ça, le Moi, le Surmoi : la personnalité et ses instances,* introduction au chapitre I, dans la même collection.
6. C'est lui qui souligne. (N.d.E.)

Les psychoses : la perte de la réalité

Dans Introduction à la psychanalyse *(1917), il montre que la distinction entre psychose et névrose est liée, pour la première, à la perte des investissements objectaux et à l'impossibilité d'opérer un transfert qui en résulte.*

Nous verrons au chapitre VI *que l'investissement de la libido sur le Moi entraîne des modifications fondamentales dans les rapports de l'individu avec la réalité. On a souvent reproché à la théorie freudienne des psychoses de sous-estimer la faculté évidente des psychotiques à réaliser un transfert ; en fait, ce reproche provient d'un certain malentendu : le psychotique établit un transfert à partir d'une régression qui l'a fait basculer dans une dimension autre que celle des névroses. Son transfert est, par bien des aspects, d'une essence différente de celui du névrosé.*

L'une des idées les plus novatrices de Freud à propos des psychoses est celle-ci : le délire représente une tentative visant à restaurer, sur un autre mode, les liens du sujet avec le monde des objets. Ainsi, au moment où s'effectue la rupture de ses relations objectales, le malade présente souvent un fantasme de fin du monde, c'est-à-dire qu'il éprouve la sensation d'une catastrophe imminente ou étant déjà survenue. Or ce sentiment d'apocalypse n'est que la projection, à l'échelle planétaire, de sa propre catastrophe interne, qui l'amène à déserter l'univers objectal.

Dʳ SIGM. FREUD,
*Chargé de cours de neurologie
à l'Université*

Vienne, 9-12-99
IX. Berggasse 19

Très cher Wilhelm,

Grâce à ta présence ici, dernièrement, ma soif de contacts personnels s'est un peu apaisée, et je puis maintenant tranquillement revenir aux questions scientifiques.

Un premier coup d'œil jeté sur de nouveaux sujets m'a peut-être été profitable. C'est le « choix des névroses » qui me préoccupe. Dans quelles circonstances une personne devient-elle hystérique, au lieu de devenir paranoïaque ? Dans une première et grossière tentative, à l'époque où je cherchais impétueusement à forcer la citadelle, je pensais que ce choix dépendait de l'âge auquel les traumatismes s'étaient produits, du moment de l'incident. J'ai, depuis longtemps, abandonné cette idée ; ensuite, je n'ai plus eu d'opinion jusqu'à ces jours derniers où le rapport avec la théorie de la sexualité s'est révélé.

Parmi les couches sexuelles, la plus profonde est celle de l'auto-érotisme qui n'a aucun but psychosexuel et n'exige qu'une sensation capable de le satisfaire localement. Plus tard, l'allo-érotisme (homo et hétéro-) s'y substitue, mais il continue certainement à subsister sous la forme d'un courant indépendant. L'hystérie (comme sa variété, la névrose obsessionnelle) est allo-érotique et se manifeste principalement par une identification à la personne aimée. La paranoïa redéfait les identifications, rétablit les personnes que l'on a aimées dans l'enfance (voir les observations relatives aux rêves d'exhibition) et scinde le Moi

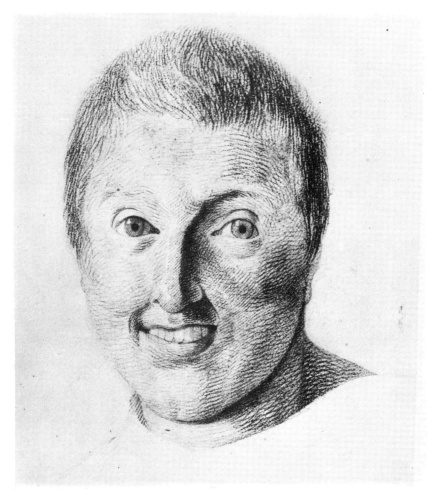

Portrait d'un épileptique, de G.F.M. Gabriel, commandé par Esquirol vers 1813.

en plusieurs personnes étrangères. Voilà pourquoi j'ai été amené à considérer la paranoïa comme la poussée d'un courant auto-érotique, comme un retour à la situation de jadis[7]. La formation perverse correspondante serait ce qu'on appelle la folie originelle. Les rapports particuliers de l'auto-érotisme avec le Moi primitif éclaireraient bien le caractère de cette névrose. C'est ici que le fil se rompt à nouveau.

SIGMUND FREUD[8]

LE RÔLE DE LA SUBLIMATION DANS LE DÉVELOPPEMENT INFANTILE

La méthode psychanalytique nous a familiarisés avec les analogies de la genèse de l'hystérie et de la démence précoce[9]. A cet égard, un rappel des points les plus importants pourra suffire. Les symptômes des deux maladies tirent leur source de complexes sexuels refoulés. Dans les deux cas, des émois normaux ou pervers peuvent agir de façon déterminante sur la formation des symptômes. Les moyens d'expression des deux affections se ressemblent pour une bonne part ; il suffit de rappeler la symbolique sexuelle. Il est admis par tous les observateurs qu'il y a au-delà de ces traits communs une opposition essentielle. Mais ils n'ont pas jusqu'ici précisé son contenu sous une forme satisfaisante. Ils ont étudié des différences de degré et ont ainsi attiré notre attention sur la ressemblance des tableaux cliniques.

Puisque les caractères communs de l'hystérie et de la démence précoce sont de nature psychosexuelle, la question qui se pose est de savoir où l'analogie s'arrête. En d'autres termes : dans notre recherche des différences essentielles entre les deux affections, nous sommes ramenés au domaine psychosexuel.

La théorie de la sexualité de l'enfant, des perversions sexuelles et de la pulsion sexuelle des névrosés des *Trois Essais sur la théorie de la sexualité* (Freud, 1905) fournit une base à notre investigation. Ma conception de la sexualité des malades mentaux chroniques est intimement liée à la théorie de la sexualité de Freud[10].

---

7. Premier soupçon du rapport existant entre le narcissisme et le groupe des psychoses schizophréniques, connexion que Freud devait plus tard reconnaître.

8. *La Naissance de la psychanalyse* (Lettre n° 125, du 9 décembre 1899), P.U.F. édit., p. 270.

9. Voir en particulier Jung, *De la psychologie de la démence précoce (Ueber die Psychologie der Dementia praecox)*, Halle, 1907.

10. Je dois d'avoir entrepris ce travail, qui va plus loin que les conceptions de Freud *publiées* jusqu'alors, aux communications écrites et orales de M. le professeur Freud ; certains aspects se sont confirmés au contact du professeur Bleuler et du docteur Jung au cours de mon activité à la clinique psychiatrique de Zurich.

D'après Freud, les émois sexuels les plus précoces de l'enfant sont en rapport avec une seule zone érogène : la bouche. Au cours des premières années de la vie, d'autres zones corporelles deviennent zones érogènes. Les premières manifestations libidinales de l'enfant ont un caractère auto-érotique. A ce stade, l'enfant ne connaît aucun objet sexuel en dehors de lui-même. Au cours de la période suivante du développement, il atteint à l'amour objectal. Mais celui-ci n'a pas d'emblée une orientation précise et définitive vers les personnes de l'autre sexe. L'enfant porte en lui une série de pulsions partielles ; seule la pulsion hétérosexuelle obtiendra et gardera la haute main. Les énergies issues des autres pulsions partielles sont soustraites à l'utilisation sexuelle et dirigées vers des buts sociaux importants. C'est le processus de la sublimation. Pour l'essentiel, la sublimation des composantes homosexuelles donne lieu au sentiment de dégoût, celle des composantes voyeuristes et exhibitionnistes à la honte, celle des composantes sadiques et masochiques à la peur, à la pitié et à d'autres sentiments similaires.

Le développement psychosexuel n'est pas épuisé par le transfert de la libido de l'enfant sur des personnes de l'autre sexe et la formation de sentiments sociaux à partir des pulsions partielles. Le transfert et la sublimation des énergies sexuelles vont au-delà ; tous deux fonctionnent normalement en harmonie. Les activités artistiques[11] et scientifiques et, jusqu'à un certain degré, bien des activités professionnelles reposent sur des processus de sublimation. Les personnes dont la libido n'est pas satisfaite transforment l'énergie sexuelle non liée en une activité professionnelle souvent fébrile. D'autres dirigent l'excès de leur libido vers des aspirations sociales et y trouvent, comme le langage le dit excellemment, leur « satisfaction ». Les meilleures forces convergent ainsi en sollicitude pour les malades et les nourrissons, en bienfaisance officielle, en protection des animaux, etc.

L'ADAPTATION SOCIALE DÉPEND D'UN « TRANSFERT SEXUEL SUBLIMÉ »

Le comportement social de l'homme repose sur sa capacité d'adaptation. Celle-ci est un transfert sexuel sublimé. Une certaine coexistence donne lieu chez les êtres à un rapport psychique positif ou négatif qui s'exprime par des sentiments de sympathie ou d'antipathie. Les

---

11. Voir à ce propos Rank, *L'Artiste, contribution à une psychologie sexuelle (Der Künstler, Ansätze zu einer Sexualpsychologie)*, Vienne, 1907.

Peut-on voir dans l'art un délire « apprivoisé » ?
(Projet de salle de concert pour l'Italie
fait par Mario Stroppa vers 1900, Bibliothèque des Arts décoratifs.)

sentiments d'amitié, d'harmonie croissent sur ce sol. Le comportement social d'un homme correspond parfaitement à sa manière de réagir aux excitations sexuelles. Dans l'un comme l'autre cas, les mêmes hommes se montrent plus ou moins accessibles, revêches ou délicats, exigeants ou faciles à contenter. Ce que nous percevons de guindé, de gauche, de carré dans la présentation de l'un, de gracieux, d'habile, etc., chez l'autre, indique sa capacité de s'adapter, c'est-à-dire de transférer.

Comme dans toute forme de traitement psychique, nous utilisons le transfert en psychanalyse[12]. La suggestion est une forme éclatante du transfert sexuel qui atteint son plus haut degré dans l'hypnose.

Mais la libido s'adresse en plus des vivants à des objets inanimés. L'homme entretient des rapports subjectifs issus de sa sexualité avec nombre des objets qui l'entourent. Je traiterai de cette question à propos de *Rêve et Mythe*[13] qui paraîtra prochainement. Je me contenterai d'évoquer ici quelques points de vue importants. Notre langage attribue aux objets inanimés un sexe (genre) sur la base de certaines caractéristiques attribuées à l'homme ou à la femme. Comme le dit Kleinpaul[14] : « L'homme sexualise tout. » La symbolique sexuelle du langage vient de la même source que le rêve et les troubles psychiques. Nous avons avec les objets qui nous sont devenus chers par l'usage ou les valeurs esthétiques un rapport personnel évident conforme à l'attraction sexuelle. Le goût manifesté dans le choix des objets est conforme au choix objectal sexuel. L'importance de cette forme d'amour objectal est très variable ; certaines personnes en sont presque dépourvues, d'autres sont dominées par une passion pour certains objets. La langue allemande, sensible à ces rapports psychologiques, nomme « amant » (amateur) celui qu'aucun sacrifice ne rebute pour entrer en possession de l'objet convoité, elle le met à côté du soupirant. La forme extrême de l'amateur, c'est le collectionneur. La surestimation de l'objet qu'il collectionne est la même que la surestimation sexuelle chez l'amant. La passion du collectionneur est parfois le substitut direct d'un penchant sexuel ; le choix de l'objet collectionné peut receler un symbolisme élaboré, la passion du célibataire disparaît éventuellement lorsqu'il se marie. Les collections varient en fonction de l'âge, c'est connu.

12. Voir Freud, « Bruchstück einer Hysterie Analyse » (Fragment d'une analyse d'hystérique), *Monatschr. fr. Psych. und Neurol.*, 1906 ; et Sadger, « La signification de la méthode psychanalytique d'après Freud » (Die Bedeutung der psychoanalyt. Methode nach Freud), *Zentralblatt für Nervenh. und Psychiatrie*, 1907.

13. « Schriften zur argewandten Seelenkunde » (Essais de psychanalyse appliquée), Cahier 4, *Rêve et Mythe*, Payot, p. 165-215.

14. Kleinpaul, *Stromgebiet der Sprache*, B. 468 *(Le Flux du langage).*

LA DÉMENCE PRÉCOCE
ET SES DIFFÉRENTS DEGRÉS

Comparativement à la pulsion normale, le névrosé a un désir sexuel anormalement intense. Il manque d'harmonie interne ; les pulsions partielles ne sont qu'imparfaitement subordonnées à la pulsion hétérosexuelle et celle-ci tend à être refoulée. Les représentations liées à l'activité sexuelle normale éveillent le refus et le dégoût. Il y a constamment chez le névrosé une lutte entre les pulsions partielles, entre un désir et un refus également excessifs. Le sujet fuit son conflit dans la maladie. Avec l'irruption de la névrose, le matériel refoulé parvient à la conscience où il est converti en symptômes hystériques. Cette conversion sert de décharge aux émois refoulés normaux et surtout aux émois pervers ; les symptômes pathologiques morbides constituent une activité sexuelle anormale.

En dehors des périodes de maladie proprement dite, la libido névrotique se manifeste par un transfert accru ; les objets sont exagérément investis de libido. Il existe aussi une tendance excessive à la sublimation.

Sur la base de ces considérations, nous pouvons comparer le comportement psychosexuel des personnes qui souffrent de démence précoce et celui des sujets sains et des névrosés. Nous parlerons à cet effet de quelques formes appartenant au groupe de maladies mentales que Kraepelin a réunies sous le nom de démence précoce.

A un stade avancé de la maladie, le patient gravement atteint reste dans un coin de l'hôpital, ou va et vient sans but. Son regard est fixe et absent, il hallucine, il murmure quelques mots, il gesticule bizarrement. Il ne parle à personne et évite toute rencontre. Il n'a aucune tendance à agir. Il néglige sa présentation, mange malproprement, se salit, se barbouille de ses excréments, se masturbe sans honte en public. Tout se passe comme si l'entourage n'existait plus pour lui.

Le malade moins atteint présente au fond un comportement identique, mais non poussé à l'extrême. Il est également asocial et négatif ; il a des idées de persécution et de grandeur. Ses façons d'être et de parler sont curieuses, maniérées, ampoulées. Il se plaint vivement de l'internement, mais profère ces plaintes sans l'émotion adéquate. Il perçoit ce qui se passe dans le monde extérieur mais ne montre aucun intérêt réel. Il effectue un travail mécanique mais n'en tire aucune satisfaction.

Le patient dont la maladie ne s'exprime pas par des manifestations grossières, ce qui permet d'éviter l'internement, se sent lésé par autrui, il ne s'entend plus avec les siens, il ne trouve plus aucune joie sans éprouver un manque. Il est dépourvu de besoins affectifs, de tact et de délicatesse. Nous ne parvenons pas à un contact avec lui. Il a peut-être une intelligence au-dessus de la moyenne, mais ses réalisations ne sont pas pleinement valables. Ce qu'il produit est bizarre, maniéré, blesse l'esthétique, ne contient pas l'accent affectif adéquat.

Les mêmes anomalies de la vie affective se voient dans toutes les formes[15] : les différences ne sont que de degré. Une forme légère peut s'aggraver ; une forme grave peut présenter des rémissions importantes. Alors que les représentations de l'homme sain s'accompagnent de sentiments adéquats, celles du malade ne comportent pas la juste nuance affective. Nous avons ramené tout transfert affectif à la sexualité. Nous arrivons à la conclusion que *la démence précoce détruit la capacité de transfert sexuel, d'amour objectal.*

DES ATTACHEMENTS EXCESSIFS AUX PARENTS QUI SE TRANSFORMENT EN HOSTILITÉ

Le premier attachement, inconsciemment sexuel, de l'enfant s'adresse à ses parents, en particulier à celui du sexe opposé. Entre frères et sœurs, il en va de même. Mais vis-à-vis du parent de même sexe, s'élaborent des sentiments de révolte et de haine. L'éducation et d'autres facteurs exogènes les font succomber au refoulement. Dans des conditions normales, il existe entre parents et enfants un attachement réciproque, un sentiment de communauté. Chez les hystériques, cet attachement est excessif pour un parent et le rejet de l'autre est violent. Les sujets atteints de démence précoce manquent d'affection pour les leurs ; leur indifférence ou leur hostilité sans fard les mènent au délire de persécution.

Un patient cultivé reçoit la nouvelle du décès de sa mère qui, malgré son attitude absente, lui avait conservé une tendre affection pendant sa longue maladie. Sa réaction consiste à demander, agacé : « C'est tout ce qu'il y a de nouveau ? » L'expérience quotidienne nous montre de même que les sentiments des parents pour leurs enfants s'éteignent.

Un jeune homme que je suivais était entré précocement dans la maladie. Il avait un transfert si marqué sur sa mère qu'à trois ans il s'exclama un jour : « Mère, si tu meurs, je me jetterai une pierre à la tête et je mourrai aussi. » Il ne la cédait pas un instant à son père. Il se l'appropriait au cours des promenades, la surveillait jalousement et se montrait haineux vis-à-vis de son frère. Depuis toujours, il avait l'esprit de contradiction. Sa mère dit de lui qu'il avait alors déjà la manie de la dénégation. Il ne se familiarisa avec aucun autre garçon,

15. Lorsque nous parlons de la gravité, nous n'envisageons pas celle du processus morbide, nous parlons seulement des conséquences pratiques (sociales) de la maladie.

ne s'attachant qu'à sa mère. A 13 ans, son indiscipline obligea les parents à le confier à des étrangers. Sa mère le conduisit à sa nouvelle destination. Dès l'instant de l'adieu, il changea du tout au tout. Son amour et son penchant excessifs pour sa mère se muèrent en une froideur totale. Il écrivait des lettres guindées, formelles, où il ne la mentionnait jamais. Progressivement, il développa une psychose hallucinatoire grave, au cours de laquelle le vide affectif se précisa de plus en plus.

La recherche psychanalytique nous apprend qu'une violente hostilité prend souvent la place d'un amour exalté. Ce retrait libidinal de l'objet d'un transfert particulièrement intense est indiscutable dans la démence précoce.

ABSENCE DE TRANSFERT ET COMPORTEMENT DES DÉMENTS PRÉCOCES

Souvent, l'anamnèse des patients comporte les notations suivantes : il (ou elle) a toujours été silencieux, enclin à la rumination mentale, effarouché, peu accessible à la société et aux amusements, jamais vraiment joyeux comme les autres. Ces personnes n'avaient donc jamais pu transférer leur libido dans le monde extérieur. Elles deviendront les éléments asociaux des asiles. Leur parole manque de vivacité. Du même ton, avec la même mimique, elles parleront du sujet le plus important comme du plus infime détail. Cependant, lorsque l'entretien touche à leur complexe, la réaction affective peut être très violente.

A certains égards, les malades atteints de démence précoce sont très suggestibles. Cette constatation peut paraître en contradiction avec la supposition d'une carence de transfert sexuel. Mais cette suggestibilité diffère de celle des hystériques. Elle me paraît due au fait que le patient ne se rebiffe pas contre telle ou telle influence, du fait de son indifférence du moment (« automatisme de commande » de Kraepelin). Le trouble de l'attention joue un rôle à cet égard. Il me semble donc que cette suggestibilité est une absence de résistance. Elle s'inverse facilement en opposition. Le négativisme de la démence précoce est précisément le contraire du transfert. A l'inverse des hystériques, les patients ne sont que faiblement accessibles à l'hypnose. Un essai de psychanalyse nous convaincra de l'absence de transfert ; c'est pourquoi cette méthode n'est pas une thérapeutique de la démence précoce.

La fréquentation des patients nous permet de voir d'autres aspects de l'absence de transfert. Ils ne sont jamais gais. Ils n'ont pas le sens de l'humour. Leur rire est superficiel, forcé ou grossièrement érotique, jamais cordial. Souvent d'ailleurs, il n'est pas signe de gaieté, mais du fait que le complexe a été touché ; il en est ainsi du rire stéréotypé des hallucinés, car les hallucinations concernent constamment le complexe. La présentation des patients est maladroite et rigide ; elle objective l'inadéquation au milieu. Kraepelin souligne bien cette « perte de la grâce ». Le besoin d'aménager une atmosphère confortable et amicale s'est perdu. Avec l'attachement aux êtres disparaît l'attachement pour l'activité, la profession. Les patients se replient sur eux-mêmes, et il me semble particulièrement caractéristique qu'ils ne connaissent pas l'ennui. Il est vrai qu'on peut les éduquer, pour la plupart d'entre eux, à accomplir un travail utile. Pour y parvenir, il faut leur suggérer de travailler. Les patients se soumettent sans trouver de satisfaction à leur activité. Lorsque la suggestion cesse, ils s'arrêtent. Il existe une exception apparente : les patients travaillant du matin au soir, infatigablement, sans trêve. Ces travaux se font alors à la faveur d'un complexe. Ainsi, un patient, par exemple, est infatigable dans ses activités de fermier car il considère le sol de l'asile comme le sien propre. Un patient âgé s'occupe sans relâche à la plonge de sa section et ne souffre aucune aide. De l'eau de l'évier lui parviennent les conversations des elfes. Ils lui ont prédit qu'un jour il irait les rejoindre, s'il lavait auparavant 100 000 pièces de vaisselle. Cet homme de 80 ans n'avait d'intérêt que pour cette activité, qu'il poursuivait selon des rites mystérieux.

Les patients n'entretiennent plus un rapport intime avec leurs objets, leur bien. Ce qui les entoure est dépourvu de charme pour eux. Il leur arrive d'exprimer un désir intense d'un objet ; mais l'accomplissement de leur demande reste sans effet. Certains objets sont protégés avec sollicitude, mais, à l'occasion, on découvre que l'attachement n'est pas réel. Ainsi un patient collectionnait des pierres ordinaires, les déclarait précieuses et leur attribuait une valeur énorme. Le tiroir où il les conservait finit par céder sous le poids. Lorsqu'on enleva les pierres, le patient protesta contre cette atteinte à son droit. Mais il ne regretta pas les joyaux perdus, il refit une collection de graviers. Ceux-ci convenaient aussi bien comme symboles de sa fortune que la collection précédente. L'absence de plaisir aux objets explique probablement en partie la tendance destructrice si fréquente.

Souvent, le trouble n'intéresse pas seulement les sublimations sociales élaborées qui se sont formées lentement au cours de la vie, mais aussi celles qui datent de la petite enfance : honte, dégoût, sentiments moraux, pitié, etc. Une investigation exacte montrerait l'extinction partielle de ces sentiments dans tout cas de démence précoce. Dans les cas graves, le trouble se perçoit d'emblée. Les faits les plus crus de ce genre sont le barbouillage avec les excréments, l'absorption d'urine, la malpropreté, qui montrent l'absence du dégoût. De même, le comportement érotique sans gêne, l'exhibitionnisme font conclure à la perte de tout sentiment de honte. Ces comportements rappellent celui de l'enfant qui ne connaît ni le dégoût devant les excréments, ni la honte de la nudité. L'absence de réticence avec laquelle les malades s'expriment sur leur vie privée passée est du même ordre. Ils ne font que rejeter ainsi des réminiscences qui ont perdu leur valeur et leur intérêt. La sympathie disparaît, comme le prouve la conduite des patients confrontés à des actes cruels qu'ils ont commis eux-mêmes. J'ai vu une fois un tel malade quelques heures après qu'il eut fusillé un voisin inoffensif et blessé gravement sa femme. Il parlait en toute tranquillité de son acte et de ses motifs et savourait tranquillement son repas.

LES DEUX CONSÉQUENCES DE LA DÉMENCE PRÉCOCE

Nous avons vu deux séries de manifestations : les unes montrent la libido détachée des objets vivants et inanimés, les autres la perte des sentiments acquis par sublimation. La démence précoce conduit donc à la suppression de l'amour objectal[16] et de la sublimation. Ce n'est que dans la petite enfance que nous trouvons un tel état. Pour cette période, nous avons, avec Freud, parlé « d'auto-érotisme », faute d'investissement objectal et de sublimation. La particularité psychosexuelle de la démence précoce réside en ce que le sujet malade retourne à l'auto-érotisme. Les symptômes de la maladie sont une forme d'activité sexuelle auto-érotique.

Bien entendu, cela ne veut pas dire que tout émoi sexuel du malade soit purement auto-érotique. Mais il est vrai que tout attachement du malade pour une autre personne est en quelque sorte contaminé par l'auto-érotisme. Lorsqu'une patiente montre un amour apparemment très vif, fougueux, nous sommes régulièrement frappés par l'absence de honte dans l'expression qu'elle en donne. Mais la perte du sentiment de honte, produit de la sublimation, signifie pour nous un pas fait en direction de l'auto-érotisme. Par ailleurs, nous voyons ces malades s'éprendre rapidement et sans discrimination, et changer de même. A l'hôpital, certaines femmes sont toujours éprises du médecin présent ; bientôt chacune d'elles a l'idée délirante d'être sa fiancée ou sa femme, se croit enceinte de lui, perçoit un signe d'amour dans chacune de ses paroles. Le médecin s'en va-t-il, il est aussitôt remplacé par son successeur dans la vie sentimentale de la patiente. Les malades sont donc

---

16. Un de mes patients s'adressant à lui-même dans ses écrits innombrables disait « tu » ; il était bien le seul objet qui puisse l'intéresser.

encore en état de projeter leur besoin sexuel sur quelqu'un, mais incapables d'un attachement réel à la personne aimée. D'autres patients entretiennent pendant des années un amour imaginaire ; il n'existe que dans leur fantasme ; ils n'ont peut-être jamais vu leur objet sexuel ; en réalité, ils se barricadent contre tout contact avec autrui. Bref, l'une ou l'autre manifestation d'auto-érotisme apparaît toujours. Dans les cas de ce genre, une rémission prolongée peut simuler la guérison, mais l'impossibilité d'une adaptation au monde extérieur est dans la règle le trait pathologique le plus facilement reconnaissable.

Le malade qui détache sa libido des objets se met en contradiction avec le monde. Seul, il est confronté avec un monde hostile. Il semble que les idées de *persécution*[17] concernent surtout les personnes qui ont antérieurement absorbé la libido transférée du patient. Dans beaucoup de cas, le persécuteur aurait été originellement l'objet sexuel et le délire de persécution aurait une origine érogène.

L'auto-érotisme de la démence précoce est non seulement la source du délire de persécution, mais aussi du délire de grandeur. Normalement, deux personnes qui ont transféré leur libido réciproquement sont dans un rapport de surestimation amoureuse (« surestimation sexuelle » de Freud). Le malade mental consacre à lui-même, comme seul objet sexuel, toute la libido que l'homme normal tourne vers l'entourage vivant ou inanimé. La surestimation sexuelle ne concerne que lui. Elle prend des proportions colossales puisqu'il est pour lui-même son univers ! *La surestimation sexuelle réfléchie sur le Moi, ou auto-érotique, est la source du délire de grandeur de la démence précoce*[18]. Les délires de persécution et de grandeur sont donc étroitement liés. Tout délire de persécution dans la démence précoce contient implicitement un délire de grandeur.

La barrière auto-érotique vis-à-vis du monde extérieur n'agit pas seulement sur la face expressive du comportement, mais aussi sur sa face perceptive. Le malade se ferme aux perceptions sensorielles réelles. Son inconscient, par le truchement des hallucinations, forme des perceptions conformes aux désirs inconscients. Le malade pousse ce barrage si avant qu'il arrive à un boycottage du monde extérieur ; il ne produit plus pour lui et il n'en attend plus rien, il détient le monopole des impressions sensorielles.

---

17. Le détachement de la libido du monde extérieur est habituellement la base de la formation du délire de persécution. Je ne puis prendre en considération ici les autres facteurs en cause.

18. C'est l'aspect général de la surestimation sexuelle auto-érotique que je considère comme source de la mégalomanie dans la démence précoce. La forme particulière du délire me semble déterminée par un souhait refoulé.

Le fantasme de fin du monde signe l'entrée dans la psychose.

LES MALADES MENTAUX CONSERVENT-ILS
TOUTES LEURS FACULTÉS INTELLECTUELLES ?

Ce patient qui ne manifeste aucun intérêt pour le monde extérieur, qui végète, replié sur lui-même, dont l'expression mimique éveille une impression d'obtusion totale, paraît atteint d'une détérioration tant intellectuelle qu'affective. C'est le terme de « démence » qui s'applique le mieux ici. Mais le même mot est employé pour décrire les séquelles d'autres psychoses qui, en fait, diffèrent totalement de la forme qui nous retient ici. Je veux parler des démences épileptique, paralytique et sénile. Le seul caractère commun à ces affections, c'est leur *effet* : la réduction du *rendement* intellectuel, et ceci, à un certain degré seulement. Ce n'est qu'en tenant compte de cela qu'on se trouve autorisé à employer le même terme. Avant tout, il faut se garder de faire — comme cela est fréquent — d'une idée délirante une idée « imbécile » sous prétexte qu'elle est absurde. Sinon, il faudrait en dire autant des absurdités si significatives du rêve. La démence paralytique, comme la démence sénile, détruit les capacités intellectuelles : toutes deux, elles conduisent à des lacunes grossières. La démence épileptique conduit à un appauvrissement, à une monotonie des représentations et à une difficulté de compréhension. Les modifications dans ces cas sont au mieux susceptibles d'un arrêt provisoire mais elles sont généralement progressives. La « démence » de la démence précoce, par contre, est fondée sur le repli affectif. Les capacités intellectuelles sont conservées : le contraire — si souvent affirmé — n'a pour le moins jamais pu être démontré. C'est en raison de sa retraite auto-érotique que le patient n'est plus impressionné et ne réagit plus, ou anormalement, au monde extérieur. Cet état peut se résoudre à tout moment : la rémission peut être telle qu'on ne suspecte même pas un déficit intellectuel.

La « démence » de la démence précoce est un phénomène auto-érotique. C'est un état où manque toute réponse affective au monde extérieur. Par contre, les déments épileptiques ou organiques ont des réactions affectives très vivantes pour autant qu'ils peuvent saisir ce qui se passe. L'épileptique n'est jamais indifférent ; c'est de façon excessive qu'il prend parti pour l'amour ou la haine. Il transfère sa libido à un degré extrême sur les gens et les choses, il témoigne beaucoup d'affection et de gratitude aux siens. Il se plaît à son travail et tient très fortement à ce qu'il possède. Il conserve la moindre feuille de papier et considère ses trésors avec une joie toujours renouvelée.

LA DIFFÉRENCE ENTRE L'HYSTÉRIE ET LA DÉMENCE PRÉCOCE REPOSE SUR L'AUTO-ÉROTISME

C'est l'auto-érotisme qui distingue la démence précoce de l'hystérie. Ici le détachement de la libido, là l'investissement excessif de l'objet ; ici la perte de la capacité de sublimer, là une sublimation accrue.

Les particularités psychosexuelles de l'hystérie sont en général observables dès l'enfance, alors que les symptômes graves de la maladie ne feront irruption que bien plus tard. Nombre de cas montrent dès l'enfance des signes d'une atteinte. De là, nous concluons au caractère inné de la constitution psychosexuelle des hystériques. La même conclusion est valable pour la démence précoce. L'anamnèse nous apprend souvent que les patients furent de tout temps bizarres et rêveurs et ne se lièrent avec personne. Bien avant le « début » de la maladie, ils ne parvenaient pas à transférer leur libido et faisaient de leur imagination le champ de leurs aventures d'amour. Il ne doit guère exister de cas où il en soit autrement. Il faut souligner aussi la propension marquée de ces sujets à l'onanisme. Ces individus n'ont donc jamais dépassé réellement l'auto-érotisme infantile. L'amour objectal ne s'est jamais pleinement développé. Quand la maladie devient manifeste, ils se tournent complètement et à nouveau vers l'auto-érotisme. *La constitution psychosexuelle de la démence précoce repose donc sur une inhibition du développement.* Les quelques cas cliniques qui présentent dès l'enfance des manifestations psychotiques grossières confirment cette assertion de façon éclatante, en ce qu'ils permettent de reconnaître clairement la fixation pathologique à l'auto-érotisme. L'un des patients que j'observais avait déjà manifesté un négativisme complet à l'âge de trois ans. Ainsi, il contractait ses doigts et ne permettait pas qu'on l'essuyât. Il avait le même comportement à la fin de ses études secondaires. Ce patient, à 2-3 ans, ne se laissait pas convaincre pendant des mois de déféquer ; sa mère devait le prier quotidiennement d'abandonner cette attitude. Cet exemple prouve la fixation anormale à une zone érogène, ce qui est une manifestation auto-érotique typique.

L'INHIBITION DU DÉVELOPPEMENT DANS LA DÉMENCE PRÉCOCE

L'inhibition du développement psychosexuel ne s'exprime pas seulement par un dépassement insuffisant de l'auto-érotisme, mais encore par une persistance anormale des pulsions partielles. Cette caractéristique mérite une étude particulière et approfondie. Je ne ferai que l'illustrer ici d'un trait tiré de l'histoire de la maladie du patient dont je viens de décrire l'attitude auto-érotique négativiste. A l'âge de 27 ans, il fut, du fait de son refus alimentaire, nourri à la sonde par un médecin. Il vécut cette intervention comme un acte de pédérastie et le médecin comme un persécuteur homosexuel. Nous trouvons ici l'expression de la pulsion partielle homosexuelle, déplacée de la zone anale à une autre zone érogène (« déplacement vers le haut » de Freud), et l'origine érogène d'une idée de persécution.

La persistance anormale des pulsions partielles existe également chez les névrosés. Eux aussi souffrent d'une inhibition de leur développement psychosexuel. Mais la tendance auto-érotique est absente. Le trouble de la démence précoce est plus profond ; le sujet qui n'a jamais pu se détacher du stade le plus précoce du développement psychosexuel est rejeté au stade auto-érotique au fur et à mesure de la progression du processus morbide.

L'hypothèse d'une constitution psychosexuelle anormale, dans le sens de l'auto-érotisme, explique pour moi une grande partie des manifestations morbides de la démence précoce et rend superflues les nouvelles hypothèses concernant les toxines.

Il est bien entendu impossible d'épuiser en si peu de pages les phénomènes pathologiques innombrables qui sont à rapporter à l'inhibition du développement psychosexuel. Mais un travail plus étendu ne serait pas mieux en mesure d'y parvenir actuellement. L'analyse des psychoses sur la base de la théorie freudienne en est à ses débuts. Mais elle me semble appelée à nous apporter des éclaircissements qui ne peuvent pas être obtenus par une autre voie. Je pense en premier lieu au problème du diagnostic différentiel entre la démence précoce et l'hystérie et la névrose obsessionnelle. De même, l'investigation psychanalytique de la genèse des différentes formes de délire paraît abordable. Peut-être même cette méthode nous aidera-t-elle à élucider les perturbations intellectuelles qui font partie du tableau clinique de la démence précoce — et que nous sommes encore loin de comprendre.

KARL ABRAHAM[19]

---

19. *Œuvres complètes* t. I : *Rêve et Mythe* (« Les différences psychosexuelles entre l'hystérie et la démence précoce », 1908), Payot édit., p. 36-47.

LES CONSÉQUENCES D'UNE LIBIDO RETIRÉE DU MONDE EXTÉRIEUR

Nous eûmes un motif impérieux de nous intéresser à l'idée d'un narcissisme primaire normal, lorsqu'on entreprit de soumettre la conception de la démence précoce (Kraepelin) ou schizophrénie (Bleuler) à l'hypothèse de la théorie de la libido. Ces malades, que j'ai proposé de désigner du nom de paraphrènes, présentent deux traits de caractère fondamentaux : le délire des grandeurs et le fait qu'ils détournent leur intérêt du monde extérieur (personnes et choses). Par suite de cette dernière transformation, ils se soustraient à l'influence de la psychanalyse et deviennent inaccessibles à nos efforts pour les guérir. Mais le fait que le paraphrène se détourne du monde extérieur doit être caractérisé avec plus de précision. L'hystérique, ou l'obsessionnel, a lui aussi abandonné, dans les limites de sa maladie, sa relation à la réalité. Mais l'analyse montre qu'il n'a nullement supprimé sa relation érotique aux personnes et aux choses. Il la maintient encore dans le fantasme ; c'est-à-dire que, d'une part, il a remplacé les objets réels par des objets imaginaires de son souvenir, ou bien il a mêlé les uns aux autres ; d'autre part, il a renoncé à entreprendre les actions motrices pour atteindre ses buts concernant ces objets. C'est seulement pour cet état de la libido qu'on devrait employer à bon escient ce terme que Jung utilise sans faire de distinctions : *introversion* de la libido. Il en va autrement pour le paraphrène. Il semble que ce malade ait réellement retiré sa libido des personnes et des choses du monde extérieur, sans leur substituer d'autres objets dans ses fantasmes. Lorsque ensuite cette substitution se produit, elle semble être secondaire, et faire partie d'une tentative de guérison qui se propose de ramener la libido à l'objet[20].

La question se pose alors : quel est dans la schizophrénie le destin de la libido retirée des objets ? Le délire des grandeurs que l'on trouve dans ces états nous indique ici le chemin. Ce délire est, assurément, apparu aux dépens de la libido d'objet. La libido retirée au monde extérieur a été apportée au Moi, si bien qu'est apparue une attitude que nous pouvons nommer narcissisme. Mais le délire des grandeurs lui-même n'est pas créé de rien ; comme nous le savons, au contraire, c'est

---

20. *Cf.* sur ce point la discussion de la « fin du monde » dans l'analyse du président Schreber, *Jahrbuch*, III (*G.W.*, VIII), 1911. — Et également Abraham, « Les différences psychosexuelles de l'hystérie et de la démence précoce » (Die psychosexuellen Differenzen der Hysterie und der Dementia præcox), *Klinische Beiträge zur Psychoanalyse*, 1908, p. 23 sq. (Voir le dernier extrait et le précédent article de ce chapitre. N.d.E.)

l'agrandissement et la manifestation plus claire d'un état qui avait déjà existé auparavant. Ce narcissisme qui est apparu en faisant rentrer[21] les investissements d'objet, nous voilà donc amenés à le concevoir comme un état secondaire construit sur la base d'un narcissisme primaire que de multiples influences ont obscurci.

DES MANIFESTATIONS PSYCHOTIQUES QUI S'EXPLIQUENT PAR LE RETOUR DE LA LIBIDO SUR LE MOI

Dans notre appareil psychique existe un moyen privilégié auquel est confiée la tâche de maîtriser des excitations qui, sans cela, seraient péniblement ressenties ou auraient une action pathogène. L'élaboration psychique accomplit des exploits pour dériver intérieurement des excitations qui ne sont pas susceptibles d'une décharge extérieure immédiate, ou pour lesquelles une telle décharge ne serait pas souhaitable dans l'immédiat. Mais il est tout d'abord indifférent, pour une telle élaboration intérieure, qu'elle concerne des objets réels ou imaginaires. La différence n'apparaît qu'ensuite, lorsque le retournement de la libido sur les objets irréels (introversion) a conduit à une stase de libido. Dans les paraphrénies, le délire des grandeurs permet une semblable élaboration intérieure de la libido qui est retournée dans le Moi ; c'est peut-être seulement après l'échec de ce délire[22] que la stase de libido dans le Moi devient pathogène et met en branle le processus de guérison qui nous en impose pour la maladie[23].

Je hasarde ici quelques petits pas plus avant dans le mécanisme de la paraphrénie et je résume les conceptions qui dès maintenant me semblent mériter considération. Je situe la différence de ces affections et des névroses de transfert dans cette circonstance que la libido, devenue libre par frustration, ne demeure pas attachée à des objets dans le fantasme, mais se retire sur le Moi ; le délire des grandeurs répond alors au processus psychique de maîtrise de cette masse de libido, donc à l'introversion sur les formations fantasmatiques qui se produit dans les névroses de transfert ; l'hypocondrie de la paraphrénie, homologue de l'angoisse des névroses de transfert, sort de l'échec de cette action

---

21. Le texte incite, en divers passages, à poursuivre la métaphore économique, voire bancaire. (N.d.T.)

22. *Nach seinen Versagen.* (N.d.T.)

23. Expression du jargon médical pour désigner le fait qu'un symptôme ou un syndrome est pris à tort pour un autre. (N.d.T.)

psychique. Nous savons que cette angoisse peut être levée par une élaboration psychique ultérieure, conversion, formation réactionnelle, formation de protection (phobie). Ce rôle est joué dans les paraphrénies par la tentative de restitution à laquelle nous devons les manifestations pathologiques qui nous frappent. Fréquemment — sinon le plus souvent — la libido, dans la paraphrénie, ne se détache que partiellement des objets, ce qui nous permet de distinguer dans le tableau de cette affection trois groupes de manifestations : 1) celles qui répondent à une conservation de l'état normal ou de la névrose (manifestations résiduelles) ; 2) celles du processus pathologique (c'est-à-dire le détachement de la libido des objets et ce qui s'ensuit : le délire des grandeurs, l'hypocondrie, la perturbation des affects, toutes les régressions) ; 3) celles qui répondent à la restitution, qui fixent de nouveau la libido aux objets, soit à la manière d'une hystérie (démence précoce, paraphrénie au sens propre), soit à la manière d'une névrose obsessionnelle (paranoïa). Ce nouvel investissement de libido se produit à partir d'un autre niveau et sous d'autres conditions que l'investissement primaire.

SIGMUND FREUD[24]

LES PSYCHOTIQUES SONT-ILS RÉFRACTAIRES À LA CURE ANALYTIQUE ?

Dans un grand nombre d'affections nerveuses, dans les hystéries, les névroses d'angoisse, les névroses obsessionnelles, nos prémisses se montrent justes. Par la recherche du refoulement, par la découverte de la résistance, par la mise au jour de ce qui est refoulé, on réussit réellement à résoudre le problème, à vaincre les résistances, à supprimer le refoulement, à transformer l'inconscient en conscient. A cette occasion nous avons l'impression nette qu'à propos de chaque résistance qu'il s'agit de vaincre une lutte violente se déroule dans l'âme du malade, une lutte psychique normale, sur le même terrain psychologique, entre des mobiles contraires, entre des forces qui tendent à maintenir la contre-manœuvre et d'autres qui poussent à y renoncer. Les premiers mobiles sont des mobiles anciens, ceux qui ont provoqué le refoulement ; et parmi les derniers s'en trouvent quelques-uns récemment surgis et qui semblent devoir résoudre le conflit dans le sens que nous désirons. Nous avons ainsi réussi à ranimer l'ancien conflit qui avait

---

24. *La Vie sexuelle* (« Pour introduire le narcissisme », 1914), P.U.F. édit., p. 82-83, 92-93.

abouti au refoulement, à soumettre à une révision le procès qui semblait terminé. Les faits nouveaux que nous apportons en faveur de cette révision consistent dans le rappel que nous faisons au malade que la décision antérieure avait abouti à la maladie, dans la promesse qu'une autre décision ouvrira les voies à la guérison, et nous lui montrons que depuis le moment de la première solution toutes les conditions ont subi des modifications considérables. A l'époque où la maladie s'était formée, le Moi était chétif, infantile et avait peut-être des raisons de proscrire les exigences de la libido comme une source de dangers. Aujourd'hui il est plus fort, plus expérimenté et possède en outre dans le médecin un collaborateur fidèle et dévoué. Aussi sommes-nous en droit de nous attendre à ce que le conflit ravivé ait une solution plus favorable qu'à l'époque où il s'était terminé par le refoulement et, ainsi que nous l'avons dit, le succès que nous obtenons dans les hystéries, les névroses d'angoisse et les névroses obsessionnelles justifie en principe notre attente.

Il est cependant des maladies où, les conditions étant les mêmes, nos procédés thérapeutiques ne sont jamais couronnés de succès. Et cependant il s'agissait également ici d'un conflit primitif entre le Moi et la libido, conflit qui avait, lui aussi, abouti à un refoulement, quelle qu'en soit d'ailleurs la caractéristique topique ; dans ces maladies, comme dans les autres, nous pouvons découvrir, dans la vie des malades, les points exacts où se sont produits les refoulements ; nous appliquons à ces maladies les mêmes procédés, nous faisons aux malades les mêmes promesses, nous leur venons en aide de la même manière, c'est-à-dire en les guidant à l'aide de « représentations d'attente », et l'intervalle qui s'est écoulé entre le moment où se sont produits les refoulements et le moment actuel est tout en faveur d'une issue satisfaisante du conflit. Malgré tout cela, nous ne réussissons ni à écarter une résistance, ni à supprimer un refoulement. Ces malades, paranoïaques, mélancoliques, déments précoces, restent réfractaires au traitement psychanalytique. Quelle en est la raison ? Cela ne peut venir d'un manque d'intelligence ; nous supposons sans doute chez nos malades un certain niveau intellectuel, mais ce niveau existe certainement chez les paranoïaques, si habiles à édifier des combinaisons ingénieuses. Nous ne pouvons pas davantage incriminer l'absence d'un autre facteur quelconque. A l'encontre des paranoïaques, les mélancoliques ont conscience d'être malades et de souffrir gravement, mais cela ne les rend pas plus accessibles au traitement psychanalytique. Nous sommes là en présence d'un fait que nous ne comprenons pas, de sorte que nous sommes tentés de nous demander si nous avons bien compris toutes les conditions du succès que nous avons obtenu dans les autres névroses.

TRANSFERT POSITIF
ET TRANSFERT NÉGATIF CHEZ LES NÉVROSÉS

Si nous nous en tenons à nos hystériques et à nos malades atteints de névrose d'angoisse, nous ne tardons pas à voir se présenter un autre fait auquel nous n'étions nullement préparés. Nous nous apercevons notamment, au bout de très peu de temps, que ces malades se comportent envers nous d'une façon tout à fait singulière. Nous croyions avoir passé en revue tous les facteurs dont il convient de tenir compte au cours du traitement, avoir rendu notre situation par rapport au patient aussi claire et évidente qu'un exemple de calcul ; et voilà que nous constatons qu'il s'est glissé dans le calcul un élément dont il n'a pas été tenu compte.

Ce fait nouveau, que nous reconnaissons ainsi comme à contrecœur, n'est autre que ce que nous appelons le *transfert*. Il s'agirait donc d'un transfert de sentiments sur la personne du médecin, car nous ne croyons pas que la situation créée par le traitement puisse justifier l'éclosion de ces sentiments. Nous soupçonnons plutôt que toute cette promptitude a une autre origine, qu'elle existait chez le malade à l'état latent et a subi le transfert sur la personne du médecin à l'occasion du traitement analytique.

Il est incontestable que les sentiments hostiles à l'égard du médecin méritent également le nom de « transfert », car la situation créée par le traitement ne fournit aucun prétexte suffisant à leur formation ; et c'est ainsi que la nécessité où nous sommes d'admettre un transfert négatif nous prouve que nous ne nous sommes pas trompés dans nos jugements relatifs au transfert positif ou de sentiments tendres.

UNE NOUVELLE NÉVROSE
S'INSTAURE GRÂCE AU TRANSFERT

D'où provient le transfert ? Quelles sont les difficultés qu'il nous oppose ? Comment pouvons-nous surmonter celles-ci ? Quel profit pouvons-nous finalement en tirer ? Autant de questions qui ne peuvent être traitées en détail que dans un enseignement technique de l'analyse et que je me contenterai d'effleurer seulement aujourd'hui. Il est entendu que nous ne cédons pas aux exigences du malade découlant du transfert ; mais il serait absurde de les repousser inamicalement ou avec colère. Nous surmontons le transfert, en montrant au malade que ses sentiments, au lieu d'être produits par la situation actuelle et de s'appliquer à la personne du médecin, ne font que reproduire une situation dans laquelle il s'était déjà trouvé auparavant. Nous le forçons ainsi à remonter de cette reproduction au souvenir. Quand ce résultat est obtenu, le transfert, tendre ou hostile, qui semblait constituer la plus grave menace en ce qui concerne le succès du traitement, met entre nos mains la clé à l'aide de laquelle nous pouvons ouvrir les compartiments les plus fermés de la vie psychique. Je voudrais cependant vous dire quelques mots pour dissiper votre étonnement possible au sujet de ce phénomène inattendu. N'oublions pas en effet que la maladie du patient dont nous entreprenons l'analyse ne constitue pas un phénomène achevé, rigide, mais est toujours en voie de croissance et de développeme·.t, tel un être vivant. Le début du traitement ne met pas fin à ce développement, mais lorsque le traitement a réussi à s'emparer du malade, on constate que toutes les néo-formations de la maladie ne se rapportent plus qu'à un seul point, précisément aux relations entre le patient et le médecin. Le transfert peut ainsi être comparé à la couche intermédiaire entre l'arbre et l'écorce, couche qui fournit le point de départ à la formation de nouveaux tissus et à l'augmentation d'épaisseur du tronc. Quand le transfert a acquis une importance pareille, le travail ayant pour objet les souvenirs du malade subit un ralentissement considérable. On peut dire qu'on a alors affaire non plus à la maladie antérieure du patient, mais à une névrose nouvellement formée et transformée qui remplace la première. Cette nouvelle couche qui vient se superposer à l'affection ancienne, on l'a suivie dès le début, on l'a vue naître et se développer et on s'y oriente d'autant plus facilement qu'on en occupe soi-même le centre. Tous les symptômes du malade ont perdu leur signification primitive et acquis un nouveau sens, en rapport avec le transfert. Ou bien, il ne reste en fait de symptômes que ceux qui ont pu subir une pareille transformation. Surmonter cette nouvelle névrose artificielle, c'est supprimer la maladie engendrée par le traitement. Ces deux résultats vont de pair, et quand ils sont obtenus, notre tâche thérapeutique est terminée. L'homme qui, dans ses rapports avec le médecin, est devenu normal et affranchi de l'action de tendances refoulées, restera aussi tel dans sa vie normale quand le médecin en aura été éliminé.

C'est dans les hystéries, dans les hystéries d'angoisse et les névroses obsessionnelles que le transfert présente cette importance extraordinaire, centrale même au point de vue du traitement. Et c'est pourquoi on les a appelées, et avec raison, « névroses de transfert ». Celui qui, ayant pratiqué le travail analytique, a eu l'occasion de se faire une notion exacte de la nature du transfert, sait à n'en pas douter de quel genre sont les tendances refoulées qui s'expriment par les symptômes de ces névroses et n'exigera pas d'autre preuve, plus convaincante, de leur nature libidineuse. Nous pouvons dire que notre conviction, d'après laquelle l'importance des symptômes tient à leur qualité de satisfaction libidineuse substitutive, n'a reçu sa confirmation définitive qu'à la suite de la constatation du fait du transfert.

LES « NÉVROSES NARCISSIQUES » – OU PSYCHOSES – ÉCHAPPENT AU TRANSFERT

Pourquoi, avec l'aide du fait du transfert, nos efforts thérapeutiques échouent-ils dans les névroses narcissiques ?

La solution de l'énigme est des plus simples et s'harmonise avec tout le reste. L'observation montre que les malades atteints de névrose narcissique ne possèdent pas la faculté du transfert ou n'en présentent que des restes insignifiants. Ils repoussent le médecin, non avec hostilité, mais avec indifférence. C'est pourquoi ils ne sont pas accessibles à son influence ; tout ce qu'il dit les laisse froids, ne les impressionne en aucune façon ; aussi ce mécanisme de la guérison, si efficace chez les autres et qui consiste à ranimer le conflit pathogène et à surmonter la résistance opposée par le refoulement, ne se laisse-t-il pas établir chez eux. Ils restent ce qu'ils sont. Ils ont déjà fait de leur propre initiative des tentatives de redressement de la situation, mais ces tentatives n'ont abouti qu'à des effets pathologiques. Nous ne pouvons rien y changer.

Nous fondant sur les données cliniques que nous ont fournies ces malades, nous avons affirmé que chez eux la libido a dû se détacher des objets et se transformer en libido du Moi. Nous avons cru pouvoir, par ce caractère, différencier cette névrose du premier groupe de névroses (hystérie, névroses d'angoisse et obsessionnelle). Or, la façon dont elle se comporte lors de l'essai thérapeutique confirme notre manière de voir. Ne présentant pas le phénomène du transfert, les malades en question échappent à nos efforts et ne peuvent être guéris par les moyens dont nous disposons.

Sɪɢᴍᴜɴᴅ Fʀᴇᴜᴅ[25]

LE FANTASME DE FIN DU MONDE DU PRÉSIDENT SCHREBER

Au moment où la maladie atteignit son point culminant, sous l'influence de visions qui étaient « en partie d'une nature terrifiante,

---

25. *Introduction à la psychanalyse* (1917), Payot édit., p. 414-416, 419, 421-422, 424-425.

mais en partie aussi d'une indescriptible grandeur » (p. 73)[26], Schreber acquit la conviction qu'une grande catastrophe, que la fin du monde était imminente. Des voix lui annoncèrent que l'œuvre de quatorze mille ans était à présent annihilée (p. 71) et que la trêve accordée à la terre ne serait plus que de deux cent douze ans ; dans les derniers temps de son séjour à la maison de santé de Flechsig, il crut que ce laps de temps s'était déjà écoulé. Lui-même était le « seul homme réel survivant » et les quelques silhouettes humaines qu'il voyait encore, le médecin, les infirmiers et les malades, il les qualifiait d'« ombres d'hommes miraculés et bâclés à la six-quatre-deux ». Le courant inverse se manifestait aussi à l'occasion ; on lui mit une fois entre les mains un journal où il put lire l'annonce de sa propre mort (p. 81), il existait lui-même sous une seconde forme, une forme inférieure, et c'est sous cette forme-là qu'il s'était un beau jour doucement éteint (p. 73). Mais la configuration du délire qui se cramponnait au Moi et sacrifiait l'univers fut celle qui s'avéra de beaucoup la plus forte. Schreber se forgea diverses théories pour s'expliquer cette catastrophe. Tantôt elle devait être amenée par un retrait du soleil qui glacerait la terre, tantôt occasionnée par un tremblement de terre qui détruirait tout ; dans ce dernier cas, Schreber, en tant que « voyant », serait appelé à jouer un rôle primordial, tout comme un autre prétendu voyant, lors du tremblement de terre de Lisbonne, en 1755 (p. 91). Ou bien encore c'était Flechsig qui était la cause de tout car, grâce à ses manœuvres magiques, il avait semé la crainte et la terreur parmi les hommes, détruit les bases de la religion et amené la diffusion d'une nervosité et d'une immoralité générales, de telle sorte que des épidémies dévastatrices se seraient abattues sur l'humanité (p. 91). En tout cas, la fin du monde était la conséquence du conflit qui avait éclaté entre Flechsig et lui, ou bien — telle fut l'étiologie adoptée dans la seconde période du délire — elle découlait de son alliance désormais indissoluble avec Dieu ; elle constituait par conséquent le résultat nécessaire de sa maladie. Des années plus tard, Schreber étant rentré dans la vie sociale, il ne put découvrir, dans ses livres, ses cahiers de musique ni dans les autres objets usuels qui lui retombèrent entre les mains, rien qui fût compatible avec l'hypothèse d'un pareil abîme de néant temporel dans l'histoire de l'humanité : aussi finit-il par convenir que son opinion antérieure à cet égard n'était plus soutenable. « ... Je ne peux m'empêcher de reconnaître que, *vu de l'extérieur*, tout semble pareil à autrefois. Mais quant à savoir *si une profonde modification interne n'a cependant pas eu lieu*, voilà ce dont il sera question plus loin » (p. 85). Il n'en

---

26. *Mémoires d'un névropathe*, autobiographie du président, 1903. (N.d.E.)

pouvait pas douter : la fin du monde avait eu lieu pendant sa maladie, et l'univers qu'il voyait maintenant devant lui n'était, en dépit de toutes les apparences, plus le même.

UN UNIVERS QUE LE PARANOÏAQUE RECONSTRUIT À SA PROPRE MESURE

On voit assez souvent surgir, au stade aigu de la paranoïa, de pareilles idées de catastrophe universelle[27]. Etant donné notre conception des investissements libidinaux et si nous nous laissons guider par l'estimation faite par Schreber lui-même des autres hommes en tant qu'« ombres d'hommes bâclés à la six-quatre-deux », il ne nous sera pas difficile d'expliquer ces catastrophes[28]. Le malade a retiré aux personnes de son entourage et au monde extérieur en général tout l'investissement libidinal orienté vers eux jusque-là ; aussi tout lui est-il devenu indifférent et comme sans relation avec lui-même ; c'est pourquoi il lui faut s'expliquer l'univers, au moyen d'une rationalisation secondaire, comme étant « miraculé, bâclé à la six-quatre-deux ». La fin du monde est la projection de cette catastrophe interne, car l'univers subjectif du malade a pris fin depuis qu'il lui a retiré son amour[29].

Après que Faust a proféré la malédiction par laquelle il renonce au monde, le chœur des esprits se met à chanter :

Hélas ! hélas !
Tu l'as détruit,
Le bel univers,
D'un poing puissant ;
Il s'écroule, il tombe en poussière !
Un demi-dieu l'a fracassé !

27. Une « fin du monde », différemment motivée, se manifeste aussi au comble de l'extase amoureuse (*cf. Tristan et Isolde* de Wagner) ; c'est ici non pas le Moi, mais l'objet unique qui absorbe tous les investissements autrement portés vers le monde extérieur.

28. *Cf.* Abraham, « Die psychosexuellen Differenzen der Hysterie und der Dementia præcox » (Les différences psychosexuelles de l'hystérie et de la démence précoce), *Zentralblatt für Nervenh. und Psych.,* 1908. – Jung, *Zur Psychologie der Dementia præcox (De la psychologie de la démence précoce),* 1907. – Le court travail d'Abraham contient presque tous les points essentiels mis en valeur dans cette étude du cas de Schreber. (*Cf.* aussi le second article reproduit dans le présent chapitre. N.d.E.)

29. Peut-être non seulement l'investissement libidinal, mais encore l'intérêt lui-même, c'est-à-dire les investissements émanés du Moi.

> *Plus splendide,*
> *Rebâtis-le.*
> *Des fils de la terre*
> *Le plus puissant,*
> *Rebâtis-le dans ton sein !*[30]

Et le paranoïaque rebâtit l'univers, non pas à la vérité plus splendide, mais du moins tel qu'il puisse de nouveau y vivre. Il le rebâtit au moyen de son travail délirant. *Ce que nous prenons pour une production morbide, la formation du délire, est en réalité une tentative de guérison, une reconstruction.* Le succès, après la catastrophe, est plus ou moins grand, il n'est jamais total ; pour parler comme Schreber, l'univers a subi « une profonde modification interne ». Cependant, l'homme malade a reconquis un rapport avec les personnes et avec les choses de ce monde, et souvent ses sentiments sont des plus intenses, bien qu'ils puissent être à présent hostiles là où ils étaient autrefois sympathiques et affectueux. Nous pouvons donc dire que le processus propre au refoulement consiste dans le fait que la libido se détache de personnes — ou de choses — auparavant aimées. Ce processus s'accomplit en silence, nous ne savons pas qu'il a lieu, nous sommes contraints de l'inférer des processus qui lui succèdent. Ce qui attire à grand bruit notre attention, c'est le processus de guérison qui supprime le refoulement et ramène la libido aux personnes mêmes qu'elle avait délaissées. Il s'accomplit dans la paranoïa par la voie de la projection. Il n'était pas juste de dire que le sentiment réprimé au-dedans fût projeté au-dehors ; on devrait plutôt dire, nous le voyons à présent, que ce qui a été aboli au-dedans revient du dehors.

SIGMUND FREUD[31]

---

30. *Weh ! Weh !*
Du hast sie zerstört,
Die schöne Welt,
Mit mächtiger Faust !
Sie stürzt, sie zerfällt !
Ein Halbgott hat sie zerschlagen !

Mächtiger
Der Erdensöhne,
Prächtiger
Baue sie wieder,
In deinem Busen baue sie auf !
(Faust, 1ʳᵉ partie.)
31. *Cinq Psychanalyses* (« Le président Schreber », 1911), P.U.F. édit., p. 313-315.

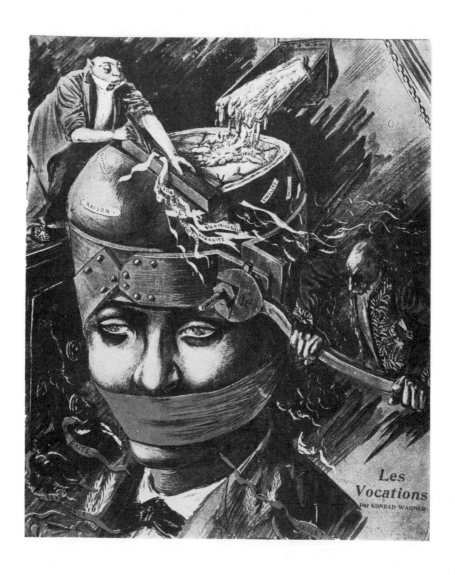

*L'appareil à influencer est vécu comme une intrusion
à l'intérieur du corps propre:
« on » agit sur le malade.*

Chapitre IV

Schizophrénie
et « appareil à influencer »

La figure de Victor Tausk est sans conteste l'une des plus attachantes qui soit. Lou Andréas Salomé pensait de lui qu'il était peut-être le plus brillant des disciples de Freud. Pourquoi son apport à la théorie psychanalytique des psychoses fut-il méconnu ? Paul Roazen, son biographe, fait état[1] d'une rivalité intellectuelle entre Freud et Tausk, de laquelle Freud serait sorti vainqueur, et Tausk, brisé.

Né en 1879, Tausk reçoit une formation de juriste. Il aime à défendre les pauvres gens, souvent avec succès. Marié, père de deux enfants, il se sépare de sa femme en 1905 (ils divorceront trois ans plus tard) et s'installe à Berlin. Il se tourne vers l'écriture, la poésie, la musique et le dessin, mais déteste le métier de journaliste qu'il est obligé de faire afin de subvenir aux besoins de sa famille. Son état de santé se détériore ; les médecins diagnostiquent un « épuisement mental et physique ». Ses lettres à sa femme, Martha, qui vit à Vienne, témoignent d'auto-accusations, d'angoisses profondes et de sentiments d'appauvrissement. Son effondrement avait été brutal ; il se remet tout aussi rapidement, mais se demande avec inquiétude si ses « dépressions seront durables et périodiques ».

En 1908, il se tourne vers la psychanalyse et entreprend des études de médecine à Vienne. Freud lui donne de l'argent, le place à la tête de l'une des revues psychanalytiques qui paraissaient alors — mais refuse de le prendre en analyse. Lui-même avait alors en cure Hélène Deutsch ; c'est à elle qu'il adresse Tausk. On s'aperçoit très vite qu'à travers Hélène Deutsch, Tausk cherche en fait à dialoguer avec Freud.

---

1. Dans *Animal, mon frère, toi* (Payot), d'où nous tirons ces informations sur la vie de Tausk.

Les psychoses : la perte de la réalité

De plus, dans sa propre cure avec Freud, la jeune femme ne parle que de Tausk et de ses idées. Aussi, en 1919, Freud met-il Hélène Deutsch en demeure de choisir entre cesser son analyse ou arrêter celle de Tausk : « Le traitement de Tausk prit fin immédiatement », note Roazen[2].

Tausk connaissait alors de graves difficultés dans sa vie privée. Le 3 juillet 1919, huit jours avant son remariage, il se suicide.

Il avait demandé que l'on brûlât ses manuscrits après sa mort ; son fils Hugo mit une journée à le faire. De très rares œuvres ont échappé à cet autodafé. Tausk avait choisi de s'intéresser principalement aux psychoses. Il contribua cependant également à élargir la compréhension « de la psychologie du Moi, de la créativité artistique [et] des fondements philosophiques de la psychanalyse »[3].

Nous présentons ici des extraits de son article le plus connu : « De la genèse de l'appareil à influencer au cours de la schizophrénie », auquel Freud lui-même rendit hommage. Cette observation nous semble être l'une des plus inspirées de toute la littérature psychanalytique. Écrite en 1919, elle parut en même temps que la notice nécrologique de trois pages rédigée par Freud.

Nous avons déjà traité, dans différents chapitres, de la paranoïa. Si, au chapitre VI, Karl Abraham étudiera pour nous la psychose maniaco-dépressive, il nous faut tout au moins dire quelques mots ici de la schizophrénie.

Jusqu'aux alentours des années 1940[4], on considérait les schizophrènes comme souvent rebelles aux traitements alors administrés[5] (essentiellement électrochocs et insuline). Or ils constituent la grande majorité des malades mentaux soignés dans les hôpitaux psychiatriques occidentaux ; ils présentent souvent, de plus, une symptomatologie particulièrement fascinante. La schizophrénie touche généralement les adolescents ou les adultes jeunes.

Créé par Eugène Bleuler, le mot « schizophrénie » résulte en effet d'une extension, due à Kraepelin, du diagnostic de « démence précoce » à des tableaux cliniques multiples et voisins, auxquels le terme de « démence précoce » ne pouvait plus s'appliquer.

Bleuler, psychiatre au Bürghözli, célèbre hôpital psychiatrique situé près de Zurich, travailla avec Jung et subit l'influence de la psychana-

---

2 et 3. Paul Roazen, *op. cit.*

4. Voir notre introduction au chapitre I de la deuxième partie. Celle-ci est plus spécifiquement consacrée à la psychothérapie des psychoses.

5. Remarquons cependant que la « camisole chimique » appliquée de nos jours aux schizophrènes aboutit à une abrasion de leurs symptômes les plus spectaculaires en attaquant en même temps leur fonctionnement affectif et intellectuel.

*lyse. Il n'en croyait pas moins au caractère organique de la schizophré-
nie : il distinguait ainsi les « symptômes primaires », expressions de la
maladie proprement dite, des « symptômes secondaires », qui représentaient à ses yeux des réactions psychiques au processus morbide. C'est
à la* skizis, *du grec « fente », — en allemand* Spaltung, *« dissociation »
pour les psychiatres français—, que Bleuler se réfère pour forger le mot
« schizophrénie ». La « schizis » consiste en une désagrégation des
complexes idéatifs. La pensée éclate en fragments qui semblent
dépourvus de liens associatifs. De ce fait, le délire schizophrénique
n'est jamais systématisé, à l'inverse du délire paranoïaque. La forme
délirante est appelée « paranoïde ». Mais il existe encore deux autres
formes de schizophrénie : l'hébéphrénie et la catatonie[6].*

*Pour en revenir à l'article de Victor Tausk que nous allons découvrir
ici, disons que l'interprétation de la machine persécutrice comme projection du corps propre constitue un apport à la clinique psychanalytique, mais aussi à la clinique de la psychose elle-même. Le persécuteur
n'est plus seulement, comme dans la théorie freudienne, un objet
homosexuel. Derrière cet objet se dissimule le corps propre du sujet
persécuté par ses désirs libidinaux, et qu'il tente désespérément de projeter dans le monde extérieur sous l'aspect d'une machine qui lui serait
étrangère, comme à l'orée de la vie, lorsque le Moi corporel n'est pas
encore intégré au Moi psychique. A ce moment, le nourrisson vit ses
membres et ses organes comme étrangers à son Moi. Ce qui importe
ici, ce n'est plus l'opposition entre les sexes, non plus que la crainte
d'émasculation liée à l'homosexualité passive : l'opposition fondamentale est celle qui existe entre libido objectale et libido narcissique. Tout
objet exigeant un transfert, toute pulsion venant perturber le Moi
devient un persécuteur...*

L'« appareil à influencer » schizophrénique est une machine de
nature mystique. Les malades ne peuvent en indiquer la structure que
par allusions. Il se compose de boîtes, manivelles, leviers, roues, boutons, fils, batteries, etc. Les malades cultivés s'efforcent, à l'aide des
connaissances techniques dont ils disposent, de deviner la composition
de l'appareil. Au fur et à mesure que la diffusion des sciences techniques progresse, il s'avère que toutes les forces naturelles domestiquées
par la technique sont mises à contribution pour expliquer le fonctionnement de cet appareil ; mais toutes les inventions humaines ne suffi-

---

6. La place nous manque ici pour traiter dans ses détails de la schizophrénie. Aussi nous renvoyons le
lecteur aux manuels ou ouvrages classiques de psychiatrie.

sent pas à expliquer les actions remarquables de cette machine par laquelle les malades se sentent persécutés.

Voici les principaux effets produits par cet appareil à influencer :

1. Il présente des images aux malades. Il s'agit alors habituellement d'une lanterne magique ou d'un appareil de cinéma. Les images sont vues dans un seul plan, projetées sur les murs ou sur les vitres ; elles ne sont pas tri-dimensionnelles, comme les hallucinations visuelles typiques.

2. L'appareil produit et dérobe les pensées et les sentiments, et cela grâce à des ondes ou des rayons, ou à l'aide de forces occultes, que le malade ne peut expliquer par ses connaissances de la physique. Dans ces cas, cet appareil est également nommé « appareil à suggestionner ». Son mécanisme est inexplicable, mais sa fonction est de permettre aux persécuteurs de transmettre ou de dérober pensées et sentiments.

3. L'appareil produit des actions motrices dans le corps du malade, des érections, des pollutions. Ces dernières sont destinées généralement à priver le malade de sa puissance virile et à l'affaiblir. Cet effet peut être également produit soit par la suggestion, soit à l'aide de courants atmosphériques, électriques, magnétiques ou par rayons X.

4. L'appareil produit des sensations, dont certaines ne peuvent être décrites par le malade parce qu'elles lui sont complètement étrangères, tandis que d'autres sont ressenties comme des courants électriques, magnétiques ou atmosphériques.

5. L'appareil est également responsable d'autres phénomènes somatiques chez les malades : éruptions cutanées, furoncles et autres processus morbides.

Cet appareil sert à persécuter le malade et est manipulé par les ennemis. Autant que je sache, ce sont exclusivement des ennemis du sexe masculin qui utilisent cet instrument, et l'on retrouve très fréquemment parmi les persécuteurs les médecins qui ont prodigué leurs soins au malade.

La manipulation de l'appareil est elle-même obscure ; il est rare que le malade se représente avec quelque clarté le mode d'emploi de l'appareil. On appuie sur des boutons, on met en branle des leviers, on tourne des manivelles. Souvent, le malade est relié à l'appareil par des fils invisibles conduisant à son lit ; dans ce cas, il ne se trouve sous l'influence de l'appareil que lorsqu'il est au lit.

◀ *La peinture de Francis Bacon nous donne une idée de l'intensité des déformations que subit l'image du corps dans la psychose. (Seconde version of « Painting », 1946, musée d'Art moderne, New York. Nous tenons à remercier F. Bacon de nous avoir autorisés à reproduire ici son œuvre).*

TÉLÉPATHIE
OU SIMPLE SENTIMENT D'ALIÉNATION

Il est cependant évident que bon nombre de malades se plaignent de toutes ces rigueurs sans les attribuer à l'action d'un appareil. Certains malades ressentent les modifications éprouvées au niveau de leur propre corps et de leur esprit tantôt comme étrangères, tantôt comme hostiles ; ils attribuent ces altérations uniquement à une influence psychique étrangère, une suggestion, une force télépathique provenant des ennemis. D'après mes observations et celles d'autres auteurs, il ne fait aucun doute que les doléances des malades qui ne font pas intervenir l'influence d'un appareil précèdent l'apparition du symptôme de l'appareil à influencer : l'« appareil » est une manifestation plus tardive de la maladie. Son apparition viserait, selon divers auteurs, à chercher et à trouver une cause aux transformations pathologiques qui dominent la vie affective et sensorielle du malade et qui sont manifestement éprouvées comme étranges et désagréables. D'après cette conception, la machine à influencer est créée par le besoin de causalité immanent à l'homme. Dans d'autres cas, le même besoin de causalité est responsable de la croyance à des persécuteurs agissant par suggestion et télépathie sans l'aide d'un appareil. La clinique explique le symptôme de la même façon que la persécution dans la paranoïa (persécution qui, elle aussi, est bien inventée par le malade aux fins de justifier son délire de grandeur) et elle le nomme « paranoïa somatique ».

Il existe cependant un groupe de malades qui renoncent entièrement à satisfaire leur besoin de causalité ; ils se plaignent simplement de sentiments de transformation et de phénomènes d'étrangeté dans leur personne physique et psychique, *sans pour cela en chercher la cause dans une puissance hostile ou étrangère.* En particulier, certains malades déclarent que ces images ne leur sont pas « représentées », mais qu'ils les aperçoivent tout simplement et à leur grand étonnement. D'autres sentiments de transformation peuvent encore exister sans qu'ils soient attribués à un responsable : ainsi, en particulier, les malades se plaignent de perte ou de transformation des idées et des sentiments, sans penser pour autant que ces idées ou ces sentiments leur soient dérobés ou imposés. Il en est de même pour les sentiments d'altération de la peau, du visage, et des dimensions des membres. Ce groupe de malades ne se plaint pas de l'influence d'une puissance étrangère hostile, mais du sentiment *d'aliénation.* Les malades deviennent étrangers à eux-mêmes, ils ne se comprennent plus, leurs membres, leur visage, leur expression, leurs pensées et leurs sentiments leur sont aliénés. Il est hors de doute que les symptômes de ce groupe de malades appartiennent à la période de début de la démence précoce, même si on les retrouve parfois à des stades évolutifs avancés.

L'APPAREIL À INFLUENCER » : UN SYMPTÔME TERMINAL ?

Dans bon nombre de cas il paraît certain, et dans d'autres, très vraisemblable, qu'à partir de sentiments de transformations qui apparaissent sous le signe de l'étrangeté et sans être attribués à un responsable, se forment des sentiments de persécution dans lesquels le sentiment de transformation est attribué à l'action d'une personne étrangère, « suggestion » ou « influence télépathique ». Dans d'autres cas, on voit l'idée de persécution et d'influence déboucher dans la construction d'un appareil à influencer. *Partant de là, nous serions sur le point d'admettre que l'appareil à influencer est le terme final de l'évolution du symptôme, qui a débuté par de simples sentiments de transformation.* Je ne pense cependant pas que toute cette succession dans la formation du symptôme ait jamais pu à ce jour être observée chez un même malade de manière suivie. Mais j'ai pu observer de façon indiscutable cet enchaînement sur deux stades (j'en donnerai un exemple dans ce travail), et je n'hésite pas à affirmer que, dans des circonstances particulièrement favorables, l'on pourrait constater, chez un individu unique, l'existence de cette série évolutive au complet. En attendant, je me trouve dans la position du bactériologiste étudiant le plasmodium, qui reconnaît bien les diverses formations pathologiques dans les globules sanguins comme stades d'une évolution continue, bien qu'il ne puisse observer dans chaque globule sanguin qu'un seul stade évolutif, et qu'il ne soit pas en mesure de suivre tout le développement du plasmodium dans un seul globule.

La reconnaissance des divers symptômes en tant que stades d'un processus de développement unique n'est pas seulement rendue difficile par les erreurs d'observation et par les réticences du malade, mais aussi parce que — suivant les autres manifestations morbides que présente le malade — les divers stades sont englobés dans des symptômes secondaires ou dérivés ; ainsi les sentiments de transformation sont masqués par une psychose ou une névrose associée ou consécutive et appartenant à un autre groupe morbide, par exemple une mélancolie, une manie, une paranoïa, une névrose obsessionnelle, une hystérie d'angoisse, une démence. Ainsi, ces tableaux cliniques se trouvent au premier plan et les éléments de l'évolution du délire d'influence, plus difficile à saisir, échappent aux yeux de l'observateur, voire à ceux du malade. Il est également possible que chaque stade évolutif n'arrive pas à la conscience chez tous les malades, que l'un ou l'autre de ces aspects se déroule dans l'inconscient, et qu'ainsi la partie qu'on peut suivre dans le conscient du malade offre des lacunes. Suivant la rapidité du processus morbide et les tendances individuelles à former d'autres tableaux psychotiques, certains stades peuvent aussi être simplement sautés.

UNE PREMIÈRE PHASE
D'IDENTIFICATION AVEC LE PERSÉCUTEUR

Toutes les idées d'influences au cours de la schizophrénie peuvent apparaître aussi bien en tant que conséquence d'un appareil à influencer qu'en l'absence de celui-ci. Alors que, typiquement, les courants électriques sont rapportés à l'action de l'appareil à influencer, je n'ai cependant noté qu'un seul cas (à la section neuro-psychiatrique de l'hôpital de Belgrade) où ces courants se produisaient sans l'intervention de cet appareil et même d'une puissance hostile. Il s'agit de Joseph H., maçon, âgé de 34 ans, qui a déjà passé une partie de sa vie dans un asile d'aliénés. Il se sent parcouru de courants électriques qui passent au sol en traversant ses jambes. Il fait naître ces courants lui-même, à l'intérieur de son corps, comme il l'affirme avec un certain orgueil. Ceci constitue justement sa force. Il ne veut pas révéler comment et pourquoi il agit ainsi. Lorsqu'il découvrit pour la première fois ces courants, il fut bien un peu étonné, mais il comprit bientôt qu'ils avaient avec lui un certain rapport et qu'ils servaient un but mystérieux, au sujet duquel il ne veut donner aucun renseignement.

Je rapporterai encore un cas de *paranoïa somatica,* qui sera un argument particulièrement valable à l'appui de l'hypothèse du processus évolutif; telle que je l'expose dans le cours de cet article. Dans un autre contexte, Freud a déjà cité cet exemple : Mlle Emma A. se sentait influencée, d'une façon tout à fait insolite, par celui qu'elle aimait. Elle disait que ses yeux n'étaient pas correctement placés dans son visage, qu'ils étaient tournés de travers. Cela provenait du fait que son amant était un mauvais homme, un menteur, qui faisait « tourner les yeux ». A l'église elle sentit un jour brusquement une secousse, comme si elle se trouvait changée de place, car son amant était quelqu'un qui donnait le change et il l'avait rendue mauvaise et semblable à lui-même[7].

Cette malade ne se sent pas simplement persécutée et influencée par

---

7. En allemand *verstellen*, qui a le sens transitif de déplacer et le sens réfléchi de se déguiser. (N.d.T.)

un ennemi. Il s'agit bien plutôt d'un sentiment d'influence par *identification* avec le persécuteur. Rappelons-nous la thèse défendue par Freud et par moi-même, et sur laquelle nous reviendrons au cours de cette discussion : l'identification dans le mécanisme du choix objectal précède le choix objectal par projection, qui constitue la véritable position de l'objet. Nous pouvons alors considérer le cas de Mlle Emma A. comme un stade évolutif du délire d'influence, qui précède la projection du sentiment d'influence sur un persécuteur placé à distance dans le monde extérieur. L'identification est évidemment une tentative de projection des sentiments de transformation dans le monde extérieur ; elle constitue un passage entre les sentiments de transformation de la personnalité ressentis comme étranges sans être imputés à quelqu'un d'étranger, et les transformations attribuées à la puissance d'une personne extérieure. L'identification représente un intermédiaire entre le sentiment d'aliénation et le délire d'influence, intermédiaire qui étaye et complète de manière particulièrement démonstrative, selon la théorie psychanalytique, notre conception d'un symptôme se développant jusqu'à son terme final de machine à influencer. Assurément, il s'agit ici de la trouvaille — voire de l'invention — d'un objet *hostile* ; mais, pour le processus intellectuel, il importe peu de se trouver en face d'un objet hostile ou bienveillant, et le psychanalyste n'aura dans ce cas rien à redire à cette assimilation de l'hostilité à l'amour.

DANS LES RÊVES, LA MACHINE REPRÉSENTE LES ORGANES GÉNITAUX

Certains malades présentent pourtant des sentiments d'altérations attribués à un « appareil à influencer » qui est manipulé par des ennemis. Au départ, ces ennemis sont généralement inconnus et indéfinissables. Plus tard, le malade arrive à les définir ; il sait qui ils sont et leur cercle s'élargit, comme cela se passe dans le complot paranoïaque. Au départ, le malade ne s'explique pas du tout comment la machine est construite ; il n'élabore que petit à petit l'idée qu'il s'en fait.

Ayant ainsi bien distingué idées d'influence et appareil à influencer, nous ne considérerons maintenant que l'appareil à influencer, sans tenir compte de ses effets.

Nous laisserons d'emblée de côté la « lanterne magique » qui projette des images, parce que sa construction concorde trop bien avec l'effet qu'on lui attribue et qu'elle ne représente, en dehors de son inexistence, aucune erreur de jugement. Une telle superstructure rationnelle est tout à fait impénétrable. C'est en jetant un coup d'œil à travers les brèches de bâtiments endommagés que nous pouvons apercevoir l'intérieur et acquérir au moins un début de compréhension.

a) La machine à influencer habituelle est donc construite de façon tout à fait incompréhensible. Des parties entières n'en peuvent même pas être imaginées. Même dans les cas où le malade a l'impression de bien comprendre la construction de la machine, il est évident qu'il s'agit d'une impression analogue à celui du rêveur qui a seulement *le sentiment d'une compréhension,* mais non la compréhension elle-même. On peut s'en rendre compte en demandant au malade de décrire la machine.

b) L'appareil est, pour autant que je m'en souvienne, toujours une machine, et une machine compliquée.

Le psychanalyste ne doutera pas un seul instant que cette machine soit un symbole. Cette idée a été récemment explicitement soutenue. Freud a expliqué dans ses « Conférences » que, dans les rêves, les machines compliquées signifiaient toujours les organes génitaux.

J'ai depuis longtemps soumis à l'analyse des rêves de machine et je dois confirmer entièrement l'affirmation de Freud. Mais je puis ajouter ceci : d'après mes analyses, les machines représentent toujours les *organes génitaux du rêveur lui-même* et il s'agit de rêves de masturbation. Ces rêves sont du type des rêves de fuite, tels que je les ai décrits dans mon essai sur les délires alcooliques[8]. Dans ce travail, j'ai montré comment le désir de masturbation — ou, mieux, la disposition à l'éjaculation —, lorsqu'il est parvenu à une représentation onirique favorisant la décharge, trouve toujours cette représentation favorable remplacée d'urgence par une autre, grâce à laquelle une nouvelle inhibition est introduite pour un instant et l'éjaculation se trouve entravée. Le rêve s'oppose au désir d'éjaculation par *mutations symboliques successives.*

L'« APPAREIL À INFLUENCER » A-T-IL LE MÊME SYMBOLISME ?

Le rêve de la machine a un mécanisme analogue. La seule différence est que les diverses pièces ne disparaissent pas au fur et à mesure que des pièces nouvelles sont introduites, et qu'au lieu de prendre la place des anciennes, les nouvelles viennent simplement s'ajouter à elles. Ainsi s'élabore une machine d'une complication inextricable. Le symbole, afin de renforcer son rôle inhibiteur, devient plus complexe au

---

8. « Zur Psychologie des alkohol. Beschäftigungsdelirs », *Internat. Zeitschrift für ärztl. Psychoanalyse,* 1915, III, 4. Éd. Hugo Heller. (Victor Tausk, *Œuvres psychanalytiques,* Payot, p. 51. N.d.E.)

lieu de se voir remplacé. Chaque nouvelle complication attire l'attention du rêveur, réveille son intérêt intellectuel et affaiblit d'autant son intérêt libidinal. Elle agit ainsi comme inhibition de la pulsion.

Au cours des rêves de machine, le rêveur se réveille plus d'une fois la main posée sur les organes génitaux, s'il rêve qu'il manipule la machine.

D'après ce qui précède, on pourrait supposer que l'appareil à influencer est une représentation — projetée dans le monde extérieur — des organes génitaux du malade ; elle serait analogue dans sa genèse à la machine du rêve. Les schizophrènes, en se plaignant souvent que cet appareil produit des érections, soutire leur sperme, affaiblit leur virilité, ne font que renforcer cette supposition. De toute façon, en assimilant le symptôme à une production onirique et en plaçant la maladie au niveau psychanalytiquement accessible de l'interprétation du rêve, on a déjà fait un pas au-delà des besoins de rationalisation et de causalité sur lesquels s'appuie la clinique traditionnelle pour interpréter la machine à influencer dans la schizophrénie.

LE CAS DE NATALIA A.

Je vais maintenant présenter mon cas clinique, qui va non seulement renforcer mais aussi développer considérablement notre hypothèse.

La patiente, Mlle Natalia A., âgée de 31 ans, ancienne étudiante en philosophie, est, depuis de longues années, complètement sourde à la suite d'une infection maligne de l'oreille moyenne et ne communique que par écrit avec son entourage. Elle rapporte que, depuis six ans et demi, elle se trouve sous l'influence d'un appareil électrique qui est fabriqué à Berlin, malgré l'interdiction de la police. Cet appareil a la forme d'un corps humain, et même la forme de la malade elle-même. Mais pas exactement. Sa mère, ainsi que ses amis, hommes et femmes, se trouvent soumis à l'influence de cet appareil ou d'appareils analogues. La malade ne peut donner aucun détail concernant les autres appareils, et ne peut décrire que la machine dont elle subit l'influence. La seule chose qui lui paraisse certaine, c'est que l'appareil employé pour les hommes est un appareil mâle, c'est-à-dire possède une forme masculine ; et que celui qui est employé pour les femmes est un appareil féminin. Le tronc a la forme d'un couvercle, comme un couvercle de cercueil ordinaire, tendu de velours ou de peluche. A propos des membres, la malade me fournit à deux reprises des renseignements importants pour mon propos. Lors de notre première entrevue, elle les décrit comme des segments du corps tout à fait naturels. Quelques semaines plus tard, les membres ne sont plus placés sur le couvercle du cercueil de façon matérielle, mais simplement dessinés sur ce couvercle dans leur position naturelle le long du corps. Elle ne voit pas la tête — elle dit qu'elle ne sait pas très bien. La malade ne sait pas si la machine possède la même tête qu'elle. En général, elle ne peut donner aucun renseignement concernant la tête.

Elle ne sait pas très clairement comment l'appareil est manipulé, ni comment elle se trouve reliée à cet appareil. C'est par une sorte de télépathie. Le fait le plus important est qu'on manipule cet appareil d'une manière quelconque, et que tout ce qui arrive à l'appareil se passe effectivement au niveau de son propre corps. Lorsqu'on pique l'appareil, elle ressent cette piqûre à l'endroit correspondant de son propre corps. Le lupus qu'elle a sur le nez a été produit sur le nez de l'appareil par des moyens appropriés et c'est à la suite de cela qu'elle en fut elle-même atteinte.

L'intérieur de l'appareil est constitué par des batteries électriques dont la forme est probablement celle des organes internes de l'homme.

Les malfaiteurs qui manipulent l'appareil provoquent chez la malade des sécrétions nasales, des odeurs répugnantes, des rêves, des pensées, des sentiments. Ils perturbent sa pensée, ses paroles et son écriture. Auparavant on lui avait même provoqué des sensations sexuelles, en manipulant les organes génitaux de l'appareil. Mais depuis quelque temps l'appareil ne possède plus d'organes génitaux. Elle ne peut dire comment ni pourquoi l'appareil a perdu ses organes. Quoi qu'il en soit, depuis que l'appareil n'en a plus, elle n'a plus de sensations sexuelles.

Petit à petit elle s'est familiarisée avec la construction de l'appareil, grâce à sa longue expérience et aux dires des gens — il s'agit évidemment d'hallucinations verbales. Il lui semble qu'elle en avait déjà entendu parler auparavant.

LE MANIPULATEUR DE LA MACHINE : UN PRÉTENDANT ÉCONDUIT

L'homme qui, pour persécuter la malade, se sert de l'appareil, agit par jalousie. Il s'agit d'un prétendant éconduit, un professeur d'université. Peu de temps après avoir repoussé sa demande en mariage, elle avait senti que le prétendant l'influençait aussi bien que sa mère au moyen de suggestions. Il suggérait que toutes deux devraient se lier d'amitié avec sa belle-sœur. Il pensait manifestement obtenir ainsi l'acceptation ultérieure de sa demande en mariage, grâce à l'influence de sa belle-sœur. Lorsque la suggestion échoua, le prétendant eut recours à l'appareil à influencer. Non seulement la malade, mais aussi sa mère, ses médecins, ses amis, toutes les personnes qui étaient favorables et prenaient son parti, se trouvèrent soumis à l'influence de cette machine diabolique. Il en résulta que ses médecins posèrent de faux diagnostics, car l'appareil faisait apparaître à leurs yeux des maladies différentes de celle dont elle était atteinte ; l'appareil lui rendit impossible toute entente avec ses amis et sa famille, lui fit de tous les humains des ennemis, et l'obligea à s'enfuir de tout lieu.

Je ne pus en savoir davantage par la malade. Lorsque je la vis pour la troisième fois, elle se montra réticente et affirma que moi aussi je me trouvais sous l'influence de la machine, que je lui étais hostile et qu'elle ne pouvait plus se faire comprendre de moi.

Cette observation apporte un argument décisif en faveur de la thèse que l'appareil est un stade évolutif d'un symptôme, le délire d'influence, qui peut exister aussi bien sans la formation délirante de la machine. La malade dit expressément que son persécuteur né se sert de la machine qu'après l'échec de sa tentative d'influence par la suggestion. Le fait qu'elle pensait déjà avoir entendu parler de la machine auparavant n'est pas moins significatif pour le psychanalyste. Le fait qu'un homme amoureux a l'impression d'avoir connu depuis toujours la femme qu'il aime, nous confirme qu'il a retrouvé en elle une image d'amour ancienne ; de même, cette reconnaissance incertaine de l'appareil plaide en faveur du fait que ses effets étaient déjà familiers à la malade avant qu'elle fût sous l'influence de la machine : elle avait déjà éprouvé auparavant des sentiments d'influence dont elle rend maintenant responsable l'appareil à influencer. Nous apprendrons par la suite à quelle époque de sa vie se place le moment où elle avait éprouvé pour la première fois de tels sentiments.

LA MACHINE CONSTITUE
LA PROJECTION DU CORPS DE LA MALADE

Mais la construction singulière de l'appareil se rattache tout particulièrement à mes hypothèses concernant la signification symbolique de la machine comme projection des organes génitaux de la malade. En réalité l'appareil ne représente pas seulement les organes génitaux, mais de toute évidence la malade dans son entier. Il représente, au sens physique du terme, une véritable *projection*[9], *le corps de la malade* projeté dans le monde extérieur. Cela découle d'une manière univoque

---

9. *Rein, physisch genommen stellt er eine Projektion vor.*

des déclarations de la malade : l'appareil possède avant tout une forme humaine qui, malgré les particularités qui l'en écartent, peut être reconnue sans la moindre hésitation et, fait le plus important, reconnue comme telle par la malade. Il a pris à peu près l'apparence de la malade. La malade éprouve toutes les manipulations de l'appareil aux endroits correspondants de son propre corps. Elle les ressent comme qualitativement identiques. Les effets provoqués au niveau de l'appareil apparaissent également sur le corps de la malade. L'appareil n'a plus d'organes génitaux depuis que la malade ne ressent plus de sensations sexuelles, et l'appareil avait des organes génitaux aussi longtemps que la malade était consciente de telles sensations.

La technique de l'interprétation des rêves nous permet d'ajouter quelque chose. Que la malade ne sache rien de précis concernant la tête de l'appareil, qu'elle ne puisse surtout pas indiquer s'il s'agit bien de sa propre tête, milite en faveur du fait qu'il s'agit bien de la sienne. La personne que l'on ne voit pas dans le rêve est le rêveur lui-même. Dans le *Rêve de la clinique,* j'ai donné un exemple où la rêveuse est indiquée par le fait qu'elle ne voit pas la tête de la personne dont elle rêve, qui représente sans aucun doute sa propre personne[10].

Que le couvercle soit recouvert de peluche ou de velours renforce encore cette hypothèse. Certaines femmes prétendent que les caresses auto-érotiques de la peau provoquent la même sensation.

Le fait que les viscères soient représentés sous la forme de batterie électrique permet d'abord une interprétation superficielle, que nous ferons suivre plus tard d'une interprétation plus profonde. Cette interprétation superficielle utilise la notion inculquée aux enfants de l'âge scolaire : il faut comparer l'intérieur de notre corps et le corps tout entier à une machine mystérieuse. Cela nous permet d'expliquer la représentation des organes internes comme représentation sensible et littérale de cette conception infantile.

---

10. « Rêve de la clinique », *Internat. Zeitschrift für ärztl. Psychoanalyse,* 1914, II, 466.

Mlle N. rêve : « Je suis assise au rang le plus élevé de l'amphithéâtre de chirurgie. En bas, on est en train d'opérer une femme. Sa tête est tournée vers moi, mais je ne vois plus la tête, comme si elle m'était cachée par la première rangée des bancs. Je ne vois cette femme qu'à partir de sa poitrine, et en effet je vois au-dessus des cuisses bouffer *(Gebausch)* des serviettes et du linge blanc. En dehors de cela je ne vois rien de précis. »

Interprétation : la rêveuse se voit elle-même dans le rêve sous la forme de cette femme qui est en train d'être opérée. Quelques jours plus tôt la rêveuse est allée voir un jeune médecin et celui-ci a entrepris un assaut érotique. A cette occasion elle était couchée sur le divan. Le médecin avait soulevé ses jupes et pendant qu'il « opérait par en bas » elle voyait bouffer, au-dessus de ses cuisses, sa lingerie blanche. La vision qu'elle a de la femme dans son rêve est exactement la même qu'elle pouvait avoir d'elle-même dans cette situation. Et elle ne voit pas la tête de la femme, tout comme elle ne pouvait pas voir sa propre tête.

D'après Freud, la « femme sans tête » signifie *la mère* dans les rêves. Je ne peux pas parler ici des bases de cette interprétation. Notons dès maintenant que dans notre travail elle aura, à un certain moment, une signification particulière.

UNE DISTORSION DE L'IMAGE
À LA FAÇON D'UN RÊVE

La machine, telle que la malade nous la présente, nous permet de comprendre non seulement la signification, mais aussi l'ontogenèse de l'appareil.

Souvenons-nous que la malade nous indiqua au départ que les membres étaient fixés à l'appareil sous leur forme naturelle et d'une manière normale. Cependant, elle raconta quelques semaines plus tard que les membres étaient dessinés sur le couvercle. Je pense que nous sommes ici témoins d'un processus évolutif important de la formation délirante. Nous assistons ici évidemment à une phase du processus progressif de dénaturation de l'appareil, qui perd morceau par morceau les signes distinctifs de sa forme humaine pour se transformer en une machine à influencer typique et incompréhensible. C'est ainsi que, victimes de ce processus, disparaissent successivement les organes génitaux, puis les membres. La patiente ne peut pas indiquer la manière dont les organes génitaux ont été supprimés. Par contre, les membres, éliminés en perdant leur forme tridimensionnelle et rétractés en une image à deux dimensions, sont projetés sur un plan. Je n'aurais pas été étonné si, quelques semaines plus tard, la malade m'avait appris que l'appareil n'avait pas du tout de membres. Et je n'aurais pas été surpris non plus si la malade avait affirmé que l'appareil n'en avait jamais eu. Car il est certain que l'oubli des divers stades évolutifs successifs joue le même rôle dans la construction de l'appareil que l'oubli du mode de formation des images oniriques. Et j'espère qu'il ne semblera pas téméraire de conclure rétroactivement que la forme en « couvercle de cercueil » du corps de l'appareil et son intérieur sont le résultat d'un tel travail de distorsion progressive, à partir de l'image d'un être humain, l'image même de la malade.

Nos connaissances psychanalytiques nous permettent de supposer pourquoi un tel processus de distorsion eut lieu. Comme toute distorsion des formations psychiques, celle-ci est certainement due à une défense s'opposant à l'apparition ou à la persistance de représentations non déguisées et destinée à protéger le Moi conscient. La malade refuse évidemment de se reconnaître elle-même dans cet « appareil à influencer », et c'est pourquoi elle lui supprime petit à petit tous les attributs de la figure humaine ; car elle se sent d'autant mieux protégée contre cette reconnaissance redoutée que la formation délirante ressemble moins à une figure humaine, et, *a fortiori*, à la sienne propre. Nous apprendrons plus tard l'origine de ce rejet.

J'admets donc que j'ai rencontré la machine à influencer de Mlle Natalia A. à un certain stade de son développement. J'ai eu la chance par ailleurs d'avoir pu observer une poussée évolutive, celle qui concerne les membres, et d'avoir reçu de la malade un renseignement univoque concernant celle des organes génitaux. Je présume que le résultat final de cette évolution sera la machine à influencer typique, telle qu'elle est connue en clinique psychiatrique. Mais je ne peux pas affirmer que cet appareil parcourra tout le processus évolutif jusqu'au bout. Il est très possible qu'il s'arrête en route à un stade intermédiaire.

UNE AUTRE HYPOTHÈSE

Mettons à l'épreuve la supposition suivante : l'appareil à influencer seraït une projection, une représentation des *organes génitaux* du malade.

Il me faut tout d'abord attirer l'attention sur un symptôme de la schizophrénie, que j'avais désigné depuis longtemps déjà par le terme de *perte des limites du Moi*. Je le désignerai encore ainsi aujourd'hui. Les malades se plaignent que tout le monde connaît leurs pensées, que leurs pensées ne sont pas enfermées dans leur tête mais répandues sans limites dans le monde, de telle sorte qu'elles se déroulent simultanément dans toutes les têtes. Le malade a perdu la conscience d'être une entité physique, un Moi possédant ses propres limites. Une malade de 16 ans, hospitalisée à la clinique Wagner, riait gaiement chaque fois que je l'interrogeais au sujet de ses pensées. Rétrospectivement, elle m'expliquait qu'elle avait ri parce qu'elle pensait que je la taquinais, puisque, de toute façon, je devais connaître ses pensées, car elles étaient simultanément dans nos deux têtes.

Nous connaissons le stade au cours duquel règne chez l'enfant la conception que les autres connaissent ses pensées. Les parents savent tout, même ce qu'il y a de plus secret, et ils le savent jusqu'à ce que l'enfant réussisse son premier mensonge. Plus tard, cette conception resurgit parfois à la suite du sentiment de culpabilité, lorsque l'enfant est pris en flagrant délit de mensonge. La lutte pour le droit de posséder des secrets à l'insu des parents est un des facteurs les plus puissants de la formation du Moi, de la délimitation et de la réalisation d'une volonté propre. Il nous reste maintenant à déterminer le stade évolutif qui coïncide avec l'époque où l'enfant n'a pas encore découvert ce droit, et où il ne doute pas que l'omniscience des parents et des éducateurs repose sur des faits[11].

Le symptôme : « *On fait* des pensées au malade » découle de la conception infantile que les autres connaissent ses pensées. Il ne s'agit là que de l'expression renforcée de ce fait, fondée sur une situation infantile *encore plus précoce*, que l'enfant ne peut rien faire de lui-même, mais qu'il reçoit tout des autres, aussi bien l'utilisation de ses membres que le langage et la pensée. A cette période « on fait vraiment tout à l'enfant », chaque plaisir et chaque douleur, et il n'est certes pas capable de comprendre dans quelle mesure il participe à ses propres performances[12]. La découverte du pouvoir de faire quelque chose seul, sans l'aide d'autrui, s'accompagne chez l'enfant d'un sentiment de joyeux étonnement. Le symptôme pourrait ainsi être considéré comme une régression à ce stade infantile.

LA FIXATION À DES STADES ARCHAÏQUES DE L'ÉVOLUTION INFANTILE

Mais ce stade infantile lui-même nous pose dès lors un problème. Jusqu'où remonte-t-il ? D'où vient le motif qui pousse vers la formation du Moi, par réaction au monde extérieur ; qu'est-ce qui détermine

11. Cela se situerait donc à l'époque du premier mensonge réussi. Celui qui connaît les enfants sait combien ce moment est proche du début de la vie. Au cours de la première année de la vie les mensonges ne sont pas rares. Je les constate surtout chez des enfants qui s'opposent à l'apprentissage réglementaire de la propreté et qui essaient à l'aide de grimaces, de gestes, ou de balbutiements de donner le change aux éducateurs, en leur faisant croire qu'ils sont déjà allés à la selle de façon réglementaire, alors qu'ils ne s'y prêtent que de façon réticente ou qu'ils préfèrent faire leurs besoins au lit plutôt que dans leur pot. L'éducateur, qui dans ce cas se laisse duper par l'enfant, ne peut, pour sauver son autorité, que faire appel à l'omniscience divine, afin de contraindre l'enfant à la vérité, lorsque l'enfant trouve intérêt à mentir pour sauvegarder un plaisir interdit. L'adulte ne tarde pas à faire appel à cette plus haute instance de l'omniscience. L'introduction du Dieu omniscient dans l'éducation devient d'autant plus rapidement indispensable que c'est auprès de l'éducateur même que l'enfant a appris à mentir. Les éducateurs cherchent à obtenir l'obéissance aux lois éducatives par des promesses illusoires qu'ils ne tiennent pas ; ainsi l'enfant apprend à utiliser de faux semblants pour masquer ses véritables intentions. Il ne reste plus à ces éducateurs pour sauvegarder la réussite de l'éducation qu'à déléguer à Dieu l'autorité de l'omniscience dont ils se sont eux-mêmes dessaisis ; ce Dieu, que son essence insaisissable garantit contre toute tentative de duperie pour longtemps encore. Mais beaucoup d'enfants ne sont même pas arrêtés par cette instance et tentent Dieu en mettant à l'épreuve sa toute-puissance et son omniscience. Nombreux sont ceux qui réussissent à démasquer en Dieu le fantôme de la puissance parentale détrônée et surtout la puissance paternelle.

12. Au cours de la discussion de ce travail à la Société psychanalytique de Vienne, Freud souligna en particulier que la croyance de l'enfant telle que je l'expose — à savoir que les autres connaissent ses pensées — prend source en particulier dans l'apprentissage de la parole. Car l'enfant, avec le langage, reçoit les pensées des autres, et sa croyance que les autres connaissent ses pensées apparaît fondée sur les faits tout comme le sentiment que les autres lui ont « fait » la parole et, avec elle, les pensées.

la formation des frontières du Moi, qui confère à l'enfant la conscience d'une unité psychique impossible à échanger, d'une personnalité psychique définie ?

Nous ne pouvons pas, théoriquement, fixer le début de la formation du Moi avant le début de la trouvaille de l'objet *(Objekt-findung)*. La trouvaille de l'objet suit la voie de la satisfaction pulsionnelle et du refus du plaisir, et crée la prise de conscience de l'existence d'un monde extérieur, qui se comporte d'une façon très indépendante des désirs du sujet. Je ne peux pas admettre que la sexualité joue au départ une part plus importante que l'instinct de nutrition dans la création de cette prise de conscience, mais il lui sera bientôt attribué un rôle très particulier, que nous aurons à apprécier. Pour le moment nous constatons qu'il existe une période durant laquelle il n'y a pas, pour l'homme, d'objet du monde extérieur, c'est-à-dire ni monde extérieur, ni objet, et par conséquent il n'existe ni Moi, ni conscience du sujet.

Mais, dès cette période, il existe des désirs et des pulsions et une façon de se rendre maître des choses qui excitent les organes des sens. *Le stade qui précède celui de la trouvaille de l'objet est celui de l'identification.* Cela fut découvert lors des analyses de névrosés, au cours desquelles il apparaissait que la position objectale défectueuse de ces malades, leur incapacité à s'approprier des objets de satisfaction ou à atteindre des buts de satisfaction, était due, dans une majorité des cas, au fait que les malades s'identifiaient à leurs objets. Ces malades sont eux-mêmes ce qui leur plaît dans le monde extérieur : c'est pourquoi ils n'ont pas trouvé le chemin du monde extérieur, la position de l'objet, et dans les relations en question — il s'agit ici exclusivement des relations libidinales — ils n'ont pas formé de Moi. Cette disposition singulière de la libido fut appelée *narcissique*. La libido est, comme le nom l'indique, dirigée sur la personne propre, elle reste accrochée au Moi propre, et non aux objets du monde extérieur. Les observations et les considérations théoriques (avant tout les recherches de Freud) ont fondé l'hypothèse que cette position de la libido doit se situer au début du développement de la vie psychique, dans la période « anobjectale » *(objektlos)*. Cette position de la libido doit être considérée comme corrélative de cette « anobjectalité », sinon comme sa cause. Elle correspond à ce stade du développement intellectuel où l'homme considère toutes les stimulations sensorielles auxquelles il est soumis comme endogènes et immanentes. A ce stade il ne peut encore constater qu'il existe une distance spatiale et temporelle entre l'objet stimulant et la sensation reçue.

L'étape suivante de développement est constituée par la *projection vers l'extérieur* de l'excitation et son attribution à un objet à distance, c'est-à-dire l'éloignement et l'objectivation de la part de l'intellect ; corrélativement a lieu le transfert de la libido dans un monde extérieur découvert, ou, mieux, créé par le sujet. Pour consolider cette acquisition psychique, une instance critique de l'objectivité se développe, à savoir la possibilité de différencier objectivité de subjectivité. Cette *conscience de réalité* permet à l'individu de reconnaître les processus internes en tant que tels et dans leurs relations avec les stimulations extérieures, en d'autres mots de considérer les processus internes comme internes et de ne pas les confondre avec les objets stimulants.

UN MOI RENDU FOU

Ce processus évolutif corrélatif peut subir, tant du côté de l'intelligence (ou comme nous disons, de la part du Moi, dont l'arme principale est justement l'intelligence) que du côté du transfert libidinal, des inhibitions qui se situent à des niveaux différents, à des stades divers de l'évolution, entraînant ainsi des résultats très variables en ce qui concerne les relations du Moi et de la libido. Ces moments d'inhibition, nous les appellerons, d'après Freud, *points de fixation*. Il semble

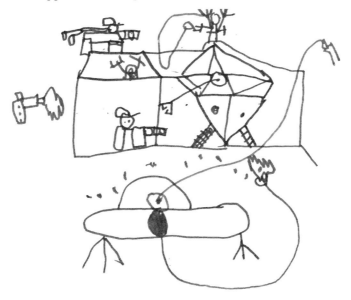

A propos de son dessin, l'enfant disait qu'il s'agissait « de Martiens venant attaquer les Terriens et leur pomper avec de grosses machines toute leur substance ».

que, dans une grande majorité de cas, les dégâts et le moment déterminant pour l'altération du Moi se placent dans les lésions de la libido. Ceci apparaît surtout dans la conception de la paranoïa de Freud, paranoïa qu'il considère comme une réaction à l'égard de l'homosexualité refoulée. Nous devons nous représenter que l'interdiction d'attribuer un objet à la pulsion homosexuelle — c'est-à-dire l'inhibition dans le transfert de la libido homosexuelle — conduit à une projection de ces pulsions, tandis que ces pulsions devraient être reconnues comme internes et comme le demeurant si la disposition de la libido était correcte. Cette projection est une mesure de défense du Moi contre la libido homosexuelle refusée et qui fait irruption hors du refoulement. A cette inhibition de la libido correspond une inhibition intellectuelle qui se manifeste sous la forme d'un trouble du jugement ou folie. Un processus interne est considéré comme un processus externe par suite d'un placement erroné, d'une projection inappropriée. Il s'agit d'une plus ou moins grande « faiblesse affective du jugement », avec toutes les réactions du psychisme qui correspondent au processus morbide déterminé dans sa quantité et dans sa qualité.

Disons donc que *lorsque la libido est modifiée par un processus morbide, le Moi trouve un monde fou à maîtriser et se comporte donc comme un Moi fou.*

LA PROJECTION D'UNE LIBIDO RATTACHÉE AU CORPS PROPRE

Freud nous a appris à reconnaître dans la projection de la libido homosexuelle au cours de la paranoïa une mesure de défense du Moi contre une tendance génitale inopportune, qui offense les normes sociales de l'individu et jaillit de l'inconscient.

Ne pourrait-il pas en être de même dans le cas de Mlle Natalia, lorsqu'il s'agit de la projection de son propre corps ?

Naturellement, une telle projection devrait être par analogie au service de la défense contre cette libido qui appartient *au corps propre,* libido devenue soit trop forte, soit trop inopportune pour pouvoir être tolérée par le sujet comme sienne. Il serait logique d'admettre que cette projection ne concerne que la libido rattachée au *corps* et non celle rattachée au *Moi psychique*[13] et que cette libido tournée vers le Moi psy-

---

13. *La projection de la position libidinale dirigée vers le Moi psychique* rend compte des symptômes de la paranoïa simple, dont le mécanisme fut découvert par Freud. Dans ce qui suit, nous ferons abstraction du fait que la libido du Moi est nécessairement homosexuelle, puisqu'elle tend vers le sexe auquel le sujet

chique a plutôt provoqué la défense contre la libido du corps parce que, en quelque sorte, elle en avait honte. Qu'on ait choisi en général en tant que mécanisme de défense la projection, qui appartient aux fonctions psychiques primitives dans la trouvaille de l'objet, nous laisse supposer qu'il s'agit ici d'une position libidinale, qui coïncide *dans le temps* avec les débuts de la trouvaille intellectuelle de l'objet. Cela a pu se produire sur la voie de la régression, ou par la persistance d'un phénomène résiduel (Freud), qui était bien compensé ou latent durant quelques années, jusqu'au début manifeste de la maladie. Mais, dans les régressions, il s'agit chaque fois d'une recherche des positions libidinales, qui, autrefois, n'étaient pas inhibées. La régression au cours de la paranoïa remonte à une époque où le choix objectal homosexuel n'était pas encore sous le coup d'un interdit du Moi, et où il existait donc une libido homosexuelle libre ; cette libido ne fut soumise au refoulement que plus tard par les exigences culturelles d'un Moi plus évolué.

appartient lui-même. Nous ne voulons que noter brièvement, à l'occasion des symptômes que présente Mlle Natalia A., un mécanisme qui découle de la position de la libido du Moi en opposition à la libido d'objet.

La malade rapporte qu'après avoir repoussé le prétendant, elle eut le sentiment qu'il la suggestionnait ainsi que sa mère, pour les forcer à se lier d'amitié avec sa belle-sœur ; il poursuivait manifestement le but de faire accepter après coup sa demande en mariage. Ce qui apparaît ici comme une suggestion du prétendant n'est que la projection de la tendance inconsciente de la malade elle-même à accepter la proposition de mariage. La malade n'avait pas décliné la demande sans que cela provoquât chez elle un conflit : elle avait hésité entre l'acceptation et le refus. Tout en permettant au refus de se réaliser, elle projeta son penchant inconscient à accepter dans l'objet de son désir conflictuel. Son penchant est ressenti ainsi comme une tentative d'influence de la part de cet objet, et introduit comme tel dans la symptomatologie. La malade est ambivalente à l'égard du prétendant. Elle projette la part libidinale positive du conflit, cependant que la valence négative, le refus, pour autant qu'il appartient au Moi, s'exprime par le passage à l'acte. Le choix de la valence qui doit ainsi aboutir à une projection aurait pu être l'inverse dans un cas différent. Il ne s'agit que d'attirer l'attention sur le *mécanisme de la projection partielle de tendances ambivalentes.*

Le docteur Hélène Deutsch, en apportant au cours de la discussion de ce travail à la Société psychanalytique de Vienne une contribution spéciale concernant ce mécanisme, attira mon attention sur ce principe. Une schizophrène avait l'impression que toutes ses amies s'arrêtaient de travailler aussitôt qu'elle-même se mettait au travail ; que tout le monde s'asseyait lorsqu'elle se levait ; bref, que les autres faisaient toujours l'opposé de ce qu'elle faisait. Il s'agissait seulement d'une impression, car la malade était aveugle. Le docteur Hélène Deutsch interprète ce symptôme comme la projection de l'une des deux tendances conflictuelles de la malade, apparaissant toujours simultanément au cours de toutes ses activités, faire quelque chose et ne pas le faire. Cette interprétation fut confirmée au cours de la discussion par des exemples rapportés par d'autres.

En particulier, à cette occasion, Freud apporta la formulation suivante : *c'est l'ambivalence qui provoque le mécanisme de la projection.* Une fois formulé, cela apparaît évident. Cette formulation apparaît comme la conséquence naturelle d'une deuxième formulation freudienne, à savoir que *l'ambivalence provoque le refoulement ;* car on ne peut projeter le refoulé que là où subsistent encore des limites entre l'inconscient et le conscient. Ainsi posé, le problème justifie tout particulièrement le mot de *schizophrénie* tel qu'il a été créé par Bleuler, et se retrouve dans la conception de Pötzl.

Le présent travail démontre que dans cette discussion j'avais adopté le point de vue de Freud, encore que de manière inconsciente.

La libido orientée vers la personne propre, dont le Moi veut se défendre par la projection du corps propre, doit par conséquent dater d'une époque où elle ne pouvait pas être en contradiction avec les exigences d'autres objets d'amour à se voir porter un intérêt libidinal. Cette période doit coïncider avec le stade évolutif au cours duquel *la trouvaille de l'objet se passait encore au niveau du corps propre, celui-ci étant encore considéré alors comme monde extérieur.*

LA DÉCOUVERTE, PAR LE NOURRISSON, DE SON CORPS MORCELÉ...

Je distingue intentionnellement *choix objectal* et *trouvaille de l'objet*. Par choix objectal, je désigne seulement l'investissement *libidinal* de l'objet ; par trouvaille de l'objet, la constatation *intellectuelle* de sa présence. Un objet est trouvé par l'intellect, choisi par la libido. Ces processus peuvent avoir lieu simultanément ou se suivre, mais ils doivent être considérés comme distincts pour mon propos.

La projection du corps propre devrait donc être rapportée à un stade évolutif où ce corps propre faisait matière à trouvaille de l'objet. Ceci doit se situer à une époque où le nourrisson découvre son propre corps de façon morcelée en tant que monde extérieur, cherchant à saisir ses mains et ses pieds comme s'il s'agissait d'objets étrangers à lui. A cette période, tout ce qui lui « arrive » provient de son propre corps. Sa psyché est l'objet de stimulations, que son corps exerce sur elle comme si elles émanaient d'objets étrangers. Ces *disjecta membra* se constituent alors en un tout bien coordonné se trouvant sous le contrôle d'une unité psychique à laquelle viennent confluer toutes les sensations de plaisir et de déplaisir provenant des parties constituantes ; ils se trouvent ainsi rassemblés en un *Moi*. Cela se produit par la voie de *l'identification au corps propre.* Ce Moi ainsi trouvé est investi par la libido existante ; le *narcissisme* se constitue en relation avec le *psychisme du Moi,* l'*auto-érotisme* en relation avec les *divers organes en tant que sources de plaisir.*

... ET SA RÉPÉTITION PATHOLOGIQUE

Admettons donc que la projection du corps propre est une répétition pathologique d'un stade psychique au cours duquel l'individu voulait découvrir son corps propre à l'aide de la projection. Il n'est pas téméraire de poursuivre ce raisonnement, en comparant la projection normale et pathologique. La projection dans l'évolution primitive normale s'est produite parce que la position libidinale narcissique innée fut abandonnée en raison de l'afflux des excitations extérieures. De même, *la projection pathologique provient d'une accumulation de libido narcissique, analogue à la libido primitive, mais intempestive, régressive ou résiduelle, libido dont le caractère est identique au narcissisme inné, c'est-à-dire qu'elle exclut le sujet du monde extérieur. La projection du corps serait alors une défense contre une position libidinale correspondant à celle de la fin du développement fœtal et au début du développement extra-utérin.* Freud, dans son *Introduction à la psychanalyse*, n'hésite pas à déclarer que les problèmes psychologiques doivent être suivis jusque dans la vie intra-utérine.

AU STADE ULTIME DE LA MALADIE, UN RETOUR À LA VIE FŒTALE

Partons de là pour tenter l'explication des divers symptômes schizophréniques. La catalepsie, la flexibilité cireuse ne pourraient-elles pas correspondre au stade où l'homme ne ressent pas ses organes comme les siens propres et, ne les reconnaissant pas comme lui appartenant, les abandonnerait donc à la puissance d'une volonté étrangère ? A ce symptôme correspond comme son pendant celui où l'on impose des mouvements aux membres du malade. Ce symptôme répète d'une manière particulièrement frappante la situation où, pour le malade, le corps propre était étranger, monde extérieur, et paraissait régi par des puissances extérieures. La stupeur catatonique, qui représente un refus total du monde extérieur, ne serait-elle pas un retour dans le sein maternel ? Ce symptôme catatonique ne serait-il pas le refuge ultime d'un psychisme qui abandonne les fonctions du Moi, même les plus primitives, et se retire complètement sur une position fœtale ou de nourrisson, parce qu'il ne peut, dans la situation actuelle de sa libido, utiliser même les fonctions les plus simples du Moi, celles qui entretiennent une relation avec le monde extérieur ? Le symptôme catatonique, la rigidité négativiste du schizophrène, n'est rien d'autre qu'un renoncement au monde extérieur exprimé dans le « langage des organes ». N'en est-il pas de même du « réflexe de nourrisson » au stade terminal de la paralysie générale, qui témoigne d'une telle régression vers les tout premiers stades de la vie ?[14]

---

14. Certains malades sont conscients d'une telle régression vers les premiers mois de la vie, voire au stade fœtal, cette dernière n'étant qu'une menace liée à l'évolution morbide. Un patient me disait : « Je sens

Il peut en être de même en ce qui concerne la libido organique narcissique au cours de la schizophrénie. L'organe aliéné — dans le cas qui nous intéresse, le corps tout entier — apparaît comme un ennemi extérieur, comme un appareil dont on se sert pour nuire au malade.

COMMENT EXPLIQUER LE CHOIX DU PERSÉCUTEUR ?

Nous ne nous étonnerons pas que les personnes qui manipulent cet appareil hostile doivent apparaître à l'observateur impartial comme étant des objets d'amour : des prétendants, des amants, des médecins. Toutes ces personnes sont en rapport avec la sensualité ou le corps, et exigent un transfert libidinal qui leur est normalement accordé. Mais la libido narcissique, lorsqu'elle est trop fortement fixée, doit ressentir de manière hostile l'exigence de ce transfert, et éprouver comme ennemi l'objet qui provoque le transfert.

Remarquons cependant que l'on peut compter parmi les persécutés et non parmi les persécuteurs une autre catégorie d'objets d'amour de ces malades : la mère, les médecins qui prodiguent actuellement leurs soins aux malades, quelques amis proches de la famille. Ils sont obligés de partager· le sort des malades et tombent sous l'influence de l'appareil. Et, à l'inverse de ce qui se passe dans la paranoïa, ce ne sont pas les persécuteurs mais les persécutés qui sont organisés en une sorte de complot passif systématisé. A ceci on pourrait essayer d'apporter l'explication suivante :

On remarque d'abord que les persécuteurs ne se recrutent que parmi les personnes vivant éloignées du malade, spatialement éloignées. Les persécutés, par contre, appartiennent à un cercle de connaissances proches, et vivant à proximité du malade.

---

que je rajeunis et que je rapetisse sans cesse. J'ai maintenant quatre ans. Ensuite, je retournerai dans mes langes, et plus tard dans le sein maternel. »

Le docteur Hélène Deutsch rapporta au cours de la discussion de ce travail, à la Société psychanalytique de Vienne, le cas d'une schizophrène de trente et un ans qui déféquait et urinait au lit et justifiait son comportement en disant « qu'on la faisait devenir un enfant ».

Freud, au cours de la même discussion, en se référant spécialement à l'appareil à influencer de Mlle Natalia A. et à la relation réciproque entre la sexualité et la mort, faisait remarquer la signification et le mode d'inhumation des *momies égyptiennes. Le cercueil de forme humaine,* où est placée la momie, correspond à la représentation plus tardive du retour de l'homme à la « Terre Mère », c'est-à-dire à un retour dans le sein maternel par la mort.

Ils représentent une sorte de famille effectivement et constamment présente, dans laquelle il faut inclure les médecins, qui sont d'ailleurs des imagos paternelles et font déjà, à ce titre, partie de la famille. Or, il se trouve que les membres de la famille qui ont été dès le début de la vie en relation avec le malade sont justement les objets d'amour qui sont assujettis au choix objectal narcissique par identification. Envers ces personnes, le malade exerce encore aujourd'hui la même forme de choix objectal en les soumettant à son propre destin, en s'identifiant à elles. Même normalement, un transfert libidinal sur les membres de la famille n'est pas ressenti comme une exigence qui nécessiterait de vaincre une grande distance, ou un grand éloignement de soi-même, ou encore un renoncement important au narcissisme. En s'identifiant à ces personnes, la malade emprunte cette voie bien tracée, qui n'apparaît pas tellement dangereuse à son narcissisme qu'elle doivent s'opposer à l'investissement libidinal de ces objets, les ressentir comme hostiles. Il en est autrement des prétendants et de ceux qui l'aiment. Ceux-ci menacent très fortement sa position narcissique par leurs exigences d'une libido objectale et sont donc repoussés en tant qu'ennemis. L'éloignement spatial de ces personnes agit en stimulant des sentiments de distance du point de vue libidinal. Le transfert à distance est ressenti comme exigeant de façon particulièrement forte la connaissance d'une position objectale et le dessaisissement de soi-même. Cela est également vrai dans la vie normale. L'éloignement dans l'espace des personnes aimées met en danger la libido objectale, ou peut même inciter le sujet à faire revenir la libido sur soi-même, à abandonner l'objet. Aimer à distance est souvent une tâche difficile et celle-ci n'est supportée qu'à contre-cœur. Mais notre malade est tout simplement incapable d'abandonner ses objets d'amour de façon normale, car elle ne les a pas investis de façon normale. Elle ne peut liquider les objets d'amour les plus exigeants que par un mécanisme paranoïaque ; elle ne peut liquider les moins pressants que par un mécanisme d'identification.

Cette indication de Freud montre comment les hommes se dédommagent de la mort cruelle par la croyance en une vie bienheureuse dans le sein maternel. Le fantasme du retour au sein maternel est un fantasme phylogénétique préformé, il peut figurer comme le quatrième des « fantasmes primitifs » *(Urphantasie)* admis par Freud. Il apparaît comme symptôme de la schizophrénie en tant que réalité pathologique du psychisme en régression. La momie retourne au sein maternel par la voie d'une mort corporelle, le schizophrène par la voie d'une mort spirituelle *(le fantasme du sein maternel :* l'expression est due, je crois, à Gustave Grüner).

Les psychoses : la perte de la réalité

Je ne peux guère expliquer pourquoi l'on ne trouve exclusivement que des hommes parmi les persécuteurs qui utilisent la machine à influencer — du moins selon mon expérience. Ceci peut être dû soit à des erreurs d'observation, soit au hasard du matériel clinique rencontré. A ceci, des recherches ultérieures apporteront une réponse. Que cependant, à l'encontre de la théorie de Freud — qui attribuait à la paranoïa une genèse exclusivement homosexuelle —, on puisse voir

La salle du traitement électrique à la Salpêtrière. (D'après nature.)

*On peut se demander
si parfois, les machines à influencer
n'existent vraiment que dans le délire des malades...*

apparaître des persécuteurs hétérosexuels, peut s'expliquer sans pour autant contredire cet auteur. La machine à influencer peut correspondre à un stade psychique régressif, au cours duquel ce qui importe *n'est pas l'opposition entre les sexes, mais uniquement l'opposition entre libido objectale et narcissique :* tout objet, de quelque sexe qu'il soit, exigeant un transfert, est ressenti par le sujet comme un objet hostile.

Victor Tausk[15]

---

15. *Œuvres psychanalytiques* (« De la genèse de l'« appareil à influencer » au cours de la schizophrénie », 1919), Payot édit. p. 179-201, 204-205, 212-214.

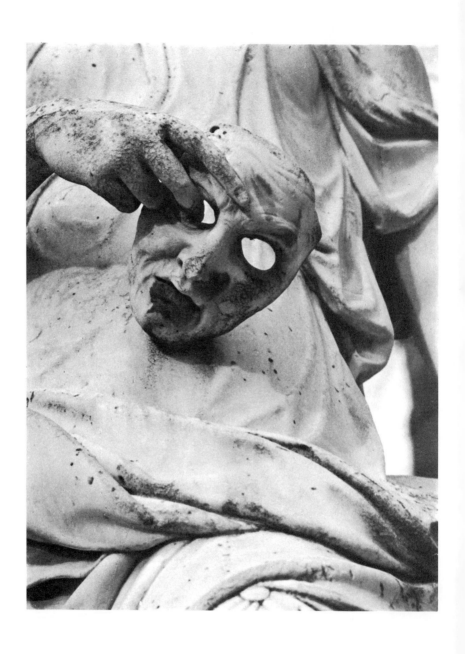

*Le psychotique : une forteresse
qu'on aurait pu croire vide...*

Chapitre V

L'intolérable réalité
et son substitut psychotique

Les travaux de Freud sur les psychoses présentent deux courants de pensée opposés. D'une part, dans de nombreux articles, il tente d'établir une continuité entre névrose et psychose, la névrose constituant son champ d'investigation majeur. D'autre part, il essaie de montrer la faille entre ces deux types d'affections mentales, en mettant l'accent sur la spécificité de certains mécanismes psychotiques — dont on peut trouver trace, comme nous l'avons dit, dans ses premiers écrits.

Ainsi, en 1894, son premier article consacré aux « Psychonévroses de défense »[1] souligne que, dans la psychose, le Moi rejette une représentation intolérable — elle-même liée à un fragment de réalité, ce qui aboutit à ce que « le Moi [se sépare] aussi, totalement ou en partie, de la réalité ». Un an plus tard, dans le « Manuscrit H », il s'efforce d'apprécier, comme nous l'avons vu, la qualité particulière du mécanisme de projection psychotique. En même temps, il met en évidence le narcissisme des psychotiques, qui « aiment leur délire comme ils s'aiment eux-mêmes ».

Dès la fin du XIXe siècle sont donc mis en évidence le rejet de la réalité et l'évacuation des conflits sexuels dans le monde extérieur, le refoulé revenant sous forme de délire ou d'hallucination.

En 1900, L'Interprétation des rêves *fait du rêve le modèle de la psychose. La Science des rêves (ou* L'Interprétation des rêves*) repose, nous l'avons noté, sur un effort visant à unifier l'ensemble des processus psychiques, tous les mécanismes du fonctionnement mental figurant*

---

1. Voir *Refoulement, Défenses et Interdits,* dans la même collection, et *Névrose, Psychose et Perversion* (P.U.F.).

dans le rêve, y compris les mécanismes psychotiques. Lorsque Freud rédige, en 1906, Délire et rêve dans la « Gradiva » de Jenssen, *il reprend cette idée :* « Le rêve est le prototype normal des phénomènes morbides », *écrit-il alors. Et, dans son dernier ouvrage, inachevé,* L'abrégé de psychanalyse, *en 1938, il dira encore du rêve qu'il est* « une psychose normale ».

Jung et ses découvertes sur la démence précoce l'amènent à modifier son approche de la psychose : dans sa correspondance avec lui, nous le savons déjà, Freud le félicite d'avoir démontré l'une des caractéristiques fondamentales des psychotiques, leur inaccessibilité au transfert. Cela le conduit à l'idée du retrait de la libido sur le Moi dans la psychose, et, aussi, à l'introduction du narcissisme dans la théorie psychanalytique.

Dans un article intitulé « Formulations sur les deux principes du cours des événements psychiques », *en 1911, Freud définit et examine notamment la relation de l'individu à la réalité ; l'autre but qu'il y poursuit consiste à intégrer la signification psychologique du monde extérieur réel à la théorie psychanalytique. Il pose d'emblée l'existence d'une certaine continuité dans la façon dont le névrosé se détourne d'une réalité intolérable, et* « le type le plus extrême », *c'est-à-dire le type de* « certains cas de psychoses hallucinatoires, dans lesquels doit être dénié l'événement qui a provoqué la folie ».

Le début de la vie est dominé par les processus primaires[2] caractéristiques du principe de plaisir. L'appareil psychique réalise de façon hallucinatoire la satisfaction du désir. L'absence persistante de satisfaction entraîne l'abandon de cette tentative de satisfaction au moyen de l'hallucination. Le psychisme doit alors se résoudre à représenter le monde extérieur réel et chercher à lui apporter une modification, elle-même réelle. Un nouveau principe de fonctionnement mental est alors mis en œuvre : la représentation n'est plus nécessairement liée au plaisir ; elle devient celle de la réalité, aussi déplaisante soit-elle.

C'est à ce moment que s'instaure le principe de réalité, accompagné d'un certain nombre de fonctions : l'attention, la mémoire et le jugement, dont la tâche consiste à démêler le vrai du faux, c'est-à-dire à décider si telle représentation s'accorde ou non avec la réalité. La décharge motrice ne sert plus seulement à évacuer les excitations ; elle est utilisée à modifier la réalité grâce à une série d'actions. L'appareil psychique acquiert la faculté d'ajourner la décharge ; l'énergie « libre » devient « liée »[3].

Cependant, après l'avènement du principe de réalité subsiste une

---

2. Voir *Le Ça, le Moi, le Surmoi : la personnalité et ses instances* (introduction au chapitre I).
3. *Ibid.*, et *Les Névroses : la perte de la réalité*, chapitre V, dans la même collection.

forme d'activité mentale, indépendante de l'épreuve de réalité et obéissant au principe de plaisir. Le domaine de l'activité fantasmatique et des rêveries diurnes, dominé par le principe de plaisir, est clivé, isolé, du reste du psychisme.

Le Moi-plaisir n'est capable que de désirer. Le Moi-réalité tend vers l'utile et s'assure contre les dommages. Le remplacement du principe de plaisir par le principe de réalité n'implique nullement la suppression du premier : il s'agit seulement de renoncer à un plaisir immédiat pour obtenir un plaisir plus sûr au moyen de l'ajournement : « Pendant que le Moi accomplit sa transformation de Moi-plaisir *en* Moi-réalité, *les pulsions sexuelles subissent les modifications qui les conduisent, par diverses phases intermédiaires, de l'auto-érotisme initial à l'amour d'objet qui est au service de la fonction de reproduction. S'il est exact que chaque stade de ces deux lignes de développement peut devenir le siège d'une prédisposition à une affection névrotique ultérieure, on est amené à faire dépendre ce qui détermine la forme de celle-ci (le* choix *de la névrose) de la phase du développement du Moi et de la libido pendant laquelle est intervenue l'inhibition de développement prédisposante. Les caractéristiques temporelles des deux développements, qui n'ont pas encore été étudiées, et la possibilité de leur déplacement l'un par rapport à l'autre prennent ainsi une importance insoupçonnée », écrit Freud dans les « Formulations ».*

Ainsi, pour Freud, le Moi-plaisir est remplacé par le Moi-réalité, et l'auto-érotisme, par l'amour d'objet : cette conception fait apparaître que le psychotique, régressé à l'auto-érotisme, se trouvera de nouveau dominé par le principe de plaisir et les processus primaires. Ceux-ci donneront au discours du psychotique son caractère d'étonnante lisibilité, car ce qui, chez le névrosé, est inconscient puisque refoulé, remonte à la surface chez le psychotique.

Dans « Complément métapsychologique à la théorie du rêve », en 1915, Freud montre comment la formation du fantasme de désir, sa régression vers l'hallucination, qui constituent l'essentiel de l'élaboration onirique, se retrouvent également dans l'affection appelée « confusion mentale hallucinatoire aiguë » et dans les hallucinations schizophréniques. Freud se demande alors quelle est la condition nécessaire à la production d'une hallucination. La régression vers la figuration qui se produit dans le rêve ne suffit en effet pas à expliquer le mécanisme de l'hallucination, car une régression, même intense, n'aboutit pas nécessairement à une hallucination avec sentiment de réalité.

Selon Freud, le fait de pouvoir différencier perceptions et représentations mnésiques est d'un grand intérêt pratique : « Toute notre attitude envers le monde extérieur et la réalité en dépend », écrit-il.

Si, comme on l'a vu plus haut, l'objet du désir est halluciné au début de la vie, nous abandonnons très vite ce mode illusoire de satisfaction pour former, dans notre appareil psychique, une épreuve de la réalité. *Autrement dit, cette épreuve de la réalité (ou : de réalité), acquise à travers l'évolution et non immédiatement donnée, est supprimée dans l'hallucination et dans le rêve. En fait, « l'hallucination consiste en un investissement du système* Cs (P)[4], *investissement qui ne se produit pas, comme il serait normal, de l'extérieur, mais de l'intérieur, et elle a pour condition nécessaire que la régression aille jusqu'à atteindre ce système lui-même et puisse ainsi se placer au-delà de l'épreuve de réalité », note Freud dans « Complément métapsychologique à la théorie du rêve ».*

Ainsi, le destin de l'épreuve de réalité — fonction attribuée plus tard au Moi — implique que, dans la psychose, la régression ne met pas seulement en jeu la libido, mais bien aussi le Moi lui-même. L'épreuve de réalité vise entre autres à distinguer le monde externe du monde interne : « Une perception qu'une action peut faire disparaître est reconnue comme extérieure, comme réalité ; si cette action ne change rien, c'est que la perception vient de l'intérieur du corps, elle n'est pas réelle », dit encore Freud. La distinction entre « intérieur » et « extérieur » s'efface donc dans la psychose. Pour Freud, l'épreuve de réalité est « l'une des grandes institutions du Moi »[5]. *Les hallucinations psychotiques et, en particulier, la confusion mentale hallucinatoire aiguë constituent « la réaction à une perte que la réalité affirme mais que le Moi doit dénier, parce qu'insupportable. Le Moi rompt alors la relation à la réalité, il retire au système des perceptions, au système* Cs, *l'investissement, ou peut-être, pour mieux dire, un investissement dont la nature particulière pourra faire l'objet d'une recherche supplémentaire. Le Moi se détournant ainsi de la réalité, l'épreuve de réalité est mise à l'écart, les fantasmes de désir — non refoulés et tout à fait conscients — peuvent pénétrer dans le système et sont, de là, reconnus comme une meilleure réalité ».*

En 1924, Freud publie « Névrose et Psychose », que nous présentons en premier lieu dans ce chapitre. Ce court article suit l'introduction de la seconde topique en 1923[6], dont Freud cherche ici à tirer quelques conséquences pour différencier génétiquement névrose et psychose. La

---

4. *Cs* et *P* : abréviations pour « conscience » et « perception ». (N.d.E.)

5. C'est Freud qui souligne.

6. C'est-à-dire Moi-Ça-Surmoi. Rappelons que le mot « topique » désigne la théorie freudienne déterminant les différents « lieux » ou systèmes dont est composé l'appareil psychique. Sur les deux topiques freudiennes, voir *Le Ça, le Moi, le Surmoi : la personnalité et ses instances,* dans la même collection.

névrose est pour lui le résultat d'un conflit entre le Moi et son Ça, la psychose, d'un conflit entre le Moi et le monde extérieur. Alors que, dans la névrose, le Moi, soumis à la réalité, réprime un fragment du Ça, dans la psychose il s'allie au Ça et réprime un fragment (intolérable) de la réalité. Freud étudie alors les conséquences de cette formule dans certaines psychoses. Il en vient à la transformer ainsi : « La névrose de transfert correspond au conflit entre le Moi et le Ça, la névrose narcissique au conflit entre le Moi et le Surmoi, la psychose au conflit entre le Moi et le monde extérieur. » Autrement dit, la mélancolie obtient ici un statut particulier, qui la distingue des autres psychoses.

La même année, il rédige un second bref article : « La perte de la réalité dans la névrose et dans la psychose », qui clôt ce chapitre. Reprenant quelques-unes des idées contenues dans « Névrose et Psychose », il les rectifie ou bien les complète. En s'appuyant sur l'un des cas cliniques exposés en 1895 dans les Études sur l'hystérie, il montre que la névrose tente de régler le conflit en refoulant la revendication pulsionnelle, et en exprimant le retour du refoulé — ainsi que la sanction qui lui est associée — à travers les douleurs hystériques. Il s'agit du cas de Fraulein Elizabeth von R., une jeune fille amoureuse de son beau-frère ; devant le lit de mort de sa sœur, elle avait été ébranlée par cette idée : « Maintenant, il est libre et il peut t'épouser. » « La réaction psychotique aurait été de dénier le fait de la mort de sa sœur », écrit Freud. Pour lui, la psychose tente de compenser la perte de la réalité en créant une nouvelle réalité à laquelle l'individu ne se heurte plus : « Dans la névrose, un fragment de la réalité est évité sur le mode de la fuite ; dans la psychose, il est reconstruit... La névrose ne dénie pas la réalité, elle veut seulement ne rien savoir d'elle ; la psychose la dénie et cherche à la remplacer », précise Freud.

Névrose et psychose cherchent toutes deux à remplacer l'intolérable réalité par une réalité plus conforme au désir. Mais nous savons que la névrose se tourne vers le monde fantasmatique, dont Freud avait établi, dans ses « Formulations sur les deux principes du cours des événements psychiques », qu'il constituait une enclave du principe de plaisir au sein d'un appareil psychique dominé par le principe de réalité. La psychose, en revanche, dénie la réalité et en construit une nouvelle. Les deux grandes classes d'affections mentales recherchent donc, chacune à sa façon, un substitut à la réalité.

En 1937, enfin, dans la dernière partie d'un travail intitulé « Constructions dans l'analyse », Freud montre que tout délire contient une part de vérité historique, ce que certains éléments biographiques concernant le président Schreber, aujourd'hui accessibles, per-

*mettent de vérifier. Le délire est un équivalent des constructions[7] effec-
tuées par l'analyste dans la cure. Celui-ci tente ainsi de substituer à un
fragment de réalité dénié dans le présent un autre fragment, également
dénié, mais dans l'enfance. Comme l'hystérique, le délirant « souffre de
réminiscences ».*

Dans un ouvrage que j'ai publié récemment, « Le Moi et le Ça », j'ai
proposé une partition de l'appareil psychique à partir de laquelle une
série de relations peut être représentée d'une façon simple et claire. Sur
d'autres points, par exemple ce qu'il en est du rôle et de l'origine du
Surmoi, il reste pas mal d'obscurité et de laissé-pour-compte. On est
alors en droit d'exiger d'un tel dispositif qu'il se montre utilisable et
expédient pour d'autres sujets, ne serait-ce que pour voir sous un autre
jour ce que nous connaissons déjà, pour le grouper autrement, et le
décrire d'une façon plus convaincante. Ce genre d'application pourrait
aussi fournir avec profit l'occasion d'un retour de la théorie chenue à
l'expérience éternellement verdoyante.

Dans le texte en question sont dépeints les multiples allégeances du
Moi, sa position intermédiaire entre le monde extérieur et le Ça, et son
empressement à faire en même temps les volontés de tous ces maîtres.
C'est dans le cadre d'un ensemble de réflexions suscitées par ailleurs,
et qui avaient pour objet l'origine et la prévention des psychoses, qu'il
m'est venu une formule simple concernant la différence génétique peut-
être la plus importante qui soit entre la névrose et la psychose : *la
névrose serait le résultat d'un conflit entre le Moi et son Ça, la psychose, elle, l'issue analogue d'un trouble équivalent dans les relations
entre le Moi et le monde extérieur.*

Sans doute n'a-t-on pas tort de rappeler que des solutions aussi simples doivent être accueillies avec méfiance. Aussi notre unique espoir
sera-t-il de voir cette formule se vérifier *grosso modo*. Et ce serait déjà
quelque chose. C'est alors qu'on pense à toute une série d'idées et de
découvertes qui semblent confirmer notre proposition. Les névroses de
transfert, d'après le résultat de toutes nos analyses, viennent de ce que
le Moi refuse d'accueillir une motion pulsionnelle puissante dans le
Ça, et d'aider à son effectuation motrice, ou bien lui conteste l'objet
qu'elle vise. Puis le Moi se protège d'elle par le mécanisme du refoulement ; le refoulé se révolte contre ce destin, il se fait représenter, sur
une voie où le Moi n'a aucun pouvoir, par un substitut qui s'impose au

---

7. C'est-à-dire des élaborations faites par l'analyste. Elles ont pour but de reconstituer les parties man-
quantes de l'histoire du patient, dans le double registre de la réalité et du fantasme. L'analyste les soumet
au malade, afin d'aboutir à une remémoration supprimant l'amnésie infantile.

« La névrose serait le résultat d'un conflit entre le Moi et son Ça, la psychose, elle, l'issue
analogue d'un trouble équivalent dans les relations entre le Moi et le monde extérieur. »
(Goya, British Museum.)

Moi par le détour du compromis, à savoir le symptôme ; le Moi trouve son unité menacée et endommagée par cet intrus, poursuit le combat contre le symptôme, à la façon dont il s'était protégé de la motion pulsionnelle originaire, et le tout donne le tableau de la névrose. Rien n'interdit de penser que le Moi, quand il a recours au refoulement, suit au fond les ordres de son Surmoi, lesquels à leur tour procèdent pareillement d'influences du monde extérieur réel, qui ont trouvé dans le Surmoi le moyen de se faire représenter. Toujours est-il que le Moi s'est rangé aux côtés de ces puissances, qu'en lui leurs exigences sont plus fortes que les revendications pulsionnelles du Ça, et que le Moi est la puissance qui met en œuvre le refoulement contre cette participation du Ça, et le consolide par le contre-investissement de la résistance. Au service du Surmoi et de la réalité, le Moi est entré en conflit avec le Ça, et c'est ainsi que les choses se passent dans toutes les névroses de transfert.

LES PSYCHOSES : UNE PERTE DU LIEN AVEC LE MONDE EXTÉRIEUR

Quant aux psychoses, il nous sera tout aussi facile, à partir de ce que nous savons jusqu'à maintenant de leurs mécanismes, de produire des exemples tendant à montrer que c'est le rapport entre le Moi et le monde extérieur qui y est troublé. Dans l'*amentia* de Meynert, ou confusion hallucinatoire aiguë, qui est peut-être la forme de psychose la plus extrême et la plus frappante, ou bien le monde extérieur n'est pas du tout perçu, ou bien sa perception reste complètement inopérante. Normalement, le monde extérieur exerce en effet sa domination sur le Moi de deux manières : premièrement par les perceptions actuelles, toujours à nouveau possibles, deuxièmement par le capital mnésique des perceptions antérieures, qui comme « monde intérieur » forment une possession et une partie composante du Moi. Or, dans l'*amentia*, non seulement l'admission de nouvelles perceptions est refusée, mais le monde intérieur lui-même, qui jusqu'alors, en qualité de copie du monde extérieur, représentait ce dernier, se voit retirer sa signification (investissement) ; le Moi se crée autocratiquement un nouveau monde, extérieur et intérieur à la fois ; deux faits ne font aucun doute : ce nouveau monde est bâti suivant les désirs du Ça, et le motif de cette rupture avec le monde extérieur, c'est que la réalité s'est refusée au désir d'une façon grave, apparue comme intolérable. La parenté interne de cette psychose avec le rêve normal ne doit pas être méconnue. Toutefois, la condition du rêve est l'état de sommeil, dont l'un des caractères est un détachement total par rapport à la perception et au monde extérieur.

Quant aux autres formes de psychose, les schizophrénies, on sait qu'elles tendent à déboucher sur l'hébétude affective, c'est-à-dire sur la perte de tout commerce avec le monde extérieur. En ce qui concerne les délires, quelques analyses nous ont appris que la folie y est employée comme une pièce qu'on colle là où initialement s'était produite une faille dans la relation du Moi au monde extérieur. Si la solution du conflit avec le monde extérieur ne nous apparaît pas encore avec plus de netteté qu'elle ne le fait maintenant, c'est que, dans le tableau clinique de la psychose, les manifestations du processus pathogène sont souvent recouvertes par celles d'une tentative de guérison ou de reconstruction.

L'ÉCHEC DU MOI CONCILIATEUR ENGENDRE NÉVROSES ET PSYCHOSES

L'étiologie commune, pour l'éclatement d'une psychonévrose ou d'une psychose, demeure toujours la frustration, le non-accomplissement d'un de ces désirs infantiles éternels indomptés qui s'enracinent si profondément dans les déterminations phylogénétiques de notre organisation. Cette frustration vient toujours, en dernière analyse, du dehors ; mettons à part le cas où elle peut émaner de l'instance interne (dans le Surmoi) qui s'est chargée de représenter les exigences de la réalité. L'effet pathogène est ceci ou cela suivant que le Moi, dans cette tension conflictuelle, reste fidèle à son allégeance vis-à-vis du monde extérieur et cherche à bâillonner le Ça, ou qu'il se laisse dominer par le Ça et arracher du même coup à la réalité. Toutefois, une complication est introduite dans cette situation apparemment simple par l'existence du Surmoi, lequel réunit en lui, selon un enchaînement qui reste à élucider, des influences venant du Ça aussi bien que du monde extérieur, et qui, en quelque sorte, est un modèle idéal pour ce que vise toute tendance du Moi, à savoir la réconciliation de ses multiples allégeances. Le comportement du Surmoi devrait, contrairement à ce qui s'est passé jusqu'à présent, être pris en considération dans toutes les formes de maladies psychiques. En attendant, nous pouvons toujours postuler qu'il doit y avoir des affections reposant sur un conflit entre le Moi et le Surmoi. L'analyse nous autorise à admettre que la mélancolie est un cas exemplaire de ce groupe ; nous aimerions pouvoir donner à ce genre de troubles le nom de « psychonévroses narcissiques ». En effet, il ne serait point contradictoire avec nos sentiments que nous trouvions des motifs pour séparer des états comme la mélancolie des autres psychoses. Mais, alors, nous remarquons que nous pouvions perfectionner notre formule génétique simple sans la laisser tomber. La névrose de transfert correspond au conflit entre le Moi et le Ça, la névrose narcissique au conflit entre le Moi et le Surmoi, la psychose au conflit entre le Moi et le monde extérieur. Certes, nous ne saurions dire d'emblée si nous avons effectivement acquis des connaissances nouvelles ou seulement enrichi notre formulaire, mais je pense que cette possibilité d'application doit nous encourager à garder en vue notre partition de l'appareil psychique en un Moi, un Surmoi et un Ça.

Névroses et psychoses naissent donc des conflits du Moi avec les différentes instances qui le dominent ; autrement dit, elles correspondent dans la fonction du Moi à un échec, qui au demeurant dénote un effort pour réconcilier ensemble les différentes revendications : cette affirmation, pour être entièrement assurée, demande une discussion supplémentaire. On aimerait savoir dans quelles circonstances et par quels moyens le Moi réussit à échapper sans tomber dans la maladie à ces conflits assurément toujours présents. Voilà un nouveau domaine de recherches, qui requiert que les facteurs les plus différents soient pris en considération. Deux d'entre eux peuvent cependant être soulignés tout de suite. L'issue de toutes ces situations dépend sans aucun doute de circonstances économiques, de la grandeur relative de chacune des tendances qui luttent entre elles. Allons plus loin : il sera possible au Moi d'éviter la rupture de tel ou tel côté en se déformant lui-même, en acceptant de faire amende de son unité, éventuellement même en se crevassant ou en se morcelant. De la sorte on mettrait les inconséquences, les extravagances et les folies des hommes sous le même jour que leurs perversions sexuelles, dont l'adoption leur épargne bien des refoulements.

Pour finir, demandons-nous quel peut être le mécanisme, analogue à un refoulement, par lequel le Moi se détache du monde extérieur. A mon avis, on ne peut répondre sans avoir fait de nouvelles recherches, mais il devrait consister, comme le refoulement, dans un retrait par le Moi de l'investissement qu'il avait placé au-dehors.

SIGMUND FREUD[8]

---

8. *Névrose, Psychose et Perversion* (« Névrose et psychose », 1924), P.U.F. édit., p. 283-286.

UNE DÉFENSE PSYCHOTIQUE :
LE DÉNI DE LA RÉALITÉ

J'ai récemment[9] défini l'un des traits qui différencient la névrose de la psychose : dans la première le Moi, en situation d'allégeance par rapport à la réalité, réprime un fragment du Ça (vie pulsionnelle), tandis que le même Moi, dans la psychose, se met au service du Ça en se retirant d'un fragment de la réalité. Pour la névrose ce serait donc la surpuissance de l'influence du réel, et pour la psychose celle du Ça, qui seraient déterminantes. La perte de la réalité serait, pour la psychose, donnée au départ ; pour la névrose, il y aurait lieu de penser qu'elle y est évitée.

Malheureusement, cela ne s'accorde pas du tout avec un fait dont nous pouvons tous faire l'expérience : c'est que toute névrose trouble d'une façon ou d'une autre le rapport du malade à la réalité, qu'elle est pour lui un moyen de se retirer d'elle, et, dans ses formes graves, signifie directement une fuite hors de la vie réelle. Cette contradiction donne à réfléchir ; cependant, elle est facile à lever, et son explication aura du moins contribué à nous faire comprendre la névrose.

La contradiction ne subsiste qu'aussi longtemps que nous envisageons la situation de l'entrée dans la névrose, pendant laquelle le Moi, au service de la réalité, procède au refoulement d'une motion pulsionnelle. Mais ce n'est pas encore là la névrose elle-même. Celle-ci consiste bien plutôt dans les processus qui apportent un dédommagement à la part lésée du Ça, c'est-à-dire dans la réaction contre le refoulement et dans l'échec de celui-ci. Le relâchement du rapport à la réalité est alors la conséquence de ce deuxième temps de la formation de la névrose, et il ne faudrait pas nous étonner si la recherche de détail montrait que la perte de la réalité porte précisément sur le fragment de réalité dont l'exigence eut pour résultat le refoulement pulsionnel.

Caractériser la névrose comme le résultat d'un refoulement malheureux n'a rien de nouveau. Nous l'avons toujours dit en ces termes, et c'est seulement par suite du renouvellement du système qu'il était nécessaire de le répéter.

L'idée qui nous occupe fera d'ailleurs une rentrée particulièrement saisissante s'il s'agit d'un cas de névrose dont la cause occasionnelle (« la scène traumatique ») est connue, et ou l'on peut voir comment la personne se détourne d'une telle expérience et la livre à l'amnésie. Je vais revenir, pour prendre un exemple, sur un cas analysé il y a quel-

---

9. *Névrose et psychose, cf.* article précédent.

« Dans la psychose, l'accent est mis sur le premier temps,
qui est morbide en soi et ne peut conduire qu'à un état morbide. »
(« Le sommeil de la raison engendre les monstres »,
dans les « Caprices » de Goya, Bibliothèque nationale.)

ques années[10] : une jeune fille amoureuse de son beau-frère est ébranlée, devant le lit de mort de sa sœur, par l'idée suivante : maintenant il est libre, et il peut t'épouser. Cette scène est aussitôt oubliée, et du même coup est introduit le processus de régression qui conduit aux douleurs hystériques. Mais ici il est justement instructif de voir sur quelle voie la névrose tente de régler le conflit. Elle dévalorise la modification réelle en refoulant la revendication pulsionnelle dont il est question, à savoir l'amour pour le beau-frère. La réaction psychotique aurait été de dénier[11] le fait de la mort de la sœur.

UNE RÉALITÉ PLUS CONFORME AU DÉSIR

On pourrait s'attendre à ce qu'à la naissance de la psychose se produisît quelque chose d'analogue au processus qu'on trouve dans la névrose, entre d'autres instances évidemment : dans la psychose également, deux temps seraient à distinguer, le premier coupant le Moi, cette fois, de la réalité, le second, en revanche, essayant de réparer les dégâts et reconstituant aux frais du Ça la relation à la réalité. Effectivement, il y a quelque chose d'analogue à observer dans le cas de la psychose ; il y a là aussi deux temps, dont le second comporte le caractère de la réparation ; mais alors l'analogie cède le pas à une similitude entre les processus qui a une bien plus grande portée. Le second temps de la psychose vise bien lui aussi à compenser la perte de la réalité ; mais ce n'est pas au prix d'une restriction du Ça, à la manière dont, dans la névrose, c'était aux frais de la relation au réel ; la psychose emprunte une voie plus autocratique, elle crée une nouvelle réalité à laquelle, à la différence de celle qui est abandonnée, on ne se heurte pas. Le second temps est donc, dans la névrose comme dans la psychose, porté par les mêmes tendances, il sert dans les deux cas l'appétit de puissance du Ça, qui ne se laisse pas dompter par la réalité. Névrose et psychose sont donc l'une comme l'autre des expressions de la rébellion du Ça contre le monde extérieur, de son déplaisir ou, si l'on veut, de son incapacité à s'adapter à la nécessité réelle, à l'Aναγχη. Névrose et psychose se distinguent bien plus entre elles dans la première réaction, qui les introduit, que dans la tentative de réparation qui la suit.

La différence initiale s'exprime dans le résultat final : dans la névrose, un fragment de la réalité est évité sur le mode de la fuite ; dans la psychose, il est reconstruit. Ou : dans la psychose, la fuite initiale est suivie d'une phase active, celle de la reconstruction ; dans la névrose, l'obéissance initiale est suivie, après coup, d'une tentative de fuite. Ou encore : la névrose ne dénie pas la réalité, elle veut seulement

10. Dans *Studien über Hysterie (Études sur l'hystérie)*, 1895, *GW*, I ; trad. fr., Paris, P.U.F. édit.
11. *Verleugnen*. (N.d.T.)

ne rien savoir d'elle ; la psychose la dénie et cherche à la remplacer. Nous appelons normal ou « sain » un comportement qui réunit certains traits des deux réactions, qui, comme la névrose, ne dénie pas la réalité, mais s'efforce ensuite, comme la psychose, de la modifier. Ce comportement conforme au but, normal, conduit évidemment à effectuer un travail extérieur sur le monde extérieur, et ne se contente pas comme la psychose de produire des modifications intérieures ; il n'est plus *autoplastique,* mais *alloplastique.*

La refonte de la réalité porte dans la psychose sur les sédiments psychiques des précédentes relations à cette réalité, c'est-à-dire sur les traces mnésiques, les représentations et les jugements que jusqu'alors on avait obtenus d'elle et par lesquels elle était représentée dans la vie psychique. Mais cette relation n'était pas une relation close, elle était continuellement enrichie et modifiée par de nouvelles perceptions. De la sorte, la psychose a pour tâche elle aussi de créer de telles perceptions propres à correspondre à la nouvelle réalité, but qui est atteint de la façon la plus radicale sur la voie de l'hallucination. Si les illusions mnésiques, les délires et les hallucinations, dans tant de formes et de cas de psychose, ont un caractère si pénible et sont liés à une montée d'angoisse, cela montre bien que tout le processus de refonte s'accomplit contre de violentes forces opposées. On peut construire ce processus d'après le modèle de la névrose que nous connaissons mieux. Dans la névrose, une réaction d'angoisse répond à toute tentative de la part de la pulsion refoulée, et le résultat du conflit est seulement un compromis qui n'apporte qu'une satisfaction incomplète. Vraisemblablement, dans la psychose, le fragment de réalité repoussé revient sans cesse forcer l'ouverture vers la vie psychique, comme le fait dans la névrose la pulsion refoulée, et c'est pourquoi les suites sont les mêmes dans les deux cas. L'examen des différents mécanismes qui dans les psychoses ont pour fonction de détourner de la réalité et d'en reconstruire une autre, ainsi que l'ampleur du succès que ces mécanismes peuvent viser, est une tâche de la psychiatrie au sens restreint qui n'a pas encore été entreprise.

LE MONDE DES FANTASMES : UN UNIVERS DANS LEQUEL PUISENT NÉVROSE ET PSYCHOSE

Il y a une analogie plus poussée entre la névrose et la psychose : dans les deux cas, la tâche entreprise au deuxième temps échoue en partie, en ceci que la pulsion refoulée ne peut pas créer de substitut intégral (névrose), et que ce qui représente la réalité ne se laisse pas couler dans les formes apportant la satisfaction (du moins pas dans toutes les formes des affections psychiques). Mais les accents ne sont pas mis au même endroit dans les deux cas. Dans la psychose, l'accent est mis entièrement sur le premier temps, qui est morbide en soi et ne peut conduire qu'à un état morbide ; dans la névrose au contraire, il porte sur le deuxième temps, l'échec du refoulement, tandis que le premier peut réussir, et même a réussi d'innombrables fois dans le cadre de la santé, quoique ce ne fût pas entièrement sans frais et sans laisser des séquelles des dépenses psychiques exigées. Ces différences, et peut-être encore beaucoup d'autres, sont la conséquence de la différence topique dans la situation initiale du conflit pathogène, suivant que le Moi a cédé à sa dépendance par rapport au monde réel ou à son allégeance à l'égard du Ça.

La névrose se contente en règle générale d'éviter le fragment de réalité dont il s'agit et de se garder d'une rencontre avec lui. La différence tranchée qui sépare la névrose de la psychose est cependant estompée en ce qu'il y a dans la névrose aussi une tentative pour remplacer la réalité indésirable par une réalité plus conforme au désir. La possibilité en est donnée par l'existence d'un *monde fantasmatique,* d'un domaine qui jadis, lors de l'instauration du principe de réalité, a été séparé du monde extérieur réel, depuis quoi, à la façon d'une « réserve », il a été laissé libre par rapport aux exigences des nécessités de la vie. Non pas qu'il soit inaccessible au Moi ; mais il n'en dépend que par un lien lâche. Dans ce monde fantasmatique, la névrose puise le matériel qu'exigent ses nouvelles formations de désir, et le trouve habituellement sur la voie de la régression dans un passé réel plus satisfaisant.

Il est à peine douteux que le monde fantasmatique joue le même rôle dans la psychose : il représente le magasin où sont pris la matière ou les modèles pour la construction de la nouvelle réalité. Mais le nouveau monde extérieur fantasmatique de la psychose veut se mettre à la place de la réalité extérieure ; celui de la névrose, au contraire, aime s'étayer, comme le jeu de l'enfant, sur un fragment de la réalité — un autre que celui contre lequel elle doit se défendre —, lui prête une importance particulière et un sens secret que, d'un terme pas toujours approprié, nous appelons *symbolique.* C'est ainsi que, pour la névrose comme pour la psychose, la question qui vient à se poser n'est pas seulement celle de *la perte de la réalité,* mais aussi celle d'un *substitut de la réalité.*

SIGMUND FREUD[12]

12. *Névrose, Psychose et Perversion* (« La perte de la réalité dans la névrose et la psychose », 1924), P.U.F. éd., p. 299-303.

Chapitre VI

Deuil, mélancolie
et psychose maniaco-dépressive

L'article de Karl Abraham que nous allons découvrir en premier lieu s'intitule « Préliminaires à l'investigation et au traitement psychanalytique de la folie maniaco-dépressive et des états voisins » et date de 1912. L'auteur y dégage les mécanismes fondamentaux de la « folie circulaire », encore appelée « manie-mélancolie » ou « psychose maniaco-dépressive ». Il rend également compte des premières tentatives thérapeutiques permettant « de penser qu'il sera réservé à la psychanalyse de délivrer la psychiatrie du poids du nihilisme thérapeutique », selon sa propre conclusion.

Avant Freud, il met en parallèle le deuil et la mélancolie, bien qu'il ne différencie pas dans les détails — comme Freud le fera dans un article publié en 1917, « Deuil et mélancolie » — les mécanismes respectifs du deuil normal, du deuil mélancolique et de la psychose mélancolique[1].

Dans le travail cité plus haut, Karl Abraham souligne les traits communs à la névrose obsessionnelle et à la mélancolie. Il insiste sur l'ambivalence de la vie pulsionnelle globale de ces deux affections, fondée sur un équilibre instable entre l'amour et la haine, l'hétérosexualité et l'homosexualité. Autrement dit, s'il existe fréquemment une alternance entre les épisodes dépressifs et les épisodes maniaques, elle se trouve également entre les épisodes mélancoliques et les phases obsessionnelles.

---

1. A laquelle Freud réservera le nom de « névrose narcissique » à partir de 1924.

Un « Maniaque », dessin commandé par Esquirol pour « Des maladies mentales considérées sous les rapports médical, hygiénique et médico-légal » (1838, Bibliothèque centrale de la Faculté de médecine).

Plus tard, en 1924, dans sa grande fresque, « Esquisse d'une histoire du développement de la libido basée sur la psychanalyse des troubles mentaux », il reprendra cette idée. Elle lui servira à distinguer les deux étapes du stade sadique-anal de la libido : un stade plus primitif, dominé par l'expulsion et la destruction de l'objet, et un autre, plus tardif, où prédominent la rétention et la conservation de l'objet. On le sait[2] : la ligne de partage entre ces deux phases du stade anal marque pour lui la frontière entre les points de fixation et de régression propres à la psychose et ceux qui relèvent de la névrose.

Pour en revenir à l'article sur lequel s'ouvre ce chapitre, disons qu'Abraham tente d'établir la psychogénèse des troubles mentaux dépressifs, tout comme Freud l'avait fait pour la psychogénèse de la paranoïa dans le cas Schreber. En écrivant « Deuil et Mélancolie »[3], Freud montre que, dans le deuil, l'univers apparaît appauvri et vide, alors que dans la mélancolie, c'est le Moi lui-même. La mélancolie doit être reliée à une perte objectale, qui échappe à la conscience ; pour le deuil, en revanche, la perte subie est consciente.

Dans la mélancolie, l'objet perdu est introjecté dans le Moi ; une partie du Moi « en vient à s'opposer à l'autre, en portant sur cette dernière un jugement critique et en la prenant, en quelque sorte, pour l'objet ». Si le mécanisme fondamental de la paranoïa est la projection, celui de la mélancolie est donc l'introjection. L'acharnement d'une partie du Moi contre celle qui contient l'objet perdu contribuera, dans une certaine mesure, à la découverte par Freud d'une instance morale, le Surmoi, ainsi que de la pulsion de mort. L'introjection de l'objet perdu dans le Moi aboutit en fait à une identification du Moi avec l'objet perdu. « C'est ainsi, écrit Freud, que la perte de l'objet s'est transformée en une perte du Moi. » L'introjection se fonde sur la phase cannibalique de la libido, sur la dévoration de l'objet. Abraham attribuera d'ailleurs le refus de nourriture de certains mélancoliques à l'inhibition de l'oralité ; il évoquera également l'identification fréquente de certains mélancoliques délirants à la figure mythique du loup-garou.

La phase maniaque constitue une lutte contre le même complexe que la mélancolie : « Les états de joie, de jubilation, de triomphe,... sont les prototypes normaux de la manie. » Dans la manie, en effet, le Moi a surmonté la perte de l'objet, il s'en est libéré, et se précipite avec avidité sur de nouveaux objets.

---

2. Voir *Les Stades de la libido : de l'enfant à l'adulte* (introduction au chapitre IV).

3. Dont nous avons reproduit certains passages dans *L'identification : l'autre c'est moi,* dans la même collection. *Cf.* aussi *Métapsychologie* (Gallimard éd.).

En fait, Freud distingue « trois conditions de la mélancolie » : *perte de l'objet, ambivalence, régression de la libido dans le Moi. Ce sont ces conditions qui expliquent les auto-accusations du mélancolique ; elles s'adressent en fait à l'objet introjecté, désormais confondu avec le Moi. Le suicide du mélancolique est en réalité un meurtre, perpétré sur l'objet enchâssé dans le Moi.*

Nous l'avons dit : les théories d'Abraham, telles qu'il les expose en 1924, représentent un apport inégalable à la compréhension des mécanismes maniaco-dépressifs. Dans l'extrait de « L'esquisse » que nous présentons après le premier article de 1912, il prend en considération cinq facteurs pour expliquer la psychogénèse de la mélancolie :

1. Un renforcement constitutionnel de l'érotisme oral ;

2. Une fixation de la libido à la phase orale du développement ;

3. Une blessure grave du narcissisme infantile par déception amoureuse ;

4. L'apparition de la première grande déception amoureuse à l'égard des parents, objets œdipiens, et cela, avant la maîtrise des désirs œdipiens : il se produit alors une intrication entre le complexe d'Œdipe et la phase cannibalique ; les deux objets d'amour, mère et père, sont introjectés ;

5. Enfin, le facteur déclenchant, qui consiste en une répétition — éventuellement tardive — de la déception primaire. Celle-ci donne lieu à un intense mouvement d'expulsion ; l'objet est évacué et détruit comme une selle.

Cette tendance sadique est liée à l'existence d'un autre point de fixation, signalé ci-dessus, à la première phase du stade sadique-anal. La destruction est suivie d'une introjection, c'est-à-dire d'une récupération de l'objet par dévoration, aboutissant à une identification narcissique à l'objet. L'automortification représente une vengeance sadique contre l'objet introjecté — et, selon Abraham, elle persiste jusqu'à saturation des besoins sadiques. Le patient libère l'objet jusqu'alors enclavé dans son Moi et lui redonne une place dans le monde extérieur. Au plan de l'inconscient, il s'agit d'une exonération[4] de l'objet. Pour reprendre les mots d'Abraham : « Cette poussée vers le dehors clôt le déroulement de ce deuil archaïque *que nous considérons être la maladie mélancolique. On peut dire à juste titre qu'au cours de la mélancolie, l'objet d'amour subit pour ainsi dire le métabolisme psychosexuel du patient.* »

---

4. C'est-à-dire d'une expulsion, comme pour une selle.

Sacher Masoch, ici en compagnie de sa femme, Wanda.
L'auteur de la Vénus à la fourrure *a donné son nom au masochisme.*

Alors que l'étude des états d'angoisse névrotique figure largement dans la littérature psychanalytique, les états de dépression n'ont pas fait l'objet de la même attention. Et cependant, la dépression est aussi répandue dans toutes les formes de névrose et de psychose que l'angoisse. Souvent, ces deux états émotionnels existent simultanément ou se succèdent chez le même sujet. Celui qui souffre de névrose d'angoisse est soumis à des humeurs dépressives, le mélancolique profondément atteint se plaint d'angoisse.

L'une des premières données dues à la recherche de Freud s'énonçait ainsi : l'angoisse névrotique est issue du refoulement sexuel. Cette origine différencie l'angoisse névrotique de la peur.

De la même façon, nous distinguons le sentiment du deuil ou du découragement de la dépression névrotique due au refoulement, c'est-à-dire déterminée par des motifs inconscients.

Il y a entre l'angoisse et la dépression une relation analogue à celle qui existe entre la peur et le deuil. Nous craignons un malheur à venir, nous sommes en deuil d'un malheur réalisé. Le névrosé est saisi d'angoisse lorsque sa pulsion tend vers une satisfaction que son refoulement lui interdit d'atteindre. La dépression survient lorsqu'il renonce à son but sexuel sans succès ni satisfaction. Il se sent incapable d'aimer et d'être aimé ; c'est pourquoi il doute de la vie et de l'avenir. Ce sentiment dure tant que ses origines n'ont pas disparu, soit par une modification réelle de la situation, soit par l'élaboration psychique des représentations pénibles. Tout état de dépression névrotique contient la tendance à nier la vie, de même que l'état d'angoisse qui en est proche.

Ces réflexions n'apprendront rien à ceux qui considèrent les névrosés selon la théorie freudienne, bien que la littérature contienne remarquablement peu de choses concernant la psychologie de la dépression névrotique. Par contre, la dépression des psychoses n'a pas encore été objet d'investigations. Cette tâche se complique du fait qu'une partie des malades en cause évoluent de façon « circulaire », avec une alternance d'états mélancoliques et maniaques. Les quelques travaux préliminaires[5] parus jusqu'ici ne concernent que l'une des deux phases.

En quelques années, j'ai pu suivre six cas nets en pratique psychothérapique privée. Deux d'entre ces patients étaient des maniaco-dépressifs légers, dont l'un ne fut traité que passagèrement (cas dit de cyclothymie[6]) ; une troisième malade souffrait d'états dépressifs brefs mais répétés, avec des manifestations typiquement mélancoliques. Chez ces deux patients, il s'agissait de psychoses dépressives initales; ils avaient auparavant présenté une tendance à des dysphories légèrement maniaques ou dépressives. Un patient, enfin, entamait, à 45 ans, une psychose grave et récalcitrante.

DES TRAITS COMMUNS
A LA NÉVROSE OBSESSIONNELLE
ET A LA PSYCHOSE DÉPRESSIVE

Selon la démarche de Kraepelin, les états dépressifs de la cinquième décade ne sont pas considérés, par la plupart des psychiatres, comme appartenant à la folie maniaco-dépressive. En raison de la structure psychique que l'analyse révéla, je range ce dernier cas avec ceux dont l'appartenance à la folie maniaco-dépressive est hors de doute. Je n'ai pas pour autant voulu prendre position quant à la démarcation réciproque de ces psychoses.

Je n'ai pas l'intention d'envisager les états dépressifs de la démence précoce.

Dès le début de la première analyse d'une psychose dépressive, je

5. Maeder, « Psychoanalyse bei einer melancholischen Depression » (Psychanalyse d'une dépression mélancolique), *Zentralblatt für Nervenh. und Psychiatrie,* 1910.

Brill, « Ein Fall von periodischer Depression psychogenen Ursprungs » (Un cas de dépression périodique d'origine psychogène), *Zentralblatt für Psychoanalyse,* vol, I, p. 158.

Jones, « Psychoanalytic notes on a case of Hypomania », *Bulletin of the Ontario Hospital for Insane,* 1910.

6. Alternance entre des états de gaieté et de tristesse démesurés. (N.d.E.)

remarquai la ressemblance de sa structure avec celle de la névrose obsessionnelle[7]. Je veux parler des obsédés graves chez lesquels la libido ne peut s'épanouir normalement car les deux tendances de la haine et de l'amour se portent un préjudice réciproque. La disposition hostile à l'égard du monde extérieur est telle que la capacité d'amour s'en trouve très réduite. Simultanément, le refoulement de la haine (plus précisément, de la composante sadique de la libido, prévalente à l'origine) rend le névrosé obsessionnel faible et sans énergie. Une incertitude semblable concerne le choix objectal quant au sexe de l'objet. L'inaptitude à parvenir à une position libidinale donne lieu à une incertitude généralisée, au doute obsédant: L'obsédé ne parvient pas à une conclusion, à une décision claire. Dans chaque situation, il souffre de sentiments d'insuffisance, il est désarmé face à la vie.

UN CAS QUI ÉTAYE L'HYPOTHÈSE DE L'AUTEUR

Je rapporterai aussi brièvement que possible l'histoire d'un cyclothyme telle qu'elle apparaît l'analyse achevée.

Le patient se souvient que sa sexualité s'éveilla violemment et précocement, c'est-à-dire avant sa sixième année. Une jardinière d'enfants aurait été son premier objet sexuel ; la présence de cette femme l'excitait, faisait travailler son imagination. Cette excitation aboutit à l'onanisme qu'il pratiquait en se couchant sur le ventre et en effectuant des mouvements de friction. Sa nurse (qui fut sa nourrice) le dérangea dans cette activité. Elle la lui interdit énergiquement, lui administrait des corrections lorsqu'il enfreignait sa défense, et lui faisait valoir qu'ainsi il se rendrait malheureux pour le restant de ses jours. En cours de scolarité, le patient éprouva pendant plusieurs années un engouement amoureux pour un autre élève.

Le patient ne se sentit jamais satisfait dans la maison paternelle, ni pendant son enfance ni plus tard. Il avait toujours l'impression que les parents lui préféraient le frère aîné, particulièrement intelligent, alors qu'il n'était lui-même que passablement doué. De même, il lui semblait que son plus jeune frère, un enfant maladif, bénéficiait d'une attention particulière de sa mère. Il en résulta de l'hostilité à l'égard des parents, tandis que les frères excitaient sa jalousie et sa haine. Quelques actes impulsifs de son enfance montrent l'intensité de cette hostilité. A l'occasion d'une discorde minime, il fut à deux reprises si violent à l'égard de son jeune frère que celui-ci tomba et fut sérieusement blessé.

---

7. Mon bref compte rendu s'en tient étroitement à la description donnée par Freud dans ses « Remarques sur un cas de névrose obsessionnelle » (*Jahrbuch für psychoanalyt. Forschungen*, vol. I).

Cette violence est plus remarquable encore lorsqu'on apprend que pendant sa scolarité, le patient fut toujours le plus petit et le plus faible. Il ne se liait pas vraiment, il se tenait isolé. Quoique travailleur, ses résultats ne correspondaient pas à son effort. Pendant la puberté, il s'avère clairement que les pulsions jadis si violentes étaient paralysées par le refoulement. Contrairement à son comportement d'enfant, il ne se sentait plus attiré par le sexe féminin. Il conservait son activité sexuelle d'enfant mais jamais à l'état vigile, seulement au cours du sommeil ou du demi-sommeil. Il n'avait pas d'amis. Lorsqu'il se comparait aux autres, il remarquait lui-même son manque d'énergie vitale. A la maison, il ne trouvait aucun encouragement ; au contraire, le père lui faisait des remarques méprisantes. A tous ces moments déprimants, s'ajouta un traumatisme psychique particulier. Un maître eut la cruauté de le traiter d'infirme corporel et psychique devant toute la classe. Peu après, il fit un premier épisode dépressif.

Par la suite non plus, il ne sut pas se lier avec d'autres êtres, mais s'en écartait intentionnellement, craignant d'être considéré comme un sujet médiocre. Ce n'est qu'auprès des enfants qu'il ne se sentait pas accablé par une impression d'insuffisance, et qu'il jouissait d'une relation bonne et confortable. Par ailleurs, il s'isolait. Les femmes lui faisaient littéralement peur. Apte au rapport sexuel normal, il n'y était pas enclin et ne s'en trouvait pas satisfait. L'onanisme au cours du sommeil resta son activité sexuelle principale. Dans la vie pratique, il était peu énergique ; il lui était particulièrement difficile de conclure ou de décider dans une situation douteuse.

Cette anamnèse concorde en tous points avec celle que nous apportent les obsédés. Cependant, chez notre patient, nous ne trouvons pas de manifestations obsessionnelles, mais des variations circulaires qui se sont répétées pendant vingt ans.

Au cours des *phases dépressives,* et selon leur gravité, le patient se trouve dans un état de « dépression » ou d'« apathie » (je rapporte les propres expressions du patient). Il est inhibé, les actes les plus simples deviennent une contrainte, il parle doucement et lentement, il souhaite la mort et cultive des idées de suicide. Ses représentations ont un contenu dépressif. Souvent il se dit à lui-même : je suis un « paria », un « maudit », un « raté », « je n'ai aucune appartenance au monde ». Il éprouve vaguement le sentiment que l'état de dépression est une punition. Il a une impression de vanité, il se représente souvent sa disparition sans trace. Au cours de tels états, il souffre d'épuisement, de peur, d'une pesanteur dans la tête. Ces phases dépressives duraient quelques semaines, elles étaient parfois plus courtes. L'intensité de la dépression variait d'une crise à l'autre. Au cours d'une année, le patient fait deux ou trois états mélancoliques graves et six crises (ou plus) légères. Chaque accès était marqué par une montée progressive, un plafonnement, puis une décroissance progressive de la dysphorie sensible pour le patient et qui se signalait objectivement.

L'ALTERNANCE DES PHASES MANIAQUES ET DÉPRESSIVES

Aux alentours de sa 28ᵉ année, il présenta des troubles inverses ; depuis, il y a alternance d'états hypomaniaques et dépressifs.

Au début de la phase maniaque, le patient s'éveille de son apathie, devient mobile et même excité. Il est hyperactif, ne connaît aucune fatigue, s'éveille tôt et s'occupe de projets professionnels. Il est entreprenant, sûr de ses capacités, il est prolixe et porté à plaisanter et à rire. Il fait des jeux de mots et des blagues. Il remarque lui-même le caractère fuyant de ses idées ; objectivement, on peut constater une certaine fuite des idées. Son rythme est plus rapide, plus bruyant et vivace. Son humeur est joyeuse et un peu survoltée. Lorsque l'humeur maniaque est plus marquée, l'euphorie se mue en irritabilité et en impulsivité. Par exemple, lorsqu'on dérange le patient pendant son travail, il se met dans une véritable rage. Il voudrait abattre aussitôt l'importun. Aussi, les disputes sont fréquentes et il se conduit alors de façon très brutale. Si, pendant les dépressions, le sommeil nocturne est tranquille, les épisodes maniaques sont au contraire marqués d'agitation, surtout pendant la deuxième moitié de la nuit. Une excitation sexuelle explosive se manifeste alors.

Le malade, dont la libido s'était exprimée précocement et avec énergie, a perdu pour une grande part la capacité de manifester son amour et sa haine. De la même façon que les obsédés, il est devenu incapable de vivre. Il est vrai qu'il n'est pas impuissant ; mais il ne connaît pas un vrai plaisir sexuel. La pollution lui donne plus de satisfaction que le coït. Son activité sexuelle s'exerce essentiellement pendant le sommeil. Nous reconnaissons ici l'aspiration auto-érotique, également propre aux névrosés, à s'isoler du monde extérieur. De tels sujets ne peuvent être heureux que dans un monde absolument clos. Tout être vivant, tout objet inanimé est éprouvé comme perturbateur. Ce n'est qu'une fois la fermeture complète à toute impression extérieure réalisée — comme dans le sommeil — qu'ils peuvent rêver à la satisfaction de leurs désirs sexuels. Le patient s'exprime de la façon suivante : « C'est au lit que je me sens le mieux ; j'y suis vraiment chez moi[8]. »

---

8. Je souligne ici que les autres patients masculins dont j'ai analysé la psychose dépressive se comportaient de façon analogue. Aucun n'était impuissant, mais pour tous, de tout temps, le comportement auto-érotique était plus plaisant et toute tentative avec une femme était difficile et pénible.

LA SEXUALITÉ EN CAUSE

A la puberté, le patient dut constater son retard sur ses compagnons du même âge pour certaines choses importantes. Physiquement, il ne s'était jamais senti leur égal. Intellectuellement, la comparaison avec son frère aîné lui faisait craindre la même chose. A tout cela s'ajoutait maintenant un sentiment d'insuffisance sexuelle. C'est à cette période que la critique de l'instituteur le frappa (« un infirme physique et psychique ») comme une massue ; effet s'expliquant pour l'essentiel comme le rappel de la prophétie de la nourrice. Elle l'avait menacé en lui prédisant qu'il se rendrait malheureux pour toute la vie. A l'époque même où il eût dû devenir un homme et se sentir viril comme ses camarades, ses sentiments d'insuffisance se trouvèrent renforcés. C'est ainsi que survint le premier état dépressif dont le patient se souvienne.

Tout comme c'est si souvent le cas dans la névrose obsessionnelle, la maladie proprement dite débuta lorsqu'une décision définitive dut intervenir en ce qui concernait la position du patient vis-à-vis du monde extérieur et l'utilisation ultérieure de sa libido. Dans les autres cas que j'ai analysés, un conflit du même ordre avait provoqué le premier état dépressif. Ainsi, l'un des patients s'était fiancé. Peu après, il fut submergé du sentiment de son incapacité à aimer ; il tomba dans une dépression mélancolique grave.

Il est probant que la maladie survient toujours du fait d'une disposition haineuse paralysant la capacité à aimer. Mais tout comme pour la psychogénèse de la névrose obsessionnelle, d'autres conflits de la vie pulsionnelle des patients jouent le rôle de facteurs pathogènes. Je soulignerai surtout l'incertitude du rôle sexuel. Dans le cas de Maeder, le conflit entre les positions masculines et féminines prenait un relief particulier. Chez deux de mes patients, je relevai un matériel très semblable à celui que décrit Maeder.

Mais les deux affections se séparent au cours de leur évolution ultérieure. La névrose obsessionnelle crée des buts substitutifs ; leur poursuite est liée aux manifestations obsessionnelles. La psychose dépressive se constitue très différemment. Au refoulement s'associe un mécanisme, fréquent dans la psychogénèse de certaines maladies mentales, qui nous est connu sous le nom de « projection ».

Dans ses « Bemerkungen zu einem autobiographisch beschriebenen Fall von Paranoïa » (Remarques à propos de l'autobiographie d'un cas de paranoïa), Freud apporte une formulation de la psychogénèse de la paranoïa. En quelques brèves formules, il précise les stades parcourus jusqu'à la formation du délire paranoïaque[9]. En m'appuyant sur mes

9. *Jahrbuch für psychoanalyt. Forschungen*, vol. III, p. 55.

analyses de troubles mentaux dépressifs, je voudrais tenter d'aboutir à une formulation semblable en ce qui concerne la genèse des psychoses dépressives.

Pour la plupart des cas de délire paranoïaque, Freud considère que le noyau du conflit est le fantasme réalisant le désir homosexuel d'aimer un individu du même sexe. [Formule : moi (un homme) je l'aime, lui (un homme).] Le délire de persécution contredit cette position en clamant : « Je ne l'aime pas, car je le déteste. » Comme la perception interne est remplacée par une perception externe dans la paranoïa, la haine est ressentie comme la conséquence de l'hostilité subie. La troisième formule est la suivante : « Je ne l'aime pas, je le déteste, car il me persécute. »

UNE DISPOSITION HOSTILE QUI S'ÉTEND A L'ENTOURAGE

Dans les psychoses que nous envisageons ici, le conflit est autre. Il tire son origine d'une disposition hostile excessive de la libido. Cette haine concerne d'abord les plus proches parents, puis elle se généralise. Elle peut s'exprimer comme suit :

1. Je ne peux pas aimer les autres ; je suis obligé de les détester. De cette « perception intime » déplaisante naissent les sentiments si graves d'insuffisance de ces patients. Lorsque le contenu de cette perception est refoulé et projeté au dehors, le sujet en arrive à se croire non pas aimé mais détesté par son entourage. D'abord par ses parents, puis par un cercle plus large. Cette croyance est ainsi détachée de son contexte originel et causal, l'hostilité du sujet lui-même, elle est reliée à d'autres insuffisances psychiques ou physiques[10]. Il semble que la multiplicité de telles insuffisances favorise l'éclosion d'états dépressifs.

Ainsi, nous arrivons à la deuxième formule :

2. Les autres ne m'aiment pas, ils me détestent... car je suis marqué par des insuffisances innées[11] : *C'est pourquoi je suis malheureux, déprimé.*

Mais les mouvements sadiques refoulés ne se calment pas. Ils ont tendance à revenir à la conscience et apparaissent sous bien des formes : dans les rêves, les actes symptomatiques, mais surtout en tant que tendances tyranniques vis-à-vis de l'entourage, désirs de vengeance violents, impulsions criminelles. Ces aspects ne se révèlent pas à

---

10. Dans certains cas (les plus légers en particulier), le contexte originel n'est que partiellement perdu. Mais la tendance au déplacement est évidente.

11. Remarquons dans l'étymologie allemande le mot *hässlich* (laid), ce qui provoque la haine *(Hass).*

l'observation directe, car ils restent généralement à l'état velléitaire. Mais une étude plus approfondie — éventuellement catamnestique — nous éclaire. Faute de voir ces mouvements sadiques dans la phase dépressive, on peut les observer dans la phase maniaque. Nous y reviendrons.

Ces désirs de vengeance, de violence, etc., sont généralement ramenés aux sentiments douloureux d'imperfection physique ou psychique au lieu du sadisme personnel insuffisamment refoulé. Chaque patient du groupe maniaco-dépressif tend à conclure comme Richard III. Avec une cruauté sans égard, il dévoile toutes ses infirmités et en tire la conclusion :

> « Therefore, since I cannot prove a lover
> I am determined to prove a villain. »

Ses infirmités interdisent l'amour à Richard ; elles le font détester. Il veut en tirer vengeance. Chacun de nos patients voudrait faire de même ; mais il ne le peut pas, car son activité pulsionnelle est paralysée par le refoulement.

LE SADISME REFOULÉ
ENGENDRE DÉPRESSION ET CULPABILITÉ

Chez lui, la répression de mouvements de haine et de vengeance, etc., qui émergent fréquemment, engendre de nouvelles expressions morbides : *les idées de culpabilité*. D'après mon expérience, je crois pouvoir dire que plus le désir de vengeance est violent, plus est grande la tendance aux idées délirantes de culpabilité. Nous savons que ce délire peut atteindre l'énormité, allant jusqu'à faire dire au patient que lui seul a commis tous les péchés depuis le commencement du monde, ou que toute vilenie est son seul fait. Il s'agit là de sujets dont le sadisme, refoulé dans l'inconscient, est insatiable et voudrait s'attaquer à tous et à tout. Bien entendu, la représentation d'une faute aussi abominable est au plus haut point pénible consciemment ; un tel degré de sadisme refoulé donne lieu à une dépression écrasante. Néanmoins, l'idée de culpabilité recèle l'accomplissement d'un vœu : celui du souhait refoulé d'être un malfaiteur de grand style, d'être plus coupable que tous les autres réunis. Ceci aussi nous rappelle certains aspects des obsédés. Je ne mentionnerai que la « toute-puissance » de la pensée. Ils craignent d'être réellement responsables de la mort de ceux dont ils ont pensé la mort. Chez l'obsédé, les pulsions sadiques sont également refoulées. Comme il ne peut pas *agir* conformément à sa pulsion première, il s'adonne inconsciemment au fantasme de pouvoir tuer par la *pensée* ; consciemment, le désir n'apparaît pas en tant que tel, mais sous la forme d'une crainte pénible.

Du refoulement du sadisme nous voyons surgir la dépression, l'angoisse, la culpabilité. Lorsque la source de plaisir liée à l'activité pulsionnelle est oblitérée, le masochisme devient la conséquence inévitable. Le patient prend une attitude passive, il tire son plaisir de ses souffrances, de sa contemplation de lui-même. Ainsi, au fond de la misère mélancolique, nous trouvons une source cachée de jouissance.

Avant d'en arriver à l'état dépressif proprement dit, certains malades sont particulièrement actifs dans leur vie professionnelle ou dans d'autres domaines. Ils emploient souvent toutes leurs forces à sublimer la libido qu'ils ne peuvent consacrer à son vrai but. Ainsi, ils se leurrent sur leurs conflits intérieurs et se défendent de la dépression qui tend à faire irruption dans leur conscience. Cela peut leur réussir assez longtemps, sans jamais être parfait, bien entendu. Celui qui a constamment à se défendre d'influences perturbatrices n'accède jamais au repos intérieur et à la sécurité. L'équilibre psychique laborieusement maintenu est brusquement remis en cause par une situation qui impose une décision libidinale précise. Le début de la dépression balaie les intérêts (c'est-à-dire les sublimations) précédents du patient ; d'où le

AUTO-ACCUSATION, dessin de Georges Allary

L'auto-accusation dans la mélancolie est, d'après Abraham,
« l'autocritique pathologique exercée par la personne introjectée ».
(Dessin de G. Allary dans « le Crapouillot », 1962)

rétrécissement du champ des intérêts, pouvant aller jusqu'au « monoi-déisme ».

Devenue manifeste, la psychose dépressive est essentiellement une inhibition psychique généralisée. Le rapport entre le malade et le monde extérieur est ardu. Incapable de fixer sa libido de façon durable et positive, le patient recherche inconsciemment à se protéger du monde. Cette aspiration auto-érotique donne lieu à l'inhibition. Bien entendu, la symptomatologie des névroses et des psychoses dispose d'autres moyens pour exprimer une tendance auto-érotique. L'apparition ici de l'inhibition plutôt que d'une autre expression ne peut s'expliquer que du fait que cette inhibition sert de plus à d'autres tendances inconscientes. Je pense surtout à *la négation de la vie*. Les degrés marqués d'inhibition, la « stupeur dépressive », constituent une mort symbolique. Le patient demeure insensible aux influences extérieures les plus vives, comme s'il n'appartenait plus au monde animé. Je souligne que je n'ai envisagé ici que deux causes générales de l'inhibition. Pour chaque cas, l'analyse nous en apprend d'autres en rapport avec des circonstances plus personnelles.

LA CRAINTE DE LA RUINE CHEZ LE DÉPRESSIF : EN FAIT, UNE INCAPACITÉ À AIMER

Certains aspects particuliers des états dépressifs deviennent compréhensibles lorsque nous nous referons à notre expérience psychanalytique habituelle. Je veux parler de l'idée de ruine. Le patient se plaint d'être réduit, ainsi que sa famille, à mourir de faim. Si un dommage financier réel a précédé la maladie, le patient prétend ne pouvoir le surmonter et être complètement ruiné. Ces cours d'idées étranges qui envahissent le patient s'expliquent par une identification qui nous est bien connue entre libido et argent, entre « puissance » sexuelle et pécuniaire. Pour le patient, sa libido a en quelque sorte renoncé au monde : tandis que les autres peuvent investir les objets extérieurs, ce capital lui manque. L'idée de ruine est issue de la perception refoulée de l'incapacité à aimer.

Ces craintes ou les idées délirantes ayant ce contenu se voient surtout dans les états dépressifs de l'involution. Pour autant que mon expérience encore limitée de ces états me permette de me prononcer, il s'agit de sujets dont la vie amoureuse a toujours été insatisfaisante. Au cours des décades précédentes, ils avaient refoulé cet état de choses et avaient eu recours à toute sorte de compensations. Le refoulement n'est pas à la hauteur de la révolution climatérique[12]. Ces êtres se pen-

12. Se dit des périodes critiques de la vie. (N.d.E.)

145

chent sur leur vie passée perdue, et sentent qu'il est désormais trop tard. Ils en sont hérissés au plus haut point ; trop faibles pour bannir totalement de telles représentations, ils leur accordent de s'exprimer sous une forme voilée. Sous le couvert du délire de ruine, elles restent pénibles mais ne sont plus aussi intolérables.

DÉPRESSION ET MANIE
SONT ISSUES D'UN MÊME COMPLEXE

Par son aspect extérieur, la phase maniaque de la maladie circulaire semble être à l'opposé de la phase dépressive. A une observation superficielle, la psychose maniaque peut paraître très joyeuse ; si l'on renonce à un approfondissement grâce à l'analyse, on peut arriver à la conclusion qu'il y a également opposition quant au contenu. Mais la psychanalyse permet de reconnaître avec certitude que les deux phases sont issues des mêmes complexes et non point de complexes opposés. Ce qui diffère, c'est la position du malade à l'égard de ces complexes. En état dépressif, il se laisse écraser et ne voit d'autre issue à sa misère que la mort[13] ; en état maniaque, il enjambe le complexe.

La manie survient lorsque le refoulement ne parvient plus à endiguer le flot des pulsions refoulées. En cas d'excitation maniaque grave, le patient est comme vertigineusement emporté par ses pulsions ; il faut souligner ici que la libido tant positive que négative (amour et haine, désir érotique et hostilité agressive) font également irruption dans la conscience.

Du fait que les deux sortes de mouvements libidinaux parviennent à la conscience, le patient est dans un état qu'il a déjà vécu dans sa petite enfance. Alors qu'au cours de la phase dépressive tout tend à la négation de la vie, à la mort, le maniaque recommence la vie. Il revient à un stade où les pulsions n'ont pas succombé au refoulement, où il ne savait encore rien du conflit à venir. Il est caractéristique que les patients expriment souvent — il en fut ainsi dans le cas décrit — le sentiment d'être « comme nouvellement nés ». La manie recèle l'accomplissement du désir :

« Gib ungebändigt jene Triebe
Das tiefe schmerzenvolle Glück
Des Hasses Kraft, die Macht der Liebe
Gib meine Jugend mir zurück[14]. »

---

13. Certains patients soutiennent pouvoir être guéris par la réalisation d'une condition extérieure, irréalisable il est vrai.

14. Donne-moi mes instincts sauvages,
    Le bonheur profond et douloureux,
    La force de la haine, la puissance de l'amour,
    Redonne-moi ma jeunesse.

COMPORTEMENT ET HUMEUR DU MANIAQUE

L'humeur du maniaque se différencie de celle du normal et du déprimé tant dans le sens de la gaieté insouciante et débridée, que dans celui d'une irritabilité et d'une prétention accrues. Selon le sujet, l'une ou l'autre modification prédomine ; mais l'état de l'humeur varie également selon les stades de la maladie.

La *gaieté maniaque* tire son origine des mêmes sources que le *plaisir du mot d'esprit*. C'est pourquoi mon étude est proche de la théorie freudienne du mot d'esprit[15].

Tandis que le mélancolique se trouve dans un état généralisé d'inhibition, les inhibitions pulsionnelles du sujet normal sont partiellement ou totalement levées lors de la manie. L'économie d'inhibition devient source intarissable de plaisir, alors que le mot d'esprit n'apporte qu'une levée transitoire des inhibitions.

L'économie de l'énergie qui maintient les inhibitions n'est pas la seule source du plaisir maniaque. L'absence d'inhibition donne accès à des sources de plaisir anciennes, jusqu'alors réprimées : c'est par là justement que la manie nous découvre ses racines infantiles. Une troisième source de plaisir tient au mode maniaque de penser. L'absence de contrainte logique et les jeux de mots, traits essentiels du déroulement des représentations chez le maniaque, donnent lieu à une « reconstitution des libertés infantiles ».

A l'inhibition mélancolique du cours de la pensée correspond le symptôme inverse de la fuite maniaque des idées. Ici le rétrécissement du cercle idéique, là le changement rapide des contenus de conscience. La différence principale entre la fuite des idées et la pensée normale réside en ce que le sujet normal, tandis qu'il pense ou parle, va conséquemment vers le but de l'opération intellectuelle, alors que le maniaque perd la représentation de ce but[16]. Si nous avons ainsi repéré l'aspect formel de la fuite des idées, nous n'avons pas vu sa signification pour le maniaque. Insistons sur les possibilités de plaisir que la fuite des idées offre au patient. Nous avons déjà dit que l'absence de contrainte logique, l'intérêt pour le son des mots au détriment de leur sens représentent une économie de travail psychique. Mais en deçà, la fuite des idées a une double fonction. Elle permet d'enjamber comme en se jouant les représentations qui pourraient être consciemment pénibles, par exemple, celles de l'insuffisance. A l'égal du mot d'esprit, elle favorise l'accès à un autre cercle de représentations. Enfin, la fuite des

---

15. *Der Witz und seine Beziehungen zum Unbewussten (Le Moi d'esprit et ses relations avec l'inconscient),* Vienne, 1905.

16. Liepmann, *Ueber Ideenflucht (Sur la fuite des idées),* Halle, 1904.

idées permet d'effleurer en plaisantant des jouissances habituellement réprimées.

Un certain nombre de traits authentifient la ressemblance de la manie avec la psyché enfantine. Nous ne citerons qu'un exemple. Dans les états d'excitation maniaque légère, on trouve une sorte de gaieté insouciante d'allure visiblement enfantine. Le psychiatre habitué à frayer avec de tels malades remarque que son mode de relation avec eux est semblable à celui qu'il aurait avec un enfant de cinq ans.

Le sommet de la manie est comme une ivresse de liberté. La composante pulsionnelle sadique est délivrée de ses entraves. Toute retenue disparaît en faveur de comportements agressifs sans égards. A la moindre occasion, le maniaque à ce stade réagit par des accès de rage et de rancune excessifs. Le patient cyclothyme dont nous avons parlé était poussé — à partir d'un certain degré d'exaltation — à se ruer sur celui qui ne lui cédait pas immédiatement le pas dans la rue. Les malades ont le sentiment d'une force inhabituelle ; ils ne l'évaluent pas selon leur rendement réel, mais selon la violence des pulsions devenues inhabituellement perceptibles. Les fréquentes idées de grandeur rappellent les vantardises enfantines de sa force, de son savoir.

L'APPARITION
DE LA MANIE VERS TRENTE ANS :
UNE « PUBERTÉ PSYCHOSEXUELLE » RETARDÉE ?

Le cas de cyclothymie que j'ai plus précisément décrit me pose un problème auquel je n'ose pas répondre avec certitude. Il faudrait comprendre pourquoi c'est à l'âge de 28 ans que l'exaltation maniaque s'ajouta aux états dépressifs qui survenaient depuis longtemps déjà. Je suspecte qu'il s'agit d'une puberté psychosexuelle retardée par rapport à la maturation physique. Chez les névrosés, nous voyons souvent un tel retard de la vie pulsionnelle. Le patient n'aurait pas subi un renforcement de sa vie pulsionnelle à la puberté, il aurait fait un refoulement féminin et ses pulsions ne se seraient réveillées qu'à la fin de la troisième décade de la vie, sous la forme du premier état maniaque. Effectivement, vers cette période de sa vie, son intérêt sexuel a davantage concerné le sexe féminin et s'est quelque peu détourné de l'autoérotisme.

UN EFFET THÉRAPEUTIQUE CERTAIN

Venons-en à l'effet thérapeutique de la psychanalyse.

Le cas dont j'ai parlé le plus longuement était suffisamment analysé lors de mon rapport à Weimar pour que sa structure m'apparût clairement. Par contre, bien des points de détail restaient en suspens. Le résultat thérapeutique fut d'abord reconnaissable dans les débuts ; il s'est précisé au cours des deux mois et demi qui suivirent. Il n'est bien entendu pas possible d'avoir une opinion définitive ; après une maladie de vingt ans, d'ailleurs entrecoupée d'intervalles libres de durée variable, une amélioration datant de deux mois a peu de signification. Je rapporterai cependant les résultats obtenus jusqu'alors. Pendant cette période, il n'y eut plus d'épisode dépressif ; le précédent avait été léger. Aussi, le patient fut en mesure de travailler. Dans le même laps de temps, il y avait eu, à deux reprises, des modifications dans le sens maniaque. Elles n'échappaient pas à l'observation soigneuse, mais restaient très en deçà des exaltations précédentes et n'en comportaient pas toutes les manifestations. Dans l'intervalle entre les phases maniaques, il n'y eut pas d'épisode dépressif, mais un état que, faute de symptômes cyclothymes, on peut appeler normal. L'évolution ultérieure nous renseignera. Remarquons que si nous parvenions seulement à maintenir le patient en permanence dans un état comme celui des deux derniers mois, ce résultat partiel serait déjà très valable pour lui. Dans le cas de cyclothymie présenté d'entrée, le temps d'observation fut trop limité pour permettre un jugement sur l'effet thérapeutique. La structure de la maladie s'avéra dès le début très proche de celle du cas précédent.

Le troisième cas que j'ai présenté démontre de façon probante l'efficacité de la psychanalyse, bien que des circonstances extérieures aient entraîné une interruption au bout d'une quarantaine de séances. Dès le début du traitement, il fut possible de couper une dépression mélancolique au début, ce qui n'avait jamais pu être obtenu. L'effet se fit plus durable, s'exprimant par une amélioration nette de l'état d'humeur et une augmentation de la capacité au travail. A la suite de l'interruption de la cure, il n'y eut pas de rechute au cours des mois suivants. Remarquons que ce cas montrait à l'évidence la prédominance de la disposition hostile, le sentiment de l'incapacité à aimer, l'articulation de la dépression et du sentiment d'insuffisance.

Les deux cas mentionnés de dépression mélancolique initiale ne permirent pas une psychanalyse conséquente en raison de difficultés extérieures. L'effet fut cependant indubitable. En particulier, l'élucidation psychanalytique de certains faits et de certains rapports, permit d'établir un contact psychique avec le patient, auquel je ne parvenais pas précédemment. La constitution du transfert est rendue très difficile chez ces patients qui se détournent de tous. C'est pourquoi la psychanalyse, qui seule m'a permis de dépasser cette difficulté, m'apparaît comme la seule thérapie rationnelle des psychoses maniaco-dépressives.

La mélancolie: comme une auto-accusation qui conduit souvent au suicide.
(« Judas », gravure de Elster, 1862)

UN CAS DONT L'HEUREUSE ISSUE
AUTORISE TOUS LES ESPOIRS

Le sixième cas dont j'ai parlé plus haut justifie amplement cette conception, particulièrement parce que le traitement put être terminé. A la fin, ce fut un très beau résultat. Le patient arriva chez moi après quinze mois de traitement ; le séjour dans différents sanatoriums n'avait eu que des effets palliatifs en influençant favorablement certaines manifestations morbides.

Quelques semaines après le début de l'analyse, le patient se sentit soulagé par intermittence. Au bout de quatre semaines, la dépression grave se réduisit : le patient exprimait qu'il avait parfois un sentiment d'espoir, comme s'il allait être à nouveau apte à travailler. Il parvint à un certain degré de reconnaissance de son état : « Je suis si égoïste que je prends mon destin pour le plus tragique. » Au cours du troisième mois du traitement, il était plus libre, l'inhibition ne marquait plus chacune de ses manifestations. Pendant des journées ou des demi-journées il se sentait bien et formait des projets d'avenir. A propos de son état d'humeur, il dit un jour : « Lorsqu'il est bon, je suis insouciant et satisfait comme jamais encore. » Au cours du quatrième mois, il expliqua qu'il n'était plus question de la dépression proprement dite. Au cours du cinquième mois, les séances n'étaient alors plus quotidiennes, certaines variations de son état pouvaient être observées, mais la tendance à l'amélioration était indubitable. Au sixième mois, le patient put abandonner le traitement ; l'amélioration de sa façon d'être frappait son entourage. Depuis, six mois se sont écoulés sans rechute.

Du point de vue du diagnostic, il s'agit sûrement d'une psychose dépressive et non d'une névrose de la période climatérique. Je ne suis malheureusement pas en mesure de publier les détails du cas ; ils sont si particuliers qu'ils enfreindraient l'incognito du patient. D'autres égards m'obligent à une discrétion particulière et regrettable pourtant dans l'intérêt de la science. Je dois m'attendre à une objection en ce qui concerne la thérapeutique. On pourrait avoir l'impression que j'ai abordé un cas de mélancolie au moment même où il entrait en convalescence, et qui aurait guéri sans mon intervention. Ce qui amènerait à penser que la psychanalyse n'a pas du tout la valeur curative que je lui confère.

A cet égard, je souligne que j'ai toujours été préoccupé de me garantir d'une telle illusion. Lorsque j'entrepris le traitement, j'avais affaire à un malade inaccessible, brisé par sa maladie. J'étais très sceptique sur le résultat du traitement. Je fus d'autant plus étonné lorsque, ayant surmonté des résistances considérables, je pus élucider certaines idées du patient et observer l'effet de ce travail. La résolution de certains refoulements précéda immédiatement la première amélioration et celles qui suivirent. Pendant le déroulement de l'analyse je pus observer clairement que le mieux-être suivait les progrès de l'analyse.

DES TROUBLES MENTAUX
AUXQUELS L'ANALYSE PEUT REMÉDIER

En relatant les résultats scientifiques et pratiques de mes psychanalyses de psychoses maniaques et dépressives, je suis parfaitement conscient de leur inachèvement. Je le souligne moi-même, je n'ai pas pu illustrer ma conception autant que je l'aurais voulu par un compte rendu complet des cas analysés. J'en ai déjà mentionné les raisons pour l'un d'eux. Pour trois autres cas instructifs, les devoirs de la discrétion m'interdisent également la communication des détails. Une critique compréhensive ne m'en fera pas un reproche. Ceux que la psychanalyse intéresse vraiment remplaceront les lacunes de ma publication par l'investigation d'un matériel personnel.

Bien entendu, je souligne que ces investigations à venir sont nécessaires. Certaines questions n'ont pas été abordées ou n'ont été qu'effleurées. Je rappelle surtout que nous avons pu apprécier en quoi la psychogénèse de la névrose obsessionnelle et de la psychose circulaire coïncidaient ; mais nous n'avons pas discerné les raisons qui font qu'à partir de là, l'un des groupes de sujets emprunte le premier, l'autre, le second chemin.

J'ajouterai une précision d'ordre thérapeutique. Chez les malades présentant des intervalles libres prolongés entre leurs accès maniaques et dépressifs, il devrait être favorable d'entreprendre la psychanalyse pendant ces périodes. L'avantage est évident. Il n'est pas possible de pratiquer l'analyse avec des mélancoliques très inhibés, avec des maniaques inattentifs.

Si nos résultats actuels restent imparfaits et lacunaires, il n'en demeure pas moins que la psychanalyse seule nous découvre la structure cachée d'un groupe important d'affections psychiques. De plus, les premières expériences thérapeutiques nous permettent de penser qu'il sera réservé à la psychanalyse de délivrer la psychiatrie du poids du nihilisme thérapeutique.

KARL ABRAHAM[17]

---

17. *Œuvres complètes*, t. I : *Rêve et mythe* (« Préliminaires à l'investigation et au traitement psychanalytique de la folie maniaco-dépressive et des états voisins », 1912), Payot éd., p. 99-113.

L'AUTO-DÉPRÉCIATION DU MÉLANCOLIQUE CACHE UN SENTIMENT DE SUPÉRIORITÉ

Nous avons pu comprendre[18] pourquoi l'ambivalence de sa vie pulsionnelle apporte au mélancolique des conflits particulièrement sévères qui ébranlent jusques aux tréfonds ses relations avec son objet d'amour. L'aliénation par rapport à l'objet qui centre toute la vie affective du patient s'étend aux personnes de l'entourage proche et lointain et même à toute l'humanité. La libido ne s'en tient pas là, mais elle se retire de tout ce qui intéressait le malade auparavant : sa profession, ses engouements, ses intérêts scientifiques ou autres perdent leur charme. Le tableau clinique de la démence précoce (schizophrénie) comporte le même retrait libidinal de l'ensemble du monde extérieur, à ceci près que la perte de tous les intérêts est vécue dans l'obtusion, tandis que le mélancolique *se plaint* de cette perte, et y relie ses sentiments d'infériorité.

Une investigation approfondie de la vie psychique des mélancoliques nous permet de voir que l'être qui souffre de la perte de ses intérêts lorsqu'il est en état de dépression est prédisposé à cette perte par le degré marqué d'ambivalence de ses sentiments. Bien avant, le malade, dans sa façon de s'adonner à sa profession, à ses intérêts intellectuels, etc., avait été fébrile et obstiné et comme pressentant le danger d'une brusque rupture. Mais les conséquences de l'ambivalence vont plus loin encore dans la mélancolie. Après avoir été retiré à l'objet, l'investissement libidinal revient au Moi, comme nous le savons, et, simultanément, l'objet est introjecté dans le Moi. Le Moi doit désormais en subir toutes les conséquences : il est exposé sans défense à toutes les impulsions libidinales ambivalentes. Une observation superficielle pourrait faire croire que le mélancolique n'est imprégné que d'un mépris pénible de lui et d'une tendance exclusive à s'amoindrir. Une étude attentive montre que nous pourrions dire l'inverse. Nous verrons par la suite *que cette ambivalence envers le Moi contient la possibilité d'un changement de l'état mélancolique en état maniaque.* Pour l'instant, nous essayerons de prouver l'ambivalence envers le Moi telle qu'elle s'exprime pendant la phase mélancolique ; ce n'est que de cette façon que nous parviendrons à comprendre les symptômes mélancoliques.

---

18. Dans l'introduction et les trois premiers chapitres d'« Esquisse d'une histoire du développement de la libido basée sur la psychanalyse des troubles mentaux », non reproduits ici, et dont les pages ci-après constituent les trois chapitres suivants. Voir K. Abraham, *Développement de la libido* (*Œuvres complètes*, t. II), Payot éd., collection « Petite Bibliothèque », *Cf.* aussi *Les Stades de la libido : de l'enfant à l'adulte* (chapitre v), dans la même collection. (N.d.E.)

« Néron avait tué sa propre mère et de plus conçu le projet
de brûler la ville de Rome. »
(« Néron assistant à l'incendie de Rome »,
Keller, 1874, Bibliothèque des Arts décoratifs).

La clinique psychiatrique, pour autant que je sache, n'a pas reconnu cette particularité psychologique de la mélancolie découverte par Freud[19]. Il dit de ces patients qu'ils « sont loin de manifester à leur entourage l'humilité et la soumission qui seules conviendraient à des personnes aussi indignes ; ils sont au plus haut degré tyranniques, susceptibles, et se conduisant comme les victimes d'une grande injustice ». Les faits nous obligent à aller au-delà de cette constatation.

Il s'agit là de manifestations qui sont bien entendu inégales d'un cas à l'autre. Mais, d'une façon très générale, on peut dire que le mélancolique a un sentiment de *supériorité* qui peut d'ailleurs être découvert dans l'intervalle libre. Ce sentiment concerne sa famille, ses connaissances, ses collègues, voire l'humanité entière. Il devient particulièrement sensible pour le médecin traitant. Une de mes patientes avait toujours une pose avantageuse tant corporelle que mimique en entrant dans mon bureau. Les données de la psychanalyse sont l'objet d'un scepticisme démonstratif. Chez un autre patient, ce comportement

19. « Trauer und Melancholie » (Deuil et Mélancolie), *Zeitschrift,* 4ᵉ année.

alternait avec une humilité exagérée ; dans cet état d'humeur, il nourrissait le fantasme de tomber à mes genoux, de les saisir et d'implorer mon aide.

POURQUOI CHOISIT-ON
DE DEVENIR MANIACO-DÉPRESSIF ?

L'inaccessibilité du mélancolique à toute objection du médecin, en particulier, bien entendu, si elle concerne ses formations délirantes, est bien connue. Un patient m'expliquait « qu'il n'entendait même pas les mots » qu'un médecin pouvait lui opposer quant à la vanité de ses auto-accusations. C'est le caractère narcissique du processus de la pensée qui fait d'un fantasme une représentation délirante, c'est de lui que provient l'incorrigibilité du délire. A côté de cette détermination, il en est une autre, caractéristique du comportement du mélancolique : le mépris de ceux qui confrontent leurs idées à l'étalon de la réalité.

La clinique psychiatrique est très partiale lorsqu'elle considère les représentations maladives de mélancoliques comme une « micromanie ». En réalité, ce délire contient une surestimation de soi, notamment en ce qui concerne la signification et l'effet des pensées, des affects et des actions propres. La représentation d'être le plus grand malfaiteur, l'auteur de tous les méfaits de tous temps, est particulièrement remarquable à cet égard. Toutes les idées délirantes de ce genre renferment, à côté de l'accusation adressée à l'objet d'amour introjecté, la tendance à représenter sa propre haine comme incommensurable et à se voir comme un monstre.

Ainsi, on voit s'opposer dans le tableau de la mélancolie l'amour de soi et la haine de soi, la surestimation et la sous-estimation, en d'autres termes, *les expressions d'un narcissisme positif et d'un narcissisme négatif* qui se font face sans nuance ni médiation. Nous sommes en mesure de comprendre de façon générale cette curieuse relation de la libido et du Moi. D'où une autre tâche, celle d'expliquer une déviation aussi considérable par rapport à la norme à partir des événements vécus par le patient. Nous devons élucider comment le processus psychique découvert par Freud se déroule dans l'inconscient du patient et quels destins ont aiguillé sa libido dans cette voie. C'est dire que nous nous trouvons confrontés au problème du choix de la névrose, au « pourquoi » nos patients sont devenus maniaco-dépressifs et non pas hystériques ou obsessionnels. Ce serait sous-estimer la difficulté du problème que de penser lui apporter une solution définitive. Peut-être, cependant, pouvons-nous espérer approcher de ce but lointain.

Il est hors de doute qu'une déception amoureuse constitue le prélude à la dépression mélancolique. L'analyse des patients ayant fait plusieurs épisodes dépressifs nous apprend que toute nouvelle maladie s'articule à un vécu de cette sorte. Inutile de souligner qu'il ne s'agit pas seulement d'événements au sens habituel de « l'amour malheureux » et que le motif de la « perte de l'objet » n'a nullement besoin d'être aussi évident. Seule une analyse approfondie nous dévoile les rapports entre l'événement vécu et l'entrée dans la maladie. Nous apprenons alors régulièrement que le motif de la maladie actuelle n'a pu être pathogène que dans la mesure où il a été vécu, saisi et valorisé par l'inconscient du malade comme une *répétition* de l'événement traumatique initial. La tendance compulsionnelle à la répétition ne m'est jamais apparue dans les autres formes de névrose avec la force qu'elle a dans la maladie maniaco-dépressive. La tendance aux rechutes dans les états maniaques et dépressifs est une preuve précise de la puissance de la compulsion à la répétition chez ces patients.

Le nombre réduit de cas qui servent de base à cette investigation ne me permet pas de faire des constatations générales et définitives sur la psychogénèse des formes circulaires de maladie mentale. Cependant, mon matériel me paraît autoriser certaines formulations dont je ne me cache pas le caractère incomplet et temporaire. Je me crois justifié à distinguer une série de facteurs et je dois souligner que seule leur interaction suscite les manifestations spécifiques de la dépression mélancolique. Pris en soi, chacun de ces facteurs peut collaborer à la constitution d'une autre forme de psychonévrose.

Je prends en considération :

UN FACTEUR CONSTITUTIONNEL

En m'appuyant sur l'expérience de la clinique psychiatrique et surtout sur l'expérience psychanalytique, j'entends par là non pas une reprise héréditaire directe de la disposition à l'affection maniaco-dépressive de la génération précédente ; ceci n'est vrai que pour une minorité de cas. Parmi les patients atteints d'états mélancoliques ou maniaques au sens strict que j'analysai, il n'y en avait pas un dans la famille duquel il y eût un cas semblable de perturbation psychique marquée ; d'autres formes de névroses y étaient fréquentes. Je suis plutôt tenté d'admettre qu'il y a *un renforcement constitutionnel de l'érotisme oral,* comme dans d'autres familles l'érotisme anal primaire semble suraccentué. Une telle prédisposition permet :

LA FIXATION PRIVILÉGIÉE DE LA LIBIDO
A L'ÉTAPE ORALE DU DÉVELOPPEMENT

Les sujets ayant cet hypothétique renforcement de leur érotisme oral sont extrêmement exigeants en ce qui concerne les satisfactions de la zone érogène élue et réagissent avec un vif déplaisir à tout renoncement à cet égard. Leur plaisir excessif à sucer se conserve sous bien des formes par la suite. L'alimentation, l'activité masticatrice leur sont une jouissance démesurée. Un de mes patients décrit spontanément son plaisir à ouvrir largement la bouche, d'autres la contraction des masticateurs comme un phénomène spécialement plaisant. Les mêmes patients sont exigeants, voire insatiables, quant à l'échange de preuves orales d'amour. L'un de mes patients était si impétueux, enfant, qu'après une période de tolérance, sa mère lui interdit ces cajoleries en arguant ne point les aimer. Peu après, l'œil vigilant du gamin surprit de tels échanges avec son père. Ajouté à d'autres observations, ceci suscita son hostilité marquée. Un autre patient m'apprit que penser à son enfance lui donnait un goût fade comme d'une soupe visqueuse de flocons d'avoine, mets qui lui avait été peu sympathique. Dans son analyse, cette sensation gustative se révéla être l'expression de sa jalousie de son frère, son puîné – à l'allaitement duquel il assista alors que lui-même devait se contenter de soupes et de bouillies. C'est sa relation intime, perdue pour lui, avec sa mère qu'il enviait à son frère. Au cours de ses états dépressifs, il éprouvait une nostalgie particulière et difficile à décrire du sein maternel. Lorsque la libido conserve une telle fixation chez un adulte, elle apparaît comme une des conditions les plus importantes pour la constitution d'une dépression mélancolique.

BLESSURE GRAVE
DU NARCISSISME INFANTILE
PAR DÉCEPTION AMOUREUSE

Nous sommes habitués à entendre nos patients parler des déceptions de leurs désirs amoureux. De telles expériences ne suffisent cependant pas à fonder une maladie mélancolique. Parmi mes analyses de mélancoliques, il s'en est trouvé plusieurs présentant la même *constellation* à cet égard. Le patient, jusque-là le préféré de sa mère et sûr de son amour, souffrait de sa part une déception dont il avait de la peine à se remettre. D'autres expériences du même type lui faisaient apparaître le dommage vécu comme irréparable dans la mesure même où aucune femme propre à accueillir sa libido ne se présentait. De plus, la tentative de se tourner vers le père échouait simultanément ou plus tardivement. Ainsi l'enfant avait *le sentiment d'un abandon total : les tendances dépressives précoces s'articulaient à ce sentiment*. Une analyse de rêve que je rapporterai par la suite le montrera clairement. Cette *déception bilatérale* donne lieu aux essais répétés du mélancolique d'obtenir l'amour d'une personne de l'autre sexe.

PREMIÈRE GRANDE DÉCEPTION AMOUREUSE AVANT LA MAÎTRISE DES DÉSIRS ŒDIPIENS

D'après des expériences similaires, la grande déception du garçon de la part de la mère agit d'autant plus fortement et plus longuement que sa libido n'a pas suffisamment dépassé le stade narcissique. Les désirs incestueux sont vifs, la révolte contre le père est en plein cours. Mais le refoulement n'a pas encore maîtrisé les pulsions œdipiennes. Si le cours du premier grand amour objectal est surpris par ce traumatisme psychique, les conséquences sont sévères. Du fait que les pulsions sadiques-orales ne sont pas encore éteintes, s'établit une association durable entre le complexe d'Œdipe et l'étape cannibalique du développement de la libido. Ainsi s'opérera l'introjection des deux objets d'amour, c'est-à-dire de la mère puis du père.

RÉPÉTITION DE LA DÉCEPTION PRIMAIRE PENDANT LA VIE ULTÉRIEURE

Elle occasionnera la survenue d'une dysphorie mélancolique.

Si, comme nous devons l'admettre, la psychogénèse de la mélancolie est si étroitement liée aux déceptions de la vie amoureuse précoce ou plus tardive du patient, nous devons nous attendre à bon droit à des émotions hostiles marquées à l'encontre de ceux qui ont blessé si malencontreusement les aspirations amoureuses narcissiques. Mais comme les déceptions plus tardives n'ont que valeur de répétition, la rage qu'elles déclenchent ne concerne au fond *qu'une* personne, celle qui fut la plus aimée de l'enfant puis cessa de jouer ce rôle dans sa vie. Depuis que Freud nous a montré que les auto-accusations du mélancolique s'adressaient essentiellement à l'objet d'amour abandonné, nous percevons à travers elles — et particulièrement à travers les formations délirantes — les accusations de l'objet.

L'AMBIVALENCE DU MÉLANCOLIQUE A L'ÉGARD DE SES PARENTS

Nous devons songer ici à des données psychologiques particulières

158

qui semblent souligner le contraste entre la mélancolie et les autres névroses. L'ambivalence et les pulsions hostiles-cannibaliques des patients masculins que j'analysai concernaient surtout leur mère, alors que dans les autres états névrotiques c'est le père qui est l'objet de ces tendances hostiles. La déception déjà précisée dans le cadre de l'ambivalence affective encore très nette de l'enfant l'a détourné de sa mère à tel point que l'hostilité faite de haine et d'envie à l'égard du père est piètre en comparaison. Mes analyses d'hommes mélancoliques m'ont régulièrement montré que leur *complexe de castration* était surtout en rapport avec leur mère, contrairement à son rapport usuellement accusé avec le père. Mais cette relation s'avéra être secondaire, reposant sur une tendance à l'inversion du complexe d'Œdipe. A l'analyse, cette hostilité du mélancolique à l'égard de sa mère apparaît issue du complexe d'Œdipe. Son ambivalence est égale pour les deux parents. La personne du père est également touchée par l'introjection ; dans certains symptômes, par exemple dans certains reproches que le patient se fait, on peut reconnaître l'adresse aux deux parents. Ceci ne modifie pas ce que nous constatons, que la vie psychique du mélancolique se meut *surtout* autour de la mère, mais souligne la détermination multiple du processus.

En étudiant précisément par l'analyse les critiques et les reproches que se font les patients et leurs auto-accusations délirantes, on peut distinguer deux formes d'expression de l'introjection :

1. Le patient a introjecté l'objet d'amour premier auprès duquel il avait constitué son *idéal du Moi*[20]. Il avait ainsi repris à son compte le rôle de *conscience,* à vrai dire sur un mode pathologique. Bien des manifestations nous prouvent que *l'autocritique pathologique est exercée par la personne introjectée*[21]. Un patient avait coutume de « se sermonner », et, par son ton et son expression, il s'en tenait strictement aux reproches que sa mère lui avait souvent faits pendant son enfance.

2. *Le contenu* des reproches constitue au fond *une critique* cruelle de *l'objet introjecté.* Un patient tenait les propos suivants : « Toute mon existence est construite sur l'imposture. » Ce reproche tirait son origine de certaines réalités de la relation de sa mère à son père.

Un autre exemple illustrera la confluence des expressions de l'introjection. Le même patient se déclarait un incapable, inapte à la vie pra-

---

20. L'*idéal du Moi* résulte « de la convergence du narcissisme (idéalisation du Moi) et des identifications aux parents, à leurs substituts et aux idéaux collectifs. » (J. Laplanche et J.B. Pontalis, *Vocabulaire de la psychanalyse,* P.U.F. édit.) (N.d.E.)

21. Peu après la rédaction de cette partie de mon travail, parut « Le Moi et le Ça » de Freud. Cet écrit est tellement lumineux en ce qui concerne ce point que je m'y réfère. Le résumer risquerait de l'appauvrir.

tique. L'analyse montra que c'était là une critique s'appuyant sur la façon d'être, taciturne et peu active, de son père. A l'opposé, sa mère lui apparaissait comme un modèle d'efficacité pratique. Lui-même se sentait semblable à son père. Ainsi sa critique signifiait le jugement péjoratif de la mère introjectée au sujet du père introjecté. Exemple instructif qui nous montre la double introjection !

Ce même point de vue nous permet de comprendre une des auto-accusations du patient. Alors qu'il était hospitalisé au cours d'un épisode dépressif, il prétendit avoir infesté l'établissement de punaises. De plus en plus inquiet, il se plaignait du poids de sa responsabilité. Il s'efforça de convaincre le médecin ; il discernait les punaises dans chaque grain de poussière, dans chaque brindille. L'analyse de cette idée délirante montra l'importance de la signification symbolique des punaises. Dans les rêves et les autres fantasmes, les petits animaux symbolisaient de petits enfants. La maison infestée de punaises, c'est la maison (familiale du patient) pleine d'enfants. Sa perte en amour maternel était liée à la naissance d'une série de puînés. « Sa méchante mère qui avait été si attachée à lui au début, avait rempli d'enfants la maison. » C'est une des raisons du reproche introjecté.

Si nous considérons que la maison symbolise aussi la mère, nous reconnaissons le reproche au père pour avoir conçu les enfants. Ici encore, les reproches adressés aux deux parents sont condensés dans l'auto-accusation.

UNE PARTICULIÈRE HOSTILITÉ ENVERS LA MÈRE

Soulignons que tous les reproches faits à l'objet d'amour ne s'expriment pas sous cette forme introjectée. A côté de cette forme spécifique de la mélancolie, il est d'autres expressions qui se retrouvent dans l'intervalle libre.

Avant sa première dépression grave, un patient ressentait un intérêt compulsionnel pour les prostituées. Il passait des heures, la nuit, à observer les filles dans la rue, sans jamais entrer en relation avec elles. L'analyse découvrit que c'était la répétition compulsionnelle de certaines observations faites pendant l'enfance. La fille correspondait à une représentation dévalorisée de la mère qui, par ses regards et ses gestes, signifiait ses désirs sexuels au père. La comparaison avec la fille est une vengeance du fils déçu. Le reproche s'énonce ainsi : « Tu n'es que la femelle sensuelle, mais pas la mère aimante ! » Les promenades nocturnes dans les rues étaient une manière pour le patient de se ravaler au niveau de la fille (mère) ; il s'agit à nouveau d'introjection.

Un autre patient imaginait sa mère comme une femme peu aimante et cruelle. La relation qu'il faisait entre le complexe de castration et la femme, c'est-à-dire la mère, était particulièrement nette : ainsi, il s'imaginait le vagin comme la gueule d'un crocodile, symbole indubitable de la castration par morsure.

Si l'on veut comprendre l'hostilité du mélancolique à l'égard de sa mère, la particularité de son complexe de castration, il faut en revenir aux considérations de Stärcke sur le sevrage comme « castration première » *(Urkastration)*. La soif de vengeance fait que le mélancolique exige que sa mère soit châtrée, soit au niveau des seins, soit au niveau du pénis fantasmatique. A cet effet, il choisit le moyen de la *morsure*. Nous avons déjà mentionné des représentations de cet ordre. Nous insistons une fois de plus sur leur caractère ambivalent. Elles comprennent une incorporation totale ou partielle de la mère, c'est-à-dire un acte positif de convoitise, simultanément à la castration ou à l'assassinat, c'est-à-dire à la destruction.

LA MÉLANCOLIE :
UN DEUIL ARCHAÏQUE

Jusque-là, nous avons étudié le processus d'introjection et un certain nombre de ses conséquences. Nous pouvons nous résumer : chez nos patients, une déception intolérable par l'objet d'amour donne lieu à la tendance à l'expulser comme un contenu corporel et à le détruire. L'introjection s'ensuit, c'est-à-dire la récupération par dévoration de l'objet, forme spécifique de l'identification narcissique dans la mélancolie. La vengeance sadique s'assouvit alors sous les espèces d'une auto-mortification donnant un certain plaisir. Nous pouvons admettre qu'elle dure jusqu'à ce que, le temps aidant, il y ait une saturation des besoins sadiques, ce qui éloigne *le danger de destruction* de l'objet d'amour. Dès lors, l'objet d'amour peut en quelque sorte quitter sa cachette ; le patient peut lui redonner une place dans le monde extérieur.

Il me semble d'un grand intérêt psychologique de constater que cette libération de l'objet a également la valeur inconsciente d'une *exonération*. A l'époque où sa dépression s'atténuait, un patient fit un rêve au cours duquel il poussait un bouchon hors de son anus avec un sentiment de délivrance[22]. *Cette poussée vers le dehors clôt le déroulement de ce deuil archaïque* que nous considérons être la maladie mélancolique. On peut dire à juste titre qu'au cours de la mélancolie, l'objet d'amour subit pour ainsi dire le métabolisme psychosexuel du patient.

---

22. Nous ne ferons que mentionner ici la surdétermination du symbole (son sens homosexuel passif).

LE MODÈLE INFANTILE
DE LA DÉPRESSION MÉLANCOLIQUE

Si nous avons pu découvrir les causes les plus profondes de la dépression mélancolique dans des impressions de l'enfance, la réaction première de l'enfant à ces traumatismes devra nous intéresser tout particulièrement. Nous admettons à bon droit qu'il s'agit d'une dysphorie dans le sens de la tristesse, mais il nous manque en quelque sorte la constatation vivante d'un tel état pendant l'enfance. Certaines circonstances m'ont permis, dans un de mes cas d'observation, de recueillir des données particulièrement révélatrices.

A la suite d'un épisode dépressif, mon patient se trouvait depuis assez longtemps en intervalle libre et s'attachait à une jeune fille lorsque certains événements éveillèrent sa crainte — objectivement injustifiée — d'être menacé d'une perte d'amour. A cette période, il rêva pendant plusieurs nuits de la chute d'une dent, symbole transparent pour nous, qui représente à la fois la peur de la castration et de la perte objectale (par exonération corporelle). La même nuit, il fit un autre rêve : « J'étais avec la femme de M.Z. D'une façon quelconque, j'étais compromis dans une affaire de vol de livres. Le rêve fut long. Mieux que de son contenu, je me souviens de sa tonalité pénible. »

M. Z., une connaissance du patient, est un buveur périodique. Sa femme en souffre, mon patient l'a appris à nouveau la veille. C'est là le point d'attache diurne du rêve. Le vol du livre est le symbole du rapt de la mère enlevée au père qui la tourmente, mais également symbole de la castration du père. Donc un rêve œdipien simple dont le seul intérêt est que le *vol* constitue la contrepartie active à la perte de la dent du premier rêve de la même nuit. Pour le patient, nous avons déjà noté que son humeur importait plus que son contenu. Il déclara en effet avoir senti à son éveil que cette atmosphère était connue de lui, c'était celle d'un certain rêve qu'il avait fait à plusieurs reprises vers l'âge de cinq ans.

Jusque-là, au cours de son analyse, il n'avait jamais pensé à ce rêve. Mais maintenant, il devenait très précis et s'imposait par son atmosphère pénible. Le rêve fut rapporté comme suit : « Je suis devant la maison de mes parents, dans ma ville natale. Une série d'attelages de transport remontent la rue qui est silencieuse et vide. Chaque voiture est traînée par deux chevaux. A côté des chevaux, un cocher muni d'un fouet. Les voitures sont closes et leur contenu est invisible. Spectacle insolite : sous le plancher de la voiture, un homme ligoté est suspendu et entraîné par une corde. Cette corde l'étrangle et il ne peut aspirer un peu d'air que momentanément. La vue de cet homme qui ne peut ni mourir ni vivre m'ébranle. Avec effroi, je constate que les deux voitures suivantes offrent le même spectacle. »

L'analyse de ce rêve se heurta à des résistances considérables et absorba tout notre temps durant plusieurs semaines. Cependant le patient était sous la pression de cette « atmosphère pénible » du rêve qu'il nomma une fois de façon significative « scène d'enfer ».

L'analyse du rêve permit de reconnaître le père dans le cocher, père que le patient a toujours décrit comme dur et le tenant à l'écart ; sur ce plan superficiel, les chevaux battus réfèrent aux nombreuses corrections reçues. Le patient nous dit qu'en rêve il tente de s'élever contre la raclée des chevaux de même que contre le mauvais traitement des ligotés, mais qu'il se sent trop intimidé. Sa compassion découvre son identification avec le malheureux. Il est clair que le rêveur est représenté au moins par trois fois : comme spectateur, comme cheval et comme victime.

L'interprétation de ce rêve s'interrompit alors du fait d'un rêve qui attira l'attention : il s'agissait de la jeune fille que nous appellerons « E ». Le voici : « Je vois une partie du corps de E. nu, à savoir son ventre ; ses seins et sa région génitale sont recouverts. Le ventre est une surface lisse sans nombril. A l'emplacement habituel du nombril, s'élève quelque chose comme un organe masculin. Je le touche et demande à E. si c'est sensible. Il gonfle un peu. Je me réveille, effrayé. »

Ce rêve, dont l'analyse fut reprise en plusieurs temps, montre le corps féminin comme semblable à celui de l'homme. Le rêveur s'effraie du gonflement du pénis féminin. Mais il y a un autre motif, celui de l'intérêt pour les seins (le corps avec un appendice qui gonfle) de sorte que tout le corps d'une femme est ici représenté par les seins. Le rêve pour le patient : un idéal maternel. Dans ce cas aussi, nous trouvons chez le mélancolique la nostalgie profonde du sein de la mère, l'état heureux par excellence. Je n'envisage pas ici les autres déterminations du rêve.

Revenant au rêve de son enfance, le patient compare l'effet que lui fit cette scène avec la vue pétrifiante de la tête de Méduse[23]. L'effet de panique se retrouve aussi bien dans l'ancien rêve que dans celui que nous venons d'interpréter brièvement.

Une série d'impressions de l'enfance, dont la vue d'un pendu, mènent aux observations de l'enfance, déjà analysées auparavant, et qui concernent la vie conjugale des parents. Il est clair que le cocher qui se sert du fouet représente le père en relation avec la mère (« bat-

---

23. A comparer : l'analyse de cette légende par Freud.

tue » au sens symbolique typique), mais aussitôt le pendu se dévoile comme un homme occupant dans le coït la position du succube écrasé (il respire mal). Le renversement de la situation se précise (l'homme en bas !).

Dans les jours qui suivirent, le patient était dépressif et son état d'humeur rappelait celui du rêve. Sans en avoir parlé auparavant, le patient me dit un jour qu'il avait l'impression d'être « un garçon de cinq ans qui s'était trompé de chemin », comme s'il devait chercher une protection et n'en trouvait point. Puis il taxa d'« infernale » sa dépression, de même qu'il avait parlé du rêve comme d'une *scène d'enfer*. Le choix de l'expression ne qualifiait pas seulement l'horreur de sa souffrance, mais également un fait survenu lors du déclenchement de la dernière grande dépression. Celle-ci débuta en effet à la suite de la lecture du livre *l'Enfer*, de Barbusse, dont il suffira ici de dire qu'il contient l'*observation de scènes intimes* ; celles-ci se déroulent dans une chambre et sont observées de la pièce adjacente. Ceci fournissait une indication quant à la situation qui avait déclenché les grands tourments de l'enfance du patient. Un petit incident montrera à quel point le patient subissait alors l'impression d'effroi infantile. Il entendit ses parents échanger quelques paroles à voix basse. Il en fut effrayé et fit automatiquement l'essai d'écarter le souvenir « de quelque chose d'affreux ». Il remarquait le même hérissement à l'évocation du personnage ligoté du rêve. Au cours des jours suivants, l'analyse apporta une série d'observations refoulées. L'émotion s'atténua, en particulier l'horreur du personnage ligoté s'amoindrit. Ainsi apparut plus précisément une image d'ensemble de la période critique de l'enfance. « J'ai, dès l'enfance, porté le deuil de quelque chose. J'étais toujours sérieux, jamais spontané. Sur mes photos d'enfant, j'ai déjà l'air réfléchi et triste. »

Sans m'appesantir sur tous les détails de l'analyse du rêve, je relève les suivants : revenant à « la personne ligotée », le patient dit un jour : « Sa tête était fixée près de son nombril. » Il voulait désigner le milieu de la voiture ! Une suite d'associations mit en évidence que le patient avait une théorie sexuelle infantile d'après laquelle le pénis supposé de la femme était caché dans le nombril. L'analyse pouvait revenir au rêve du *corps sans nombril,* hors duquel poussait un pénis. Dans le rêve, le désir est le suivant : « Que ma mère rende à mon père ce qu'il lui a fait (par le coït) et à moi (par les coups), qu'elle se jette sur lui comme il le fait avec elle d'habitude, et qu'elle utilise son pénis caché pour l'étrangler, couché sous elle. »

Au cours des jours suivants, le patient rencontra un parent qui avait pour lui une signification paternelle. Il se surprit à imaginer qu'il pourrait acculer cet homme dans un couloir sombre et l'*étrangler* — allusion transparente à l'acte œdipien et à l'étouffement pendant le coït. Ajoutons ici qu'au cours de la dépression précédente, le patient avait fait de sérieux préparatifs dans le dessein de se pendre.

UN AMOUR QUI SE HEURTE À UNE ANCIENNE DÉCEPTION

Ce fragment de l'analyse d'un rêve nous a permis de reconstruire assez bien l'état d'humeur du patient à l'âge précoce de cinq ans. Je parlerais volontiers d'une *dysphorie*[24] *originelle* issue du complexe d'Œdipe du garçon. Le désir de l'enfant de faire de sa mère son alliée dans sa lutte contre son père y apparaît de façon impressionnante. La déception d'avoir été écarté s'ajoute aux impressions éprouvées dans la chambre des parents. Des plans de vengeance fermentent dans le for intérieur du garçon, plans pourtant condamnés du fait de l'ambivalence de ses sentiments. Incapable aussi bien d'un amour achevé que d'une haine sans faille, l'enfant conçoit un sentiment de désespoir. Au cours des années suivantes, il renouvelle ses tentatives de réaliser un amour objectal réussi. Chaque échec sur ce chemin entraîne un état d'âme qui est une répétition fidèle de la dysphorie originelle. C'est cet état que nous qualifions de mélancolique.

Un exemple de plus montrera comment, même au cours de l'intervalle libre, le mélancolique s'attend toujours à être déçu, trahi, ou abandonné. Un patient qui s'était marié assez longtemps après une dépression s'attendait sans aucune raison valable à l'infidélité future de sa femme comme allant de soi. Alors qu'il était question d'un homme habitant le même immeuble et de quelques années son cadet, il associe de suite : c'est avec lui que ma femme me trompera. L'analyse révéla que la mère s'était montrée infidèle au patient en lui « préférant » son frère, son puîné de quelques années, c'est-à-dire en l'allaitant. Dans le complexe d'Œdipe du patient, ce frère occupe la place du père. Diverses manifestations en cours de dépression répétaient fidèlement tout ce qui avait donné sa physionomie à la dysphorie originelle infantile — la haine, la rage et la résignation, les sentiments d'abandon et l'absence d'espoir.

LA MANIE...

Au cours de l'investigation précédente, la phase maniaque de la maladie cyclique est restée dans l'ombre par rapport à la phase mélan-

24. État de malaise *(Grand Larousse encyclopédique).* (N.d.E.)

colique. La raison en est, pour une part, le matériel d'observations dont j'ai disposé. A cela, il faut ajouter que la mélancolie devient compréhensible par la voie psychanalytique sans que nous connaissions de plus près le processus psychique de la manie. Cette dernière, par contre, ne nous révélerait pas ses secrets si nous ne disposions de la clé que nous fournit l'analyse de la dépression. C'est pourquoi, vraisemblablement, les recherches de Freud ont apporté des éclaircissements sur les états dépressifs, bien avant de concerner les états maniaques. J'ajoute à l'avance que, dans ce chapitre, je ne pourrai guère que développer ou compléter les points de vue acquis par Freud.

La clinique psychiatrique a toujours comparé la manie à une ivresse qui écarte toutes les inhibitions antérieures. Dans une publication récente *(Psychologie des foules),* Freud a donné du processus maniaque une explication qui éclaire pour le moins son rapport avec la dépression mélancolique. La relation à *l'idéal du Moi* est essentiellement différente dans ces deux états.

D'après la description de Freud, l'idéal du Moi se forme par introjection dans le Moi de l'enfant des objets de sa libido infantile. Ils en sont dorénavant une partie constitutive. L'idéal du Moi reprend les fonctions de critique de la conduite du Moi qui font du sujet un être social. Dans notre contexte, nous soulignerons surtout la *conscience morale* : l'idéal du Moi avise donc le Moi de tout ce qu'il doit faire ou éviter, comme le firent jadis les éducateurs.

Cette activité critique de l'idéal du Moi est accrue jusqu'à une rigidité cruelle dans la mélancolie. Rien de semblable dans la manie. Au contraire, le contentement de soi et un sentiment de force occupent la place des sentiments d'infériorité et de la micromanie. Un patient qui, déprimé, ne s'octroyait aucune capacité intellectuelle, ni la moindre connaissance pratique se transforme en inventeur au début de son hypomanie réactionnelle. Ainsi, le maniaque secoue la domination de son idéal du Moi. Celui-ci n'a plus à l'égard du Moi une attitude critique, il s'est dissous dans le Moi. L'opposition entre le Moi et l'idéal du Moi est levée. En ce sens, Freud a pu concevoir l'humeur maniaque comme le triomphe sur l'objet jadis aimé, puis abandonné et introjecté. « L'ombre de l'objet » qui était tombée sur le Moi s'en est retirée. Le sujet respire et s'adonne à une véritable orgie de liberté. Nous rappelons ici que nous avons déjà constaté la très forte ambivalence du patient cyclique à l'égard de son propre Moi. Nous pouvons poursuivre la constatation de Freud : le désinvestissement de l'idéal du Moi permet au narcissisme d'entrer dans une phase positive et riche en plaisirs.

166

...UNE « ORGIE DE TYPE CANNIBALIQUE »

Lorsque le Moi n'est plus assujetti à l'objet incorporé, la libido se tourne avidement vers le monde des objets. Cette modification s'exprime de façon exemplaire par la *convoitise orale accrue* qu'un patient désignait lui-même comme une « Fress-Sucht » (boulimie). Elle ne s'y limite pas : est « avalé » tout ce qui croise le chemin du patient. La convoitise érotique du maniaque est connue. Mais il se saisit tout pareillement des impressions nouvelles auxquelles le mélancolique s'est fermé. Si le patient s'est senti exclu comme un déshérité du monde des objets au cours de la phase dépressive, le maniaque clame pouvoir s'en emparer et de tous. A cet *accueil érotisé* des impressions nouvelles correspond une *exonération tout aussi rapide et aussi plaisante*. La logorrhée et la *fuite des idées* des maniaques nous montrent bien la saisie véhémente et la réjection des impressions nouvelles. Si, dans la mélancolie, l'objet introjecté était une nourriture incorporée, laborieusement expulsée, ici, tous les objets sont destinés à parcourir au plus vite le trajet du « métabolisme psychosexuel » du patient. L'identification des pensées exprimées et des excréments est de constatation facile dans les associations des patients.

Freud a souligné et argumenté la parenté psychologique de la mélancolie et du deuil normal, mais il constate l'absence du renversement de la mélancolie en manie dans la vie psychique normale. Je me crois autorisé à désigner un tel homologue dans la vie psychique normale. Il s'agit des manifestations que l'on peut observer dans des cas de deuil normal et dont je soupçonne la valeur générale sans pouvoir la démontrer jusqu'à présent. On constate en effet que le sujet en deuil, au fur et à mesure qu'il réussit à détacher sa libido du défunt, éprouve des désirs sexuels plus vifs. Sous une forme sublimée, il s'agira d'un désir d'initiative, d'un élargissement des intérêts intellectuels. L'accroissement des désirs libidinaux peut survenir après un temps plus ou moins long à la suite de la perte de l'objet.

Au Congrès de psychanalyse (1922), où j'exposai ma conception, Roheim fit part de rites de deuil primitifs (texte entre-temps paru) qui ne laissent aucun doute sur le fait que le deuil[25] est suivi d'une explosion libidinale. Roheim a montré de façon convaincante que le terme du deuil consiste en un assassinat symbolique et une dévoration renouvelée du défunt, mais qui se produit alors avec un plaisir indubitable et visible. La répétition du méfait œdipien finit le deuil des primitifs.

La manie qui fait suite au deuil pathologique de la mélancolie recèle cette même tendance à une réincorporation et à une réjection de l'objet

---

25. Après la mort du père originel.

d'amour, semblable en tous points à celle que Roheim a démontrée dans les rites primitifs de deuil. Ainsi, l'accroissement des aspirations libidinales, précédemment décrit comme la fin du deuil normal, apparaît comme une pâle répétition des coutumes archaïques de deuil.

L'une de mes patientes fit une dépression à un stade avancé de sa psychanalyse et sous une forme bien plus atténuée que les états dépressifs précédents. Elle présentait surtout les caractères d'un état obsessionnel[26]. Cet état fut suivi d'une petite phase maniaque. A sa suite, peu de jours après, la patiente m'apprit qu'elle avait alors éprouvé le besoin d'un excès. « J'avais l'idée de devoir manger beaucoup de viande, et d'en manger à en être saturée et idiote. » Elle se l'était représenté comme une ivresse ou une orgie.

Il devient clair ici qu'au fond la manie est une orgie de type cannibalique. La formulation de la patiente est une preuve péremptoire en faveur de la conception de Freud d'après laquelle la manie exprime une libération fêtée par le Moi. Cette fête est représentée par la dégustation de viande. Sa signification cannibalique ne laissera guère de doute à la suite des considérations qui précèdent.

LE CHOIX DE LA NÉVROSE : UN PROBLÈME EN SUSPENS

Comme la mélancolie, la manie réactionnelle exige un certain temps pour se dissiper. Progressivement, les exigences narcissiques du Moi diminuent, des quantités plus grandes de libido sont disponibles pour être transférées au monde des objets. Ainsi les deux phases se réduisent jusqu'à un rapprochement libidinal relatif avec les objets ; son inachèvement a été démontré au chapitre[27] concernant la fixation de la libido à l'étape sadique-anale.

Nous devons reprendre ici une question qui a déjà été posée quant à la mélancolie. Très heureusement, Freud a envisagé la manie comme une fête du Moi. Il l'a mise en relation avec le repas totémique des primitifs, c'est-à-dire avec « le crime originel » de l'humanité, le meurtre et la consommation du père primitif. Il ne fait que souligner que les fantasmes cruels de la manie concernent avant tout la mère. Ce fut frappant chez un de mes patients maniaques qui s'identifiait avec l'empereur Néron. Par la suite, il donna comme raison que Néron avait tué sa propre mère et de plus conçu le projet de brûler la ville de Rome — symbole maternel. Remarquons, une fois de plus, que ces sentiments

---

26. De telles modifications seront exposées dans « La thérapeutique psychanalytique des états maniaco-dépressifs », *cf.* Karl Abraham, *Œuvres complètes*, t. II.

27. Non reproduit ici. *Cf.* chapitre I de la première partie du présent article, *in* K. Abraham, *Développement de la libido* (Payot éd.), et *Les Stades de la libido : de l'enfant à l'adulte*, dans la même collection. (N.d.E.)

pour la mère sont secondaires ; ils s'adressent en premier lieu au père, l'analyse le vérifia.

Ainsi, l'exaltation réactionnelle à la mélancolie s'explique pour une part comme un dépassement agréable de la relation précédente pénible à l'objet d'amour introjecté. Mais nous savons qu'une manie peut survenir sans succéder à une mélancolie. Cet état de fait nous découvrira une partie de sa signification si nous nous souvenons des données du chapitre précédent. Il y fut démontré que certains traumatismes psychiques de l'enfance sont suivis d'un état que nous avons appelé « dysphorie originelle ». La manie « pure » qui est souvent périodique m'apparaît comme le rejet de cette dysphorie non précédé d'une mélancolie au sens clinique du terme. Faute de disposer d'une psychanalyse démonstrative, je ne puis rien ajouter là de plus précis.

Mon propos est issu de la comparaison de la mélancolie avec la névrose obsessionnelle. Revenant à notre point de départ, nous sommes en mesure d'expliquer la différence d'évolution de ces deux états morbides. L'évolution à début aigu, intermittent et récidivant, des états maniaco-dépressifs correspond à une expulsion de l'objet d'amour qui se répète par intervalle. L'évolution plus chronique des états obsessionnels tient à la prédominance de la tendance à retenir l'objet.

Au sens où l'entendent Freud et Roheim, nous pouvons dire que nous trouvons dans ces deux formes de maladie une attitude psychique différente à l'égard du meurtre originel non accompli. Dans la mélancolie et la manie, le crime est perpétré par intervalles sur le plan psychique, tout comme il est réalisé de façon rituelle au cours des fêtes totémiques des primitifs. Dans la névrose obsessionnelle, nous observons la lutte constante contre la réalisation du crime œdipien. La peur de l'obsédé témoigne de ses impulsions mais, simultanément, de ses inhibitions toujours prévalentes.

Nous n'avons apporté de solutions exhaustives ni aux problèmes de la mélancolie ni à ceux de la manie. L'empirisme psychanalytique ne nous y autorise pas. Mais rappelons que l'élucidation de ces deux troubles mentaux n'est pas notre but essentiel, mais bien de trouver parmi les données recueillies chez les patients maniaco-dépressifs des aspects intéressant la théorie de la sexualite. En terminant ce chapitre, nous renouvellerons donc l'aveu que le problème du choix de la névrose en ce qui concerne les états cycliques attend une solution définitive.

KARL ABRAHAM[28]

28. *Œuvres complètes,* t. II (« Esquisse d'une histoire du développement de la libido basée sur la psychanalyse des troubles mentaux » ; extrait comportant les chapitres suivants : « Contribution à la psychogénèse de la mélancolie », « Le modèle infantile de la dépression mélancolique », « La manie », 1924), Payot éd., p. 279-294.

*Les démons et les sorcières
sont les représentants de nos mauvais objets introjectés
(« La Conjuration » de Goya, musée Lazaro Galdiano, Madrid).*

Chapitre VII

Psychose
et phase infantile dépressive

Les théories de Karl Abraham sur les phases les plus archaïques du développement, leur rôle dans la psychogénèse des psychoses, ont fortement influencé Melanie Klein[1]. Nous savons quelle importance celle-ci attache aux mécanismes de projection et d'introjection[2], et à l'idée selon laquelle l'enfant traverse deux « positions » essentielles au cours de son évolution : la position schizoparanoïde et la position dépressive[3].

Dans un article datant de 1934, « Contribution à la psychogénèse des états maniaco-dépressifs », Melanie Klein « étudie les états dépressifs dans leur rapport à la paranoïa d'une part, et à la manie d'autre part », selon ses propres termes.

Notons simplement que ce travail s'appuie sur les étapes du développement normal de l'enfant pour appréhender les mécanismes psychotiques : l'assimilation de l'« archaïque » au « psychotique » est l'un des points les plus controversés des thèses kleiniennes.

Dans mes écrits antérieurs[4], j'ai rendu compte d'une phase de sadisme maximal par laquelle passent les enfants au cours de leur première année. Pendant les tout premiers mois de son existence, le nourrisson dirige ses tendances sadiques non seulement contre le sein de sa mère, mais aussi contre l'intérieur de son corps : il désire l'évider, en dévorer le contenu, le détruire par tous les moyens que le sadisme pro-

---

1. *Cf.* notre introduction du chapitre v des *Stades de la libido*, dans la même collection.
2. Voir *L'Identification : l'autre, c'est moi*, dans la même collection.
3. Voir *Les Stades de la libido*, *op. cit.*
4. *La Psychanalyse des enfants*, chapitres VIII et IX.

pose. Le développement du petit enfant est régi par le mécanisme de l'introjection et de la projection. Dès le commencement de la vie, le Moi introjecte de « bons » et de « mauvais » objets, dont le prototype, dans un cas comme dans l'autre, est le sein de la mère — prototype des bons objets lorsque l'enfant le reçoit, des mauvais lorsqu'il lui manque. Mais c'est parce que le bébé projette sa propre agressivité sur ces objets qu'il les ressent comme « mauvais » ; ce n'est pas seulement parce qu'ils frustrent ses désirs : l'enfant les conçoit comme effectivement dangereux, comme des persécuteurs dont il craint qu'ils ne le dévorent, qu'ils n'évident l'intérieur de son corps, ne le coupent en morceaux, ne l'empoisonnent — bref, qu'ils ne préméditent sa destruction par tous les moyens que le sadisme peut inventer. Ces imagos, tableaux fantastiquement déformés des objets réels auxquels ils renvoient, s'établissent non seulement dans le monde extérieur, mais, par le processus de l'incorporation, à l'intérieur du Moi également. Il s'ensuit que de très petits enfants traversent des situations d'angoisse (et y réagissent par des mécanismes de défense), dont le contenu est comparable à celui des psychoses de l'adulte.

Un des premiers moyens de défense contre la peur des persécuteurs, que leur existence soit conçue comme extérieure ou comme intérieure, est celui de la scotomisation, ou *négation de la réalité psychique* ; ce moyen peut aboutir à une importante limitation du mécanisme de l'introjection et de la projection, voire à une négation de la réalité extérieure ; il est à la base des psychoses les plus graves. Très tôt également, le Moi essaye de se défendre contre les persécuteurs internes à l'aide des processus d'expulsion et de projection. Mais comme la peur des objets intériorisés ne s'éteint pas avec leur projection, le Moi, simultanément, oppose aux persécuteurs logés à l'intérieur du corps les mêmes forces qu'il utilise contre ceux du monde externe. Ces contenus d'angoisse et ces mécanismes de défense constituent la base de la paranoïa. Nous discernons, dans la peur enfantine des magiciens, des sorcières, des méchantes bêtes, etc., quelque chose qui ressemble à la même angoisse ; mais ici, elle a déjà subi une projection et une modification. En outre, telle fut l'une de mes conclusions, l'angoisse psychotique infantile, en particulier l'angoisse paranoïde, est liée et modifiée par les mécanismes obsessionnels, d'apparition également très précoce.

POURQUOI LA PERTE DE L'OBJET AIMÉ CARACTÉRISE-T-ELLE LA MÉLANCOLIE ?

Je me propose dans cet article d'étudier les états dépressifs dans leur rapport à la paranoïa d'une part et à la manie de l'autre. Le matériel

« La peur de perdre le « bon » objet intériorisé
devient une source de perpétuelle angoisse
devant la mort possible de la mère réelle ».
(Gravure allemande du XVIIᵉ siècle, Bibliothèque des Arts décoratifs).

sur lequel se fondent mes conclusions m'a été fourni par l'analyse d'états dépressifs rencontrés dans des cas de névrose grave, des cas mixtes, et chez des patients, adultes ou enfants, qui présentaient des tendances à la fois paranoïaques et dépressives.

Quant aux états maniaques, j'en ai étudié les formes et les degrés divers, sans exclure les états de légère hypomanie que l'on rencontre chez les personnes normales. L'analyse des traits dépressifs et maniaques chez les enfants et les adultes normaux s'est montrée elle aussi très instructive.

Selon Freud et Abraham, le processus fondamental de la mélancolie est la perte de l'objet aimé. La perte réelle d'un objet réel, ou une situation analogue pourvue de la même signification, aboutissent à l'installation de l'objet à l'intérieur du Moi. Cependant, en raison d'un excès de tendances cannibaliques chez le sujet, cette introjection échoue, et la maladie s'ensuit.

Mais pourquoi le processus de l'introjection est-il si caractéristique de la mélancolie ? La principale différence entre l'incorporation dans la paranoïa et l'incorporation dans la mélancolie dépend, me semble-t-il, de variations dans la relation du sujet à l'objet, encore qu'il s'agisse également d'une variation dans la constitution du Moi qui opère l'introjection. Selon Edward Glover, le Moi, dont l'organisation reste d'abord très lâche, se compose d'un nombre considérable de noyaux. Un noyau du Moi oral en premier lieu, et plus tard un noyau anal, dominent les autres[5]. Pendant la phase très précoce où le sadisme oral joue un rôle de premier plan, et qui constitue, selon moi, l'origine de la schizophrénie[6], la faculté d'identification du Moi avec ses objets est encore faible, en partie parce qu'il manque encore lui-même de coordination, et en partie parce que les objets introjectés sont encore surtout des objets partiels qu'il assimile aux fèces.

Dans la paranoïa, les défenses caractéristiques visent surtout à anéantir les « persécuteurs », tandis que l'angoisse au sujet du Moi occupe le centre du tableau. A mesure que s'accomplit l'organisation du Moi, les imagos intériorisées se rapprochent plus étroitement de la réalité et l'identification du Moi avec les « bons » objets devient plus complète. La peur de la persécution, éprouvée d'abord au sujet du Moi, s'attache alors aussi au bon objet, et la préservation du bon objet sera dorénavant synonyme de la survie du Moi.

---

5. « A Psycho-Analytic Approach to the Classification of Mental Disorders », *Journal of Mental Science,* octobre 1932.

6. Je renvoie le lecteur à ma description de la phase au cours de laquelle l'enfant attaque le corps de la mère. Cette phase est inaugurée par l'apparition du sadisme oral et elle constitue à mes yeux le fondement de la paranoïa (*cf.* mon livre *La Psychanalyse des enfants,* chapitre VIII).

Cette évolution va de pair avec un changement de la plus haute importance : d'une relation à un objet partiel, on passe à la relation à un objet complet. En franchissant cette étape, le Moi atteint une nouvelle position, qui donne son assise à la situation que l'on appelle perte de l'objet. En effet, la perte de l'objet ne peut pas être ressentie *comme une perte totale* avant que celui-ci ne soit aimé comme un objet total.

Lorsque la relation à l'objet s'est ainsi transformée, de nouveaux contenus d'angoisse apparaissent et un changement intervient dans les mécanismes de défense. Le développement de la libido subit à son tour une modification profonde. Devant des objets sadiquement détruits qui pourraient être eux-mêmes source d'empoisonnement et de danger à l'intérieur du corps du sujet, l'angoisse paranoïde pousse celui-ci, malgré la violence de ses attaques sadiques-orales, à se méfier profondément des objets au moment même où il les incorpore.

Il s'ensuit un affaiblissement des désirs oraux. On peut en observer un signe dans les difficultés que les très jeunes enfants manifestent souvent pour s'alimenter ; ces difficultés, je pense, remontent à une source paranoïde. A mesure qu'un enfant (ou un adulte) s'identifie plus pleinement avec un bon objet, l'appétit libidinal augmente ; il ressent un amour plein d'avidité et éprouve le désir de dévorer cet objet. Le mécanisme de l'introjection est renforcé. D'ailleurs, il se trouve sans cesse contraint à répéter l'incorporation d'un bon objet — répétition destinée à mettre à l'épreuve de la réalité les craintes de l'enfant et à les infirmer — en partie parce qu'il a peur d'en être dépossédé du fait de son cannibalisme et en partie parce qu'il craint les persécuteurs intériorisés, contre lesquels il souhaite avoir l'aide d'un bon objet. A ce stade, et plus que jamais, le Moi a pour double guide l'amour et le besoin d'introjecter l'objet.

CONSERVER ET PROTÉGER LE « BON » OBJET À L'INTÉRIEUR DE SOI

Il est un autre stimulant de l'introjection : c'est le fantasme selon lequel l'objet d'amour peut être conservé et protégé à l'intérieur de soi. Ici, les dangers intérieurs sont projetés sur le monde externe. Néanmoins, si les égards pour l'objet augmentent et si la réalité psychique est mieux reconnue, l'angoisse devant la destruction possible de l'objet au cours même de l'introjection produit — comme Abraham l'a montré — des troubles divers de la fonction d'introjection.

Mon expérience m'a appris qu'il existe, en outre, une profonde angoisse devant les dangers courus par l'objet à l'intérieur du Moi. L'objet ne peut pas être gardé là sans risques, car l'intérieur est ressenti comme un endroit dangereux et empoisonné où l'objet aimé périrait. C'est là une des situations que j'ai décrites plus haut comme essentielles dans « la perte de l'objet aimé » ; c'est-à-dire la situation où le Moi s'identifie complètement avec ses bons objets intériorisés, et perçoit au même moment sa propre impuissance à les protéger contre les objets persécuteurs intériorisés et contre le Ça. Cette angoisse est psychologiquement justifiée.

Car le Moi, une fois qu'il s'est pleinement identifié avec ses bons objets intériorisés, n'abandonne pas les mécanismes de défense qu'il utilisait auparavant. Selon l'hypothèse d'Abraham, l'anéantissement et l'expulsion de l'objet — processus caractéristique du premier stade anal — inaugurent le mécanisme dépressif. S'il en est ainsi, mon idée du lien génétique unissant la paranoïa et la mélancolie se trouve confirmée. Je pense que le mécanisme paranoïaque de la destruction des objets (qu'ils soient à l'intérieur du corps ou dans le monde extérieur) par tous les moyens empruntés au sadisme oral, urétral et anal, persiste, mais sous une forme atténuée, et qu'il subit une certaine modification lorsque le rapport du sujet à ses objets se transforme. Comme je l'ai déjà dit, la crainte que les *bons* objets ne soient expulsés en même temps que les *mauvais* invalide les mécanismes de l'expulsion et de la projection. Nous savons qu'à ce stade, le Moi fait un grand usage de l'introjection du *bon* objet comme mécanisme de défense. Un autre mécanisme important est associé à celui-ci : c'est le mécanisme des réparations faites à l'objet.

L'ANGOISSE DE PERDRE LA MÈRE : UNE PHASE DU DÉVELOPPEMENT INFANTILE

A partir du moment où les bons et les mauvais objets sont plus nettement différenciés, la haine du sujet vise plutôt les mauvais, tandis qu'il consacre son amour et ses tentatives de réparation, en majeure partie, aux bons ; néanmoins, l'excès de son sadisme et de son angoisse met un frein aux progrès de son développement psychique. Tout stimulus interne ou externe (par exemple, toute frustration réelle) porte en lui le danger le plus grave : ce ne sont pas seulement les mauvais objets qui sont ainsi menacés par le Ça, mais aussi les bons, car tout accès de haine ou d'angoisse peut abolir pour un temps la différence établie entre eux et aboutir ainsi à une « perte de l'objet aimé ». Et ce n'est pas seulement la violence de l'incontrôlable haine du sujet qui met l'objet en péril, c'est aussi la violence de son amour. Car à ce stade de son développement, le fait d'aimer un objet et de le dévorer sont inséparables. Le petit enfant qui croit, lorsque sa mère disparaît, l'avoir mangée et détruite (que ce soit par amour ou par haine), est torturé d'angoisse à son sujet à elle, ainsi qu'au sujet de la bonne mère qu'il n'a plus pour l'avoir absorbée.

Nous voyons maintenant pourquoi, à cette phase du développement, le Moi se sent constamment menacé dans sa possession de bons objets intériorisés. Il est plein d'angoisse devant la mort possible de ces objets. Chez les enfants comme chez les adultes souffrant de dépression, j'ai mis au jour la peur d'abriter en eux des objets mourants ou morts (et en particulier les parents) et l'identification du Moi à de tels objets.

Dès le commencement du développement psychique, il existe une corrélation constante entre les objets réels et ceux qui sont établis à l'intérieur du Moi. C'est pour cette raison que l'angoisse dont je viens de rendre compte se manifeste dans la fixation exagérée d'un enfant à sa mère ou à la personne qui s'occupe de lui[7]. L'absence de la mère éveille chez l'enfant la peur d'être remis à de mauvais objets, extérieurs ou intériorisés, que ce soit en raison de sa *mort* ou en raison de son retour sous l'aspect d'une *mauvaise* mère.

Les deux éventualités équivalent pour l'enfant à la perte de la mère aimée ; je voudrais attirer une attention particulière sur le fait que la peur de perdre le « bon » objet intériorisé devient une source de perpétuelle angoisse devant la mort possible de la mère réelle. D'autre part, toute expérience qui fait penser à la perte de l'objet aimé réel soulève la peur de perdre aussi l'objet intériorisé.

J'ai déjà dit que mon expérience m'avait amenée à conclure que la perte de l'objet aimé survient pendant cette phase du développement où le Moi passe de l'incorporation partielle à l'incorporation totale de l'objet. Comme je viens de décrire la situation du Moi au cours de cette phase, je puis m'exprimer sur ce point avec plus de précision. Les processus où l'on reconnaît par la suite la « perte de l'objet aimé » sont déterminés par le sentiment qu'éprouve le sujet (pendant le sevrage et la période qui le précède et qui le suit) de n'avoir pas réussi à protéger son *bon* objet *intériorisé,* c'est-à-dire à en prendre possession. Une des raisons de cet échec fut son incapacité à dominer sa terreur paranoïde devant les persécuteurs intériorisés.

---

7. Depuis de nombreuses années, je soutiens que la source de la fixation d'un enfant à sa mère n'est pas simplement la dépendance où il se trouve à son égard, mais aussi son angoisse et son sentiment de culpabilité, et que ceux-ci se rattachent à l'agressivité qu'il ressent pour elle dans sa petite enfance.

UNE IMPLACABLE TYRANNIE DU SURMOI

Nous nous trouvons ici devant une question importante dont dépend toute notre théorie. Mes propres observations et celles d'un certain nombre de mes collègues anglais nous ont amenés à conclure que l'action directe des processus précoces de l'introjection sur le développement normal comme sur le développement pathologique est beaucoup plus importante qu'on ne l'admet généralement dans les cercles psychanalytiques, et qu'elle est en certains points différente de ce qu'on croit.

Selon nous, les objets incorporés à un âge très précoce participent

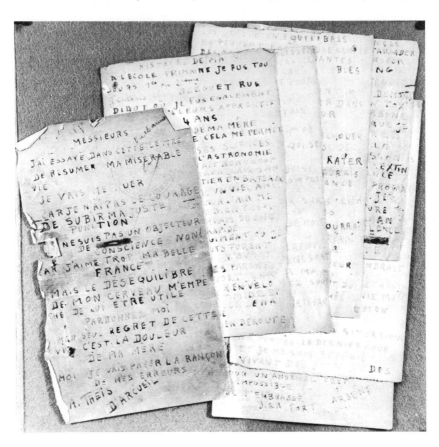

« Dans certains cas, les fantasmes sous-tendant le suicide visent à protéger les bons sujets intériorisés, comme ils visent à détruire l'autre partie du Moi, identifiée aux mauvais objets et au Ça. »
(Lettre écrite par un prisonnier, musée de l'Institut de médecine légales de Paris).

eux-mêmes à la fondation du Surmoi et entrent dans sa structure. Il ne s'agit pas là d'un simple problème théorique. En étudiant les rapports du Moi infantile précoce à ses objets intériorisés et au Ça, en saisissant les modifications progressives de ces rapports, nous parvenons à une compréhension plus profonde des situations spécifiques d'angoisse que le Moi traverse et des mécanismes spécifiques de défense qu'il élabore à mesure que son organisation se développe. A ce point de vue, notre expérience nous prouve que nous parvenons à une compréhension plus complète des premières phases du développement psychique, de la structure du Surmoi et de la genèse des maladies psychotiques. Car en ce qui concerne l'étiologie, il semble essentiel de ne pas considérer seulement la disponibilité libidinale en tant que telle, mais aussi de l'étudier par rapport aux premières relations du sujet à ses objets intériorisés ou extérieurs ; cette étude suppose une compréhension des mécanismes de défense progressivement élaborés par le Moi aux prises avec ses diverses situations d'angoisse.

Si nous acceptons cette théorie de la formation du Surmoi, l'implacable sévérité de celui-ci chez le mélancolique devient plus compréhensible. Persécutions et exigences des mauvais objets intériorisés ; attaques réciproques de ces objets (en particulier dans le coït sadique des parents) ; besoin pressant de remplir les très strictes requêtes des « bons objets », de les protéger à l'intérieur du Moi et de les apaiser, malgré la haine du Ça ainsi provoquée ; incertitude constante, enfin, au sujet de la « bonté » du bon objet, qui le rend si prompt à se transformer en objet mauvais — tous ces facteurs se combinent pour donner au Moi le sentiment d'être la proie d'exigences intérieures contradictoires et impossibles, situation ressentie sous forme de mauvaise conscience. Cela revient à dire que les premières expressions de la conscience sont liées à la persécution par de mauvais objets. L'expression même de « remords de conscience » *(Gewissensbisse)* témoigne d'une « persécution » impitoyable de la part de la conscience et du fait qu'à l'origine on l'imagine en train de dévorer sa victime.

LE MOI DU MÉLANCOLIQUE : UN ESCLAVE DU SURMOI...

Parmi les diverses exigences internes qui rendent si sévère le Surmoi du mélancolique, j'ai cité le besoin pressant de se plier aux très strictes requêtes des « bons » objets. C'est ce seul aspect de la situation — la cruauté des objets internes « bons », c'est-à-dire aimés — que l'opinion analytique admet en général : il apparaît sans conteste dans l'implacable dureté du Surmoi chez le mélancolique. Or, à mon avis, il faut prendre en considération la relation totale du Moi à ses objets, qu'ils soient fantastiquement mauvais ou bons ; il faut examiner la configuration totale de la situation intérieure que j'ai tenté de dessiner ici ; c'est alors seulement que nous comprendrons à quel esclavage se soumet le Moi lorsqu'il se plie aux requêtes et remontrances extrêmement cruelles que lui présente l'objet aimé, tel qu'il s'est installé à l'intérieur du Moi. Comme je l'ai indiqué plus haut, le Moi s'efforce de séparer le bon objet du mauvais, et l'objet réel de l'objet fantasmatique. Il en vient par là à concevoir des objets absolument mauvais ou *absolument parfaits,* ce qui revient à dire que les objets aimés sont, à de nombreux égards, d'une moralité et d'une sévérité extrêmes. En outre, comme le petit enfant ne peut pas maintenir, dans son esprit, une séparation totale entre les bons et les mauvais objets[8], une partie de la cruauté du Ça et des mauvais objets s'attache aux bons objets, ce qui accroît encore la sévérité de leurs exigences[9]. Ces exigences rigoureuses contribuent à soutenir le Moi luttant contre sa propre haine incontrôlable et l'agressivité de ses mauvais objets, avec lesquels il s'identifie en partie[10]. Plus grande est l'angoisse de perdre les objets aimés, plus le Moi lutte pour les sauver ; plus la tâche de restauration devient pénible, plus rigoureuses deviennent les exigences propres au Surmoi.

...ET DES OBJETS AIMÉS

J'ai essayé de montrer que les difficultés rencontrées par le Moi quand il passe à l'incorporation d'objets complets viennent de sa capacité encore imparfaite à maîtriser, au moyen de ses nouveaux mécanismes de défense, les contenus d'angoisse nouveau-nés au cours de son développement.

Je suis consciente de la difficulté qu'il y a à trouver la limite entre les contenus d'angoisse et les sentiments du paranoïaque d'une part, et ceux du dépressif d'autre part ; ils sont intimement liés les uns aux autres. Mais on peut les distinguer si l'on applique le critère de différenciation suivant : l'angoisse de persécution porte principalement sur la protection du Moi — et dans ce cas elle est paranoïaque — ou sur la

---

8. J'ai expliqué ailleurs que progressivement, par l'unification, puis le clivage des objets bons et mauvais, fantasmatiques et réels, extérieurs et intérieurs, le Moi se rapproche d'une conception plus réaliste des objets extérieurs aussi bien que des objets intérieurs et parvient ainsi à un rapport satisfaisant aux uns comme aux autres.(*Cf. La Psychanalyse des enfants.*)

9. Freud a montré, dans « Le Moi et le Ça », que dans la mélancolie, la composante destructrice s'est concentrée dans le Surmoi et vise le Moi.

10. Il est bien connu que certains enfants montrent un besoin pressant d'être soumis à une discipline très stricte et d'être ainsi empêchés de mal faire par un agent extérieur.

protection des bons objets intériorisés auxquels s'identifie le Moi comme Moi intégral. Dans ce dernier cas — qui est celui du dépressif — l'angoisse et les sentiments douloureux sont d'une nature beaucoup plus complexe. La peur de voir les bons objets détruits, et le Moi avec eux, la peur de les voir se désintégrer, se mêle aux efforts constants et désespérés de les sauver, qu'ils soient intériorisés ou extérieurs.

Il me semble que c'est seulement après que le Moi a introjecté l'objet comme un tout et qu'il a établi de meilleurs rapports au monde extérieur et aux personnes réelles qu'il peut se rendre pleinement compte du désastre provoqué par son sadisme et en particulier son cannibalisme, et qu'il peut en être affligé. La source de sa détresse ne se trouve pas seulement dans le passé, mais aussi dans le présent, car en cette période précoce du développement, le sadisme reste à son apogée. Il faut une identification plus totale avec l'objet aimé, une reconnaissance plus complète de sa valeur, pour que le Moi s'aperçoive de l'état de désintégration où il a réduit et continue de réduire ses objets aimés. Le Moi se trouve alors devant la réalité psychique suivante : ses objets aimés sont dans un état de désagrégation totale — ils sont en morceaux — et le désespoir, le remords et l'anxiété nés de cette évidence constituent le fond même de bien des situations d'angoisse. Pour n'en citer que quelques-unes, voici des situations que nous pouvons rencontrer : la peur de ne pouvoir rassembler les morceaux de la bonne manière et à temps ; de ne pouvoir trier les bons morceaux et rejeter les mauvais ; de ne pouvoir ranimer l'objet une fois qu'il aura été reconstitué ; et aussi la peur d'être gêné dans cette tâche par les mauvais objets et par sa propre haine, etc.

J'ai constaté que des situations d'angoisse de cette espèce sont à l'origine non seulement de la dépression, mais aussi de toutes les inhibitions à l'égard du travail. Les efforts pour sauver l'objet aimé, le réparer et le restaurer, ces efforts qui, dans la dépression, se colorent de désespoir, car le Moi doute de son aptitude à accomplir cette restauration, sont les facteurs déterminants de toutes les sublimations et de tout le développement du Moi.

LE DÉPRESSIF ET LE PARANOÏAQUE CONFRONTÉS À LEURS OBJETS D'AMOUR

Comme je l'ai déjà indiqué, le Moi ne parvient à constituer son amour pour un objet bon, un objet complet, et de plus, un objet réel, qu'en passant par un écrasant sentiment de culpabilité. Fondée sur l'attachement libidinal au sein d'abord, puis à la personne tout entière, l'identification totale avec l'objet s'accompagne d'angoisse à son

endroit (ou à l'endroit de sa désagrégation possible), de culpabilité et de remords, du sentiment d'être responsable de son intégrité contre les persécuteurs et le Ça, et de tristesse dans l'attente de sa perte imminente. Qu'elles soient conscientes ou inconscientes, ces émotions font à mon avis partie des éléments essentiels et fondamentaux des sentiments que nous appelons amour.

A ce propos, je dirai ceci : les reproches que s'adresse le dépressif, et qui tiennent lieu de reproches à l'objet intériorisé, nous sont chose familière. Mais la haine du Moi pour le Ça, qui atteint son sommet dans cette phase, explique, mieux que ne le font ses reproches à l'objet, son sentiment de non-valeur et son désespoir. J'ai souvent constaté que ces reproches, ainsi que la haine des mauvais objets, s'accroissaient secondairement pour constituer une défense contre la haine du Ça, encore plus insupportable. En dernière analyse, le chagrin, la culpabilité et le désespoir qui sous-tendent l'affliction ont l'origine suivante : le Moi sait inconsciemment que la haine est en lui aussi bien que l'amour et qu'elle peut à tout moment l'emporter (peur du Moi d'être dépassé par le Ça et de détruire l'objet aimé). Cette peur rend compte également du doute qui pèse sur la bonté de l'objet aimé. Comme Freud l'a indiqué, le doute porte en réalité sur son propre amour, et « un homme qui doute de son propre amour peut, ou plutôt *doit,* douter de toute chose moins importante[11] ».

Le paranoïaque a lui aussi, dirai-je, introjecté un objet total et réel, mais il n'a pas été capable d'accomplir une identification complète avec lui, ou, si même il est allé jusque-là, il n'a pas pu s'y maintenir. Je mentionnerai quelques-unes des raisons de cet échec : une trop grande angoisse de persécution ; des soupçons et des peurs fantasmatiques faisant obstacle à l'introjection, complète et stable, d'un objet bon et réel. Si l'objet a été intériorisé, il est peu probable qu'il se maintienne en tant que bon objet, car soupçons et doutes de toute espèce le transformeront bientôt de nouveau en persécuteur. Ainsi, le rapport du paranoïaque à des objets totaux et au monde réel subit encore l'influence de son rapport antérieur à des objets partiels intériorisés et aux fèces comme persécuteurs, et peut de nouveau faire place à ces derniers.

Ce qui me paraît caractériser le paranoïaque, c'est que si son angoisse de persécution et ses soupçons lui permettent de développer une très puissante et très vive faculté d'observation tournée vers le monde extérieur et les objets réels, son observation et son sens de la

11. « Notes upon a Case of Obsessional Neurosis » (1909), *Collected Papers,* vol. III.

◀ *Le fantôme se venge de son meurtrier. Ici, le fantôme d'une femme que son mari avait assassinée en introduisant du poison dans son œil. (Dessin original de Okusai, galerie Janette Ostier).*

réalité n'en sont pas moins déformés : son angoisse de persécution le pousse à observer les gens, essentiellement, pour savoir si ce sont ou non des persécuteurs. Quand domine l'angoisse devant la persécution du Moi, une identification stable et entière avec un autre objet — dans le sens, du moins, où il s'agit de le regarder et de le comprendre tel qu'il est effectivement — n'est pas possible, non plus qu'une pleine capacité d'aimer.

Il est une autre raison importante de l'impossibilité, pour le paranoïaque, de conserver son rapport à un objet total : tant que son angoisse de persécution et les craintes qu'il éprouve à son propre sujet sont encore si puissamment en œuvre, il ne peut supporter le fardeau supplémentaire de l'angoisse pour un objet aimé, ni le sentiment de culpabilité et le remords qui s'ajoutent à cette situation dépressive. Il ne peut faire en outre, dans cette situation, qu'un usage très limité de la projection, de peur d'expulser, et donc de perdre ses bons objets, de peur aussi de blesser les bons objets extérieurs en rejetant ce qui en lui est mauvais.

Nous voyons donc que les souffrances liées à la position dépressive rejettent le sujet dans la position paranoïaque. Néanmoins, et bien qu'il s'en soit retiré, la position dépressive a été atteinte, et le danger de la dépression reste donc toujours présent. Cela explique, à mon avis, que nous rencontrions fréquemment la dépression dans les cas de paranoïa grave aussi bien que dans des cas plus bénins.

DES ANGOISSES
À L'ÉGARD DE LA NOURRITURE

Si nous comparons les sentiments du paranoïaque et ceux du dépressif à l'égard de la désagrégation, nous constatons que, d'une manière caractéristique, le dépressif ressent peine et angoisse pour l'objet qu'il s'efforce de reconstituer en un tout, tandis que pour le paranoïaque, l'objet désintégré se transforme essentiellement en une multitude de persécuteurs, chaque morceau devenant persécuteur par lui-même[12]. Cette conception des fragments dangereux auxquels est réduit l'objet me semble répondre à l'introjection d'objets partiels assimilés aux fèces (Abraham), ainsi qu'à l'angoisse devant une multitude de persécuteurs internes que font naître, selon moi[13], l'introjection de nombreux objets partiels et la multitude de fèces dangereuses.

J'ai déjà examiné les différences qui séparent le paranoïaque du

12. Melitta Schmideberg l'indique dans un article intitulé « The Role of Psychotic Mechanisms in the Cultural Development », *I J.P.-A.*, vol. XII, 1931.
13. *La Psychanalyse des enfants.*

dépressif dans leur rapport aux objets d'amour. Comparons de la même manière leurs inhibitions et leurs angoisses à l'égard de la nourriture. La peur d'absorber des substances destructrices, dangereuses pour l'intérieur du corps, est paranoïaque, alors que la peur de détruire les bons objets extérieurs en mordant et en mâchant, ou de mettre en danger le bon objet intérieur en y introduisant du dehors des substances mauvaises, est de nature dépressive. La peur de mettre en péril, à l'intérieur de soi, un bon objet extérieur en l'incorporant, est aussi une peur dépressive. Au contraire, dans des cas présentant de fortes caractéristiques paranoïaques, j'ai rencontré le fantasme d'attirer par séduction un objet externe à l'intérieur de son corps considéré comme une caverne remplie de monstres dangereux, etc. Nous apercevons ici les raisons du paranoïaque pour intensifier le mécanisme de l'introjection. Le dépressif, lui, utilise ce mécanisme d'une manière caractéristique ; il l'utilise, nous le savons, pour incorporer un *bon* objet.

Si nous considérons maintenant les symptômes hypocondriaques et si nous les comparons entre eux, nous dirons que sont typiquement paranoïdes les douleurs et autres manifestations causées par les attaques fantasmatiques d'objets persécuteurs internes contre le Moi[14]. Au contraire, les symptômes qui proviennent des attaques des mauvais objets internes et du Ça contre les bons objets, c'est-à-dire d'une guerre intérieure où *le Moi s'identifie aux souffrances des bons objets,* ces symptômes, eux, sont typiquement dépressifs.

L'ÉTAT DÉPRESSIF EST FONDÉ SUR L'ÉTAT PARANOÏDE

Après avoir tenté d'établir une différence entre les contenus d'angoisse, les sentiments et les défenses qui sont à l'œuvre dans la paranoïa d'une part et dans les états dépressifs de l'autre, je dois dire une fois de plus qu'à mon avis, l'état dépressif est fondé sur l'état paranoïde et qu'il en dérive du point de vue génétique. Je considère l'état dépressif comme le résultat d'un mélange d'angoisse paranoïde, et des contenus d'angoisse, des sentiments de détresse et des défenses liés à la perte imminente et totale de l'objet d'amour. Il me semble que l'adoption d'un terme pour désigner de telles angoisses et défenses spécifi-

---

14. Le docteur Clifford Scott, dans le cours sur les psychoses qu'il a fait à l'Institut de psychanalyse en automne 1934, a déclaré que selon son expérience, dans la schizophrénie, les symptômes hypocondriaques sont cliniquement plutôt variés et bizarres, d'autant qu'ils relèvent des persécutions et des fonctions propres aux objets partiels. Un examen rapide suffit pour le constater. Dans les réactions dépressives, les symptômes hypocondriaques présentent cliniquement moins de variétés et leur expression se rattache plutôt aux fonctions propres au Moi.

ques permettrait de mieux comprendre la structure et la nature de la paranoïa, comme des états maniaco-dépressifs[15].

A mon avis, partout où il existe un état de dépression, que ce soit dans les cas normaux, névrotiques, maniaco-dépressifs, ou dans les cas mixtes, on trouve cet alliage spécifique d'angoisses, de sentiments de détresse et de défenses diverses, alliage que je viens de décrire et que j'ai appelé position dépressive.

Si cette opinion se révèle exacte, nous devrions pouvoir comprendre les cas très fréquents où nous nous trouvons devant un ensemble de tendances paranoïaques et dépressives mêlées les unes aux autres, car nous pourrions isoler alors les divers éléments dont il est composé.

Les considérations que j'ai avancées dans cet article au sujet des états dépressifs peuvent nous permettre, je crois, de mieux comprendre la réaction suicidaire qui reste encore bien énigmatique. Selon les découvertes d'Abraham et de James Glover, le suicide est dirigé contre l'objet introjecté. Mais si, par le suicide, le Moi cherche à tuer ses mauvais objets, je soutiens pour ma part qu'en même temps et dans tous les cas il vise tout aussi bien à sauver ses objets d'amour, qu'ils soient externes ou internes. Bref, dans certains cas, les fantasmes soustendant le suicide visent à protéger les bons sujets intériorisés et la partie du Moi identifiée aux bons objets, comme ils visent à détruire l'autre partie du Moi, identifiée aux mauvais objets et au Ça. C'est donc le suicide qui permet au Moi de s'unir avec ses objets d'amour.

Dans d'autres cas, le suicide semble inspiré par le même type de fantasmes, mais ceux-ci concernent alors le monde extérieur et les objets réels, conçus, du moins en partie, comme substituts des objets intériorisés. Comme je l'ai déjà établi, le sujet ne hait pas ses mauvais objets seulement ; son Ça lui inspire aussi de la haine, et même une haine violente. En se suicidant, son intention peut être de briser sa relation au monde extérieur parce qu'il souhaite débarrasser quelque objet réel — ou le « bon » objet que le monde entier représente et auquel s'identifie le Moi — de lui-même ou de cette partie du Moi qui s'identifie à ses

---

15. Ceci m'amène à examiner un autre problème de terminologie. J'ai décrit, dans mes ouvrages précédents, les angoisses et les mécanismes psychotiques de l'enfance en termes de phases de développement. Il est vrai que cette description rend pleinement compte du rapport génétique qui relie ces phases et de la fluctuation que la pression de l'angoisse maintient entre elles avant qu'une plus grande stabilité ne soit atteinte ; mais comme les angoisses et les mécanismes psychotiques ne prédominent jamais tout seuls dans le développement normal (fait que j'ai, bien entendu, souligné), le terme de phase psychotique n'est pas véritablement satisfaisant. J'utilise maintenant le terme de « position » quand il s'agit des angoisses et des défenses psychotiques du développement de la petite enfance. Ce mot me semble exprimer, mieux que celui de « mécanisme » ou de « phase », les différences entre les angoisses psychotiques infantiles dues au développement et les psychoses de l'adulte ; pensons à la mutation rapide, par exemple, qui fait passer d'une angoisse de persécution ou d'un sentiment de dépression à une attitude normale — mutation si caractéristique chez l'enfant.

mauvais objets et à son Ça[16]. Nous percevons au fond d'une telle démarche sa réaction devant ses propres attaques sadiques contre le corps de sa mère, premier modèle du monde extérieur pour le petit enfant. Et si la haine et la vengeance à l'égard des (bons) objets réels jouent toujours un rôle important dans un tel acte, c'est précisément dans la mesure où cette haine dangereuse, incontrôlable et sans cesse jaillissante constitue la menace dont le mélancolique cherche, par son suicide, à préserver ses objets réels.

QUELQUES ATTITUDES MANIAQUES EXAMINÉES À LA LUEUR DES THÉORIES KLEINIENNES

Freud a établi que la manie est fondée sur les mêmes contenus que la mélancolie, et qu'elle constitue en fait un moyen de la fuir. Qu'il me soit permis de faire la suggestion suivante : la manie n'est pas, pour le Moi, un refuge devant la seule mélancolie, mais aussi devant une situation paranoïaque qu'il est incapable de maîtriser. Sa dépendance, torturante et dangereuse, à l'égard de ses objets d'amour, pousse le Moi à vouloir se libérer. Or son identification avec ces objets est trop profonde pour être abandonnée. D'autre part, le Moi est aux prises avec des objets mauvais et redoutables ainsi qu'avec le Ça et, dans l'effort qu'il déploie pour échapper à toutes ces souffrances, il a recours à des mécanismes nombreux et variés dont certains, pour appartenir à des phases différentes du développement, sont mutuellement incompatibles.

Le *sentiment de toute-puissance* est, d'après moi, le premier et le principal aspect caractéristique de la manie ; un second aspect de la manie, tout aussi fondamental (comme Hélène Deutsch l'a montré[17]), EST LE MÉCANISME DE LA *négation*. Je m'écarte cependant d'Hélène Deutsch sur le point suivant : elle considère que cette « négation » se rattache à la phase phallique et au complexe de castration (chez les filles, il s'agit d'une négation de l'absence du pénis) ; mes observations m'amènent à conclure au contraire que l'origine du mécanisme de la négation se trouve dans la phase très précoce où le Moi, encore peu développé, essaye de se défendre contre l'angoisse la plus écrasante et la plus profonde de toutes, contre la peur des persécuteurs intériorisés et du Ça. Cela revient à dire que *la toute première négation est celle de*

---

16. De telles raisons entrent, pour une large part, dans l'état d'esprit qui pousse le mélancolique à rompre tout rapport avec le monde extérieur.

17. « Zur Psychologie der manisch-depressiven Zustände », *I.Z.P.-A.*, vol. XIX, 1933.

la réalité psychique, après quoi le Moi peut étendre la négation à une bonne partie de la réalité extérieure.

Nous savons que la scotomisation peut conduire le sujet à être complètement coupé de la réalité et à rester absolument inactif. Dans la manie, cependant, la négation s'accompagne d'une activité excessive, encore que celle-ci, comme l'indique Hélène Deutsch, n'ait souvent aucun rapport à la minceur des résultats obtenus. Comme je l'ai expliqué, la source du conflit, dans cet état, réside en ce que le Moi ne veut ni ne peut renoncer à ses bons objets intérieurs, tout en cherchant à échapper aussi bien à ses mauvais objets qu'aux dangers qu'il court à dépendre de ses bons objets. Pour le soutenir dans son effort à se détacher d'un objet sans y renoncer en même temps, il faut, semble-t-il, un accroissement de la force du Moi. Afin de réussir pareil compromis, il *nie l'importance* de ses bons objets comme des dangers dont le menacent ses mauvais objets et le Ça. Il n'en essaye pas moins d'*exercer une maîtrise et un contrôle* incessant sur tous ses objets, et son hyperactivité ne fait que témoigner de cet effort.

Ce qui, d'après ma conception, caractérise la manie de façon toute particulière, c'est l'*utilisation du sentiment de toute-puissance* pour *commander et maîtriser* les objets. Cet artifice est nécessaire pour deux raisons : (*a*) nier la terreur que les objets inspirent, et (*b*) permettre aux mécanismes de réparation de l'objet (acquis dans la position précédente, la position dépressive) d'être mis en œuvre[18]. En maîtrisant ses objets, le maniaque s'imagine qu'il les empêche de le blesser lui-même, mais aussi qu'il les empêche de se mettre réciproquement en danger. Cette maîtrise doit lui permettre en particulier d'empêcher le dangereux coït des parents intériorisés et leur mort à l'intérieur de son corps[19]. La défense maniaque prend des formes si variées qu'il n'est pas facile, évidemment, de postuler l'existence d'un mécanisme général. Pour ma part, je crois que nous avons réellement affaire à un tel mécanisme (encore que ses variantes soient infinies) dans cette maîtrise des parents intériorisés, et ce au moment même où l'existence de ce monde intériorisé est dépréciée et niée. J'ai constaté, chez les enfants comme chez les adultes, que dans les cas où la névrose obsessionnelle était le facteur le plus puissant, une telle maîtrise annonçait la séparation forcée de deux objets (ou de plusieurs) ; au contraire, lorsque la manie prédominait, le patient avait recours à des méthodes plus violen-

---

18. Cette « réparation », conformément au caractère fantastique de cette position dans son ensemble, est presque toujours peu pratique et irréalisable.

19. Bertram Lewin a rendu compte du cas d'une patiente souffrant d'une manie aiguë qui s'identifiait à ses deux parents en train d'accomplir l'acte sexuel (*Psycho-Analytic Quarterly*, 1933).

tes. Je veux dire que les objets étaient tués, mais le sujet étant tout-puissant, il se disait qu'il pourrait aussi les ranimer instantanément. Un de mes patients parlait de ce processus en disant qu'il « suspendait leur animation ». Le meurtre correspond au mécanisme de défense (conservé depuis la phase la plus précoce) consistant à détruire l'objet ; la résurrection correspond à la réparation faite à l'objet. Le Moi, dans la manie, effectue un compromis analogue dans sa relation aux objets réels. L'avidité à l'égard des objets, si caractéristique de la manie, montre que le Moi conserve un des mécanismes de défense de la position dépressive, l'introjection de bons objets. Le sujet maniaque *nie* les diverses formes d'angoisse qui découlent de cette introjection (c'est-à-dire l'angoisse devant la possibilité d'intérioriser de mauvais objets, ou bien celle de détruire ses bons objets en les intériorisant) ; sa négation ne s'applique pas aux seules tendances du Ça, mais aussi à sa propre inquiétude en ce qui concerne la sécurité de l'objet. Nous pouvons supposer par conséquent que le processus par lequel le Moi et l'idéal du Moi viennent à coïncider (comme Freud a montré qu'ils le faisaient dans la manie) se déroule ainsi : le Moi incorpore l'objet d'une manière cannibalique (c'est le « festin », selon le terme employé par Freud dans sa description de la manie), mais nie éprouver de l'inquiétude à son sujet. « Ce n'est sûrement pas très grave, raisonne le Moi, si cet objet particulier se trouve détruit. Il y en a tant d'autres à incorporer. » Cette *minimisation de l'objet et ce dédain* sont, je pense, caractéristiques de la manie et permettent au Moi d'opérer ce détachement partiel que nous observons à côté de sa faim pour les objets. Pareil détachement, inaccessible au Moi dans la position dépressive, représente un progrès, un renforcement du Moi dans sa relation à ses objets. Mais ce progrès est contrarié par les mécanismes plus anciens que nous avons décrits et que, dans la manie, le Moi utilise en même temps.

DEUX RÊVES
RAPPORTÉS PAR UN PSYCHOTIQUE

Avant de poursuivre en avançant quelques considérations sur le rôle des positions paranoïde, dépressive et maniaque dans le développement normal, je parlerai de deux rêves rapportés par un patient : ils illustrent quelques-uns des points soulignés à propos des positions psychotiques. Ce sont des symptômes divers, parmi lesquels je ne mentionnerai ici que des états de dépression grave et des angoisses hypocondriaques et paranoïdes, qui avaient poussé le patient C. à venir en analyse. Au moment où il fit ces rêves, son analyse était bien avancée. Il rêva qu'il voyageait avec ses parents dans un wagon, probablement dépourvu de toit, car ils se trouvaient en plein air. Le patient sentait qu'il « dirigeait tout ça », en s'occupant de ses parents qui étaient beaucoup plus âgés et avaient bien plus besoin de ses soins que dans la réalité. Les parents étaient couchés, non pas côte à côte comme d'habitude, mais les pieds de leurs lits l'un contre l'autre. Le patient avait du mal à les réchauffer. Il urina ensuite, tandis que ses parents le regardaient, dans une cuvette au milieu de laquelle se trouvait un objet cylindrique. L'opération était délicate, car il devait consacrer une attention particulière à ne pas uriner dans l'objet cylindrique. Il sentait que cela n'aurait pas eu d'importance s'il avait été capable de viser très exactement le cylindre sans rien éclabousser autour. Quand il eut fini d'uriner, il s'aperçut que la cuvette débordait et en fut contrarié. Alors qu'il urinait encore, il avait remarqué que son pénis était très grand et cela le gêna — son père n'aurait pas dû le voir pour ne pas se sentir battu : il ne voulait pas humilier son père. En même temps, il sentait qu'en urinant il épargnait à son père l'ennui de sortir du lit et d'uriner lui-même. Le patient s'arrêta là, puis dit qu'il avait vraiment eu le sentiment que ses parents faisaient partie de lui. Dans son rêve, la cuvette au cylindre devait être un vase chinois, mais c'était faux, car le pied ne se trouvait pas sous le vase comme il aurait dû, il « n'était pas à sa place », puisqu'il était au-dessus de la cuvette — en fait, à l'intérieur. Le patient associa alors la cuvette à une coupe de verre comme celles qui entouraient les becs de gaz dans la maison de sa grand-mère ; l'objet cylindrique lui rappelait un manchon de bec de gaz. Il pensa alors à un passage obscur au bout duquel un bec de gaz brûlait d'une toute petite flamme, et dit que cette image éveillait en lui de tristes sentiments. Elle le faisait penser à des maisons pauvres et délabrées où rien ne semblait vivant en dehors de cette petite flamme. Il est vrai qu'il suffisait de tirer le cordon pour que la flamme brûle à plein. Cela lui rappela qu'il avait toujours eu peur du gaz et que les flammes d'un brûleur lui donnaient l'impression de sauter sur lui et de le mordre comme si c'était une tête de lion. Autre chose encore lui faisait peur dans le gaz : c'était le « boum » qu'il faisait quand on l'éteignait. Lorsque j'eus interprété ce rêve en lui disant que l'objet cylindrique, dans la cuvette, et le manchon à incandescence, c'était la même chose et qu'il avait peur d'y uriner parce qu'il ne voulait pas, pour une raison ou pour une autre, éteindre la flamme, il répondit qu'évidemment on ne pouvait éteindre de cette manière la flamme du gaz, car il restait alors du poison ; ce n'était pas comme une bougie que l'on pouvait éteindre en soufflant simplement dessus.

Pendant la nuit suivante, le patient fit ce rêve : il entendait le crépitement de quelque chose que l'on faisait frire dans un four. Il ne voyait pas ce que c'était, mais il pensait à quelque chose de brun, probablement un rognon en train de frire dans une poêle. Le bruit qu'il entendait ressemblait aux cris aigus ou aux plaintes d'une toute petite voix, et il avait l'impression que l'on faisait frire un être vivant. Sa mère était là, et il essaya d'attirer son attention là-dessus et de lui faire comprendre que faire frire quelque chose de vivant était, de beaucoup, la pire chose que l'on puisse faire, bien pire que de le faire cuire ou bouillir. C'était une torture plus douloureuse, car la graisse chaude empêchait de brûler complètement et maintenait en vie tout en écorchant. Il ne parvenait pas à se faire comprendre de sa mère ; elle ne semblait pas se préoccuper de ce qui se passait. Cela le tourmentait, mais le rassurait aussi d'une certaine manière, car il se disait qu'après tout, cela ne pouvait pas être si grave si elle ne s'en inquiétait pas. Le four, qu'il n'avait pas ouvert dans son rêve — le rognon dans la poêle, il ne l'avait vu à aucun moment — le faisait penser à une glacière. Dans l'appartement d'un ami, il avait à plusieurs reprises confondu la porte de la glacière avec la porte du four. Il se demandait si le froid et le chaud étaient en quelque sorte équivalents pour lui. La graisse chaude dans la poêle, cet instrument de supplice, lui rappelait un livre sur les tortures qu'il avait lu quand il était enfant ; il avait été particulièrement impressionné par les décapitations et les tortures à l'huile bouillante. La décapitation le faisait penser au roi Charles. Il avait été très ému par l'histoire de son exécution et il éprouva plus tard une sorte de dévotion à son égard. En ce qui concerne les tortures à l'huile bouillante, il y pensait beaucoup, s'imaginait dans une telle situation (surtout avec les jambes brûlées) et essayait de trouver, s'il devait en passer par là, ce qu'il pourrait faire pour souffrir le moins possible.

UN SOUHAIT DE MORT À L'ÉGARD DES PARENTS QUI SUSCITE UNE ANGOISSE

Le jour où ce patient me raconta son second rêve, il avait d'abord fait une remarque sur la manière dont je frottais une allumette pour allumer une cigarette. Il me dit que manifestement, je ne frottais pas mon allumette comme il faut, car un morceau en avait sauté vers lui. Il voulait dire que je ne la frottais pas dans le bon sens ; il poursuivit alors en disant que je faisais « comme son père, au tennis, qui faisait ses services dans le mauvais sens ». Il se demanda combien de fois déjà, au cours de son analyse, il était arrivé que le bout d'une allumette ait sauté vers lui. (Il avait déjà remarqué, une fois ou deux, que je devais avoir de mauvaises allumettes, mais cette fois, ses critiques concernaient ma façon de les frotter.) Il ne se sentait pas disposé à parler, se plaignait d'avoir pris froid deux jours auparavant ; il se sentait la tête très lourde et les oreilles bouchées, son mucus était plus épais qu'il ne l'avait jamais été quand il était enrhumé. Il me raconta ensuite le rêve que j'ai déjà rapporté, et parmi d'autres associations, il mentionna une fois de plus son refroidissement et dit qu'il lui ôtait l'envie de faire quoi que ce soit.

L'analyse de ces rêves jeta une lumière nouvelle sur certains points fondamentaux du développement de ce patient. Ces points étaient déjà apparus dans son analyse et avaient été élaborés, mais ils se montraient maintenant dans un contexte nouveau qui les rendait tout à fait clairs et convaincants à ses yeux. Je n'examinerai que ceux qui se rapportent aux conclusions de cet article, en ajoutant que la place me manque pour citer toutes les importantes associations fournies.

Le fait d'uriner dans le rêve nous conduisit aux fantasmes précoces d'une agression du patient contre ses parents, et surtout contre leurs relations sexuelles. Dans ses fantasmes, il les mordait, les mangeait, les attaquait de toutes sortes de façons et en particulier en urinant sur et dans le pénis de son père pour l'écorcher et le brûler, et pour que son père mette le feu à l'intérieur du corps de sa mère au cours de leurs rapports sexuels (la torture par l'huile bouillante). Ce fantasme s'étendait aux bébés contenus dans le corps de la mère, et qu'il fallait tuer (brûler). Le rognon frit vivant représentait à la fois le pénis paternel — assimilé aux fèces — et les bébés qui se trouvaient à l'intérieur du corps maternel (le fourneau qu'il n'avait pas ouvert). La castration du père s'exprimait dans les associations sur la décapitation. Le fait de s'approprier le pénis du père apparaissait dans le sentiment d'avoir un si grand pénis et d'uriner à la fois pour lui et pour son père (des fantasmes où il avait le pénis de son père à l'intérieur du sien ou assemblé au sien s'étaient souvent exprimés dans son analyse). Le fait d'uriner dans la cuvette représentait aussi l'acte sexuel entre lui et sa mère (de telle sorte que dans le rêve, la cuvette et la mère représentaient celle-ci à la fois en tant que personnage réel et en tant que personnage intériorisé). Le père impuissant et châtré avait été contraint de regarder les rapports sexuels du patient avec sa mère — renversement de la situation fantasmatique que le patient avait connue dans son enfance. Le désir d'humilier son père s'exprime dans le sentiment qu'il n'aurait pas dû l'humilier. Ces fantasmes sadiques (et d'autres encore) avaient donné naissance à divers contenus d'angoisse : il ne réussissait pas à faire comprendre à sa mère que le pénis qui brûlait et mordait l'intérieur de son corps la mettait en danger (ce pénis, c'était la tête de lion qui brûlait et mordait, le brûleur à gaz qu'il avait allumé), que ses bébés couraient le danger d'être brûlés et du même coup la mettaient en péril elle-même (le rognon dans le four). L'idée que le pied cylindrique « n'était pas à sa place » (à l'intérieur de la cuvette au lieu d'être à l'extérieur) n'exprimait pas seulement la haine et la jalousie de sa petite enfance à l'égard de sa mère qui avait pris le pénis de son père et le gardait à l'intérieur d'elle-même, mais aussi son angoisse devant ce dangereux événement. Le fantasme qui consistait à garder en vie le rognon et le pénis alors qu'on les torturait exprimait à la fois les tendances destructrices à l'égard du père et des bébés et, dans une certaine mesure, le désir de les protéger. La position particulière des lits où les parents étaient couchés, différente de celle qu'ils occupaient dans la réalité, témoignait de l'envie primaire, agressive et jalouse, de les séparer alors qu'ils accomplissaient l'acte sexuel, mais aussi de la peur qu'ils ne soient blessés ou tués par un coït que, dans ses fantasmes, le fils avait rendu si dangereux. Les désirs de mort qui visaient les parents avaient fait naître une angoisse écrasante devant la possibilité de leur mort. Les associations et les sentiments suscités par la toute petite flamme du gaz, l'âge avancé des parents dans le rêve (plus avancé qu'il ne l'était en réalité), leur impotence, la nécessité, pour leur fils, de les réchauffer, tout cela le montrait bien.

Une association du patient, qui déclara que je frottais mes allumettes et que son père envoyait ses balles de tennis du mauvais côté, mit au jour une des défenses dressées contre ses sentiments de culpabilité et de responsabilité dans le désastre qu'il avait forgé. Il rendait ainsi ses parents responsables de leurs mauvais et dangereux rapports sexuels, mais sa peur de représailles selon le talion, fondées sur la projection (peur que je ne le brûle), s'exprimait dans la remarque qu'il me fit en se demandant combien de fois, depuis le début de son analyse, des bouts d'allumette avaient sauté vers lui ; elle s'exprimait aussi dans tous les autres contenus d'angoisse concernant les attaques dont il était la victime (la tête de lion, l'huile bouillante).

LES PARENTS INTÉRIORISÉS :
UN RÔLE IMPORTANT
DANS LE DÉVELOPPEMENT DE LA PSYCHOSE

L'intériorisation (l'introjection) de ses parents apparaît dans les détails suivants : 1) le wagon dans lequel il voyageait avec ses parents en s'occupant d'eux sans cesse, « en dirigeant tout ça », représentait son propre corps ; 2) le wagon était ouvert, contrairement à son sentiment de ne pouvoir se libérer de ses objets intériorisés ; ce sentiment représentait leur intériorisation, et l'ouverture du wagon niait l'impossibilité de se libérer ; 3) le patient devait tout faire pour ses parents, et même uriner à la place de son père ; 4) il exprimait nettement le sentiment que ses parents faisaient partie de lui.

Mais l'intériorisation de ses parents entraîna celle de tous les contenus d'angoisse dont j'ai déjà parlé, et qui se rapportaient à ses parents réels ; elle entraîna par conséquent leur multiplication, leur renforcement et leur changement partiel de nature. Sa mère, qui contenait le pénis brûlant et les enfants moribonds (le four et la poêle à frire), était à l'intérieur de lui. Ses parents accomplissant un coït dangereux y étaient aussi, et il fallait les maintenir séparés. Cette nécessité fut la source de bien des situations d'angoisse, et l'analyse permit de constater qu'elle était à l'origine de ses symptômes obsessionnels. D'un moment à l'autre, ses parents pouvaient avoir de dangereux rapports sexuels, se brûler et se manger, et comme son Moi était devenu le lieu de toutes ces situations de péril, le détruire lui aussi. Il devait donc supporter une lourde angoisse, à la fois pour eux et pour lui. Il était plein de tristesse devant la mort imminente de ses parents intériorisés, mais en même temps, il n'osait pas les ranimer complètement (il n'osait pas tirer le cordon du bec de gaz), car leur résurrection totale impliquait leurs rapports sexuels, qui auraient provoqué leur mort et la sienne.

De plus, le Ça lui faisait courir des dangers à son tour. Si la jalousie ou la haine, éveillées par quelque frustration réelle, jaillissaient en lui, il reprenait ses attaques fantasmatiques contre son père intériorisé, le brûlant avec ses excréments et interrompant les rapports sexuels des parents, actions qui faisaient naître une angoisse nouvelle. Toute excitation, qu'elle fût externe ou interne, pouvait augmenter ses angoisses paranoïdes devant ses persécuteurs intériorisés. S'il tuait alors complètement son père à l'intérieur de son corps, le père mort devenait un persécuteur d'une espèce particulière. Nous pouvons le déduire d'une remarque faite par le patient (et des associations qu'elle entraîna) sur l'extinction du gaz par un liquide, et sur le poison qui reste derrière. La position paranoïde se manifestait ici ; l'objet mort qui était à l'intérieur du corps était assimilé aux fèces et aux flatuosités[20]. Cette position paranoïde, néanmoins très solide chez le patient au début de son analyse, mais fort ébranlée à ce moment-là, n'apparaissait pas beaucoup dans les deux rêves.

Ce qui prédominait dans ses rêves, c'étaient les sentiments de détresse nés de l'angoisse pour les objets d'amour, sentiments caractéristiques, comme je l'ai déjà indiqué, de la position dépressive. Le

---

20. Selon mon expérience, la conception paranoïaque d'un objet mort à l'intérieur du corps est celle d'un persécuteur secret et mystérieux. C'est celle d'un être qui n'est pas complètement mort, qui peut réapparaître à tout moment, intrigant et rusé, et qui semble d'autant plus dangereux et hostile qu'on a tenté de s'en débarrasser en le tuant (la conception d'un dangereux fantôme).

patient, dans ces deux rêves, adoptait diverses conduites devant la position dépressive. Il utilisait la maîtrise sadique et maniaque qu'il exerçait sur ses parents pour les maintenir séparés et pour empêcher ainsi leurs rapports sexuels, source de plaisir aussi bien que de danger. D'autre part, le soin qu'il prenait d'eux révélait l'existence de mécanismes obsessionnels. Mais son principal moyen de surmonter la position dépressive était la réparation. Dans le premier rêve, il se consacrait entièrement à ses parents pour les maintenir en vie et les installer confortablement. Son inquiétude au sujet de sa mère remontait à sa plus tendre enfance ; son désir de les remettre sur pieds et de les réparer, elle et son père, son désir de faire pousser les bébés, jouaient un rôle important dans toutes ses sublimations. Un lien unissait les dangereux événements qui se déroulaient à l'intérieur de son corps et ses angoisses hypocondriaques ; ce lien apparaissait dans ses remarques sur le rhume qu'il avait attrapé au moment où il avait fait ces deux rêves. Il se révéla que le mucus, si exceptionnellement épais, s'identifiait à l'urine dans la cuvette — à la graisse dans la poêle à frire — et en même temps à son sperme ; que dans sa tête qui lui semblait si lourde, il portait les organes génitaux de ses parents (le rognon dans la poêle). Le mucus devait protéger l'organe génital de sa mère contre le contact avec l'organe génital de son père ; il indiquait en même temps que des rapports sexuels avaient eu lieu entre lui et sa mère intérieure. Le patient avait la sensation d'avoir la tête murée *(blocked up),* sensation qui correspondait au mur qui séparait *(blocking off)* les organes génitaux de ses parents, et par conséquent divisait ses objets intérieurs. Une des sources des deux rêves avait été une frustration réellement subie par le patient peu de temps avant qu'il les fît. Bien que cette expérience n'ait pas abouti à une dépression, elle avait agi, dans son inconscient, sur son équilibre affectif ; les rêves le montraient à l'évidence. Dans ces rêves, la force de la position dépressive paraissait accrue et l'efficacité des puissantes défenses du patient semblait, dans une certaine mesure, réduite. Il n'en était pas ainsi dans sa vie réelle. Il est intéressant de noter qu'une autre source des deux rêves était d'une nature bien différente. Peu de temps auparavant, et après l'expérience douloureuse dont j'ai dit un mot, il avait fait avec ses parents un court voyage auquel il avait pris beaucoup de plaisir. Le rêve commençait en effet d'une manière qui lui rappelait cet agréable voyage, mais ensuite, les sentiments dépressifs avaient recouvert le plaisir. Le patient était autrefois, je l'ai déjà indiqué, très inquiet au sujet de sa mère, mais son attitude changea au cours de son analyse, et il a maintenant avec ses parents des rapports heureux et libres de tout souci.

Les points que j'ai soulignés à propos des rêves montrent, me semble-t-il, que le processus de l'intériorisation, qui s'établit au cours du premier stade de la vie, tient un rôle important dans le développement des positions psychotiques. Dès que les parents sont intériorisés, nous l'avons vu, les fantasmes agressifs de la petite enfance, s'exerçant contre eux, éveillent la peur paranoïde des persécutions, surtout internes, mais aussi externes ; ils font naître, devant la mort imminente des objets incorporés, tristesse et affliction suivies d'angoisses hypocondriaques, et aboutissent à la tentative de maîtriser au moyen de la toute-puissance maniaque les intolérables souffrances intérieures imposées au Moi. Nous avons vu aussi la maîtrise impérieuse et sadique exercée sur les parents intériorisés se modifier à mesure que se renforçaient les tendances à la restauration.

UNE PHASE INFANTILE DÉCISIVE : LA « POSITION DÉPRESSIVE »

Le fait de ne pouvoir maintenir l'identification avec les objets d'amour réels ou intériorisés peut aboutir à des troubles psychotiques tels que les états dépressifs, la manie ou la paranoïa.

Je citerai maintenant quelques autres moyens que le Moi tente d'utiliser pour mettre fin à toutes les souffrances nées de la position dépressive ; ce sont : *a)* la « fuite vers le "bon" objet intériorisé », mécanisme sur lequel Melitta Schmideberg attira l'attention à propos de la schizophrénie[21]. Le Moi a intériorisé un objet d'amour complet, mais sa peur excessive des persécuteurs intérieurs projetés sur le monde extérieur le pousse à chercher refuge auprès d'une confiance immodérée dans la bienveillance de ses objets intériorisés. Une telle fuite peut aboutir à la négation de la réalité psychique comme de la réalité extérieure, et à la psychose la plus profonde; *b)* la fuite vers le « bon » objet extérieur, moyen d'invalider toutes les angoisses, qu'elles soient intérieures ou extérieures. Il s'agit là d'un mécanisme caractéristique de la névrose ; il peut aboutir à une dépendance servile à l'égard des objets et à la faiblesse du Moi.

Ces mécanismes de défense, je l'ai déjà indiqué, jouent un rôle dans l'élaboration normale de la position dépressive infantile. L'échec dans l'élaboration de cette position peut entraîner la prédominance de l'un ou l'autre des mécanismes de fuite dont j'ai parlé ; il peut entraîner par conséquent une psychose grave ou une névrose.

J'ai souligné dans cet article qu'à mon avis, la position dépressive infantile est la position centrale du développement de l'enfant. Le déve-

---

21. M. Schmideberg, « Psychotic Mechanisms in Cultural Development », *I J.P.-1.*, vol. XI, 1930.

loppement normal d'un enfant et son aptitude à aimer semblent dépendre, dans une large mesure, de l'élaboration de cette position décisive. Cette élaboration dépend à son tour de la modification subie par les mécanismes antérieurs (qui restent à l'œuvre chez les personnes normales), à la suite des changements intervenus dans les relations du Moi à ses objets ; elle dépend en particulier du succès de l'action réciproque des positions et des mécanismes dépressifs, maniaques et obsessionnels.

MELANIE KLEIN[22]

22. *Essais de psychanalyse* (« Contribution à l'étude de la psychogénèse des états maniaco-dépressifs », 1934), Payot éd. p. 311-322, 325-335, 340.

А. И. Герцен. Фотография 1865 г.
с дарственной надписью Герцена М. К. и А. Рейхелям.
Государственный исторический музей. Москва

Chapitre VIII

Deux types psychologiques :
le schizoïde et le dépressif

Dans deux précédents volumes[1], nous avons déjà fait la connaissance de W. R. D. Fairbairn, ce psychanalyste écossais qui exerça en solitaire à Édimbourg. Toute sa psychopathologie se fonde sur une idée essentielle : la prépondérance de la recherche de l'objet sur celle de la satisfaction. Pour lui, la libido est avant tout en quête d'objet.

Nous présentons ici un extrait inédit en France de son livre, Psychoanalytic Studies of the Personality, publié en 1952. Le conflit sous-jacent à l'état schizoïde[2], basé sur une alternative — sucer ou ne pas sucer, c'est-à-dire aimer ou ne pas aimer —, se pose en ces termes : comment aimer sans détruire par son amour. En revanche, le conflit propre à l'état dépressif est : sucer ou mordre, c'est-à-dire aimer ou haïr. Il se formule alors ainsi : comment aimer sans détruire par sa haine. Il est beaucoup plus dramatique de détruire par amour que de détruire par haine, d'où la difficulté du schizoïde à orienter sa libido vers des objets du monde extérieur. Pour le schizoïde, la libido est donc destructrice en tant que telle.

Selon Fairbairn, l'état schizoïde est donc lié à la phase de dépendance orale précoce. Il constitue un ensemble d'affects en rapport avec

---

1. Voir *Les Stades de la libido : de l'enfant à l'adulte*, et *Le Ça, le Moi, le Surmoi : la personnalité et ses instances*, dans la même collection.

2. Le mot « schizoïde » définit un type de personnalité, une structure, caractérisant un certain repli sur soi-même. Ce terme présuppose une certaine analogie entre ce repli et le retrait de la libido sur le Moi propre aux états schizophréniques. En fait, il désigne un caractère qui peut parfaitement ne jamais évoluer vers la psychose.

◄ *« Parmi les phénomènes schizoïdes méritant d'être signalés,*
nous trouvons une contrainte extrême
et l'impression de se regarder vivre. »
Phototruquage de 1865 représentant en réalité Herzen, écrivain russe.

l'impression d'un désastre psychologique imminent devant s'abattre sur le sujet, et aboutissant à la perte du Moi.

Le déprimé conserve par contre une capacité relationnelle bien plus importante que celle du schizoïde. Cette relation est cependant perturbée par son ambivalence. La perte de l'objet est le trauma fondamental à l'origine de l'état dépressif. Le déprimé en est resté à la phase d'identification avec l'objet, si bien qu'il ressent une perte du Moi comme une perte objectale[3]. La façon dont chaque individu vit la phase de dépendance infantile liée à l'oralité a pour conséquence l'existence de deux types psychologiques essentiels : le schizoïde et le dépressif.

On notera ici les correspondances, mais aussi les différences fondamentales, entre les conceptions de Fairbairn et celles de Melanie Klein à propos des « positions » schizoparanoïde et dépressive.

Il n'est nul besoin d'insister sur l'importance historique de la théorie de la libido, ni sur sa contribution au progrès de la psychanalyse ; les qualités heuristiques[4] de cette théorie en ont d'ailleurs, à elles seules, prouvé la valeur. Il semble, toutefois, que l'on soit arrivé à un stade où, afin de faire avancer la connaissance, il conviendrait de transformer la théorie classique de la libido en *une théorie de l'évolution fondée essentiellement sur les relations objectales.* La grande limitation de la théorie actuelle de la libido en tant que système explicatif réside essentiellement en ceci qu'elle confère le statut d'attitude libidinale à diverses manifestations qui ne constituent, en fait, que *des techniques destinées à régler les relations objectales du Moi.* La théorie de la libido est fondée, bien entendu, sur le concept de zones érogènes. Il faut cependant admettre, en premier lieu, que les zones érogènes ne sont que des canaux par lesquels s'écoule la libido, et que seul le passage de la libido par une zone donnée en fait une zone érogène. *L'objet constitue le but fondamental de la libido,* et, dans sa quête de l'objet, celle-ci se trouve régie par des lois semblables à celles qui déterminent le passage du courant électrique, c'est-à-dire qu'elle recherche le chemin de moindre résistance. La zone érogène ne devrait donc être considérée que comme un chemin de moindre résistance ; et son érogénéité réelle peut être assimilée au champ magnétique établi par le passage d'un courant électrique.

3. On remarquera qu'il s'agit là d'une inversion des propositions freudiennes, selon lesquelles la perte d'objet est vécue chez le déprimé mélancolique comme une perte du Moi.

4. C'est-à-dire dont l'objet est de trouver. (N.d.E.)

LA SCHIZOÏDIE : UNE AFFECTION MENTALE PLUS GRAVE QUE LA DÉPRESSION

Nous prétendons maintenant que la norme, pour ce qui est de l'évolution des relations objectales, correspond au schéma ci-dessous :

1. Stade de dépendance infantile, surtout caractérisé par une attitude consistant à prendre.

a) Phase orale précoce — incorporation — succion ou rejet (préambivalente).

b) Phase sadique-orale — incorporation — succion ou morsure (ambivalente).

2. Stade de transition entre la dépendance infantile et la dépendance mature, ou stade de quasi-indépendance — dichotomie et extériorisation de l'objet incorporé.

3. Stade de dépendance mature, surtout caractérisé par une attitude consistant à donner — extériorisation des objets acceptés et rejetés.

Le conflit émotionnel concernant les relations objectales pendant la phase orale précoce peut se poser sous la forme de l'alternative « sucer ou ne pas sucer », c'est-à-dire « aimer ou ne pas aimer ». C'est là le conflit sous-jacent à l'état schizoïde. D'autre part, le conflit qui caractérise la phase orale tardive s'exprime par l'alternative « sucer ou mordre », soit « aimer ou haïr ». C'est là le conflit sous-jacent à l'état dépressif. Il en ressort que le grand problème, pour le schizoïde, consiste à aimer sans détruire par son amour, alors que celui du dépressif consiste à aimer sans détruire par sa haine. Il s'agit là de deux problèmes bien différents.

Le conflit sous-jacent à l'état schizoïde est, bien sûr, beaucoup plus destructeur que le conflit sous-jacent à l'état dépressif ; et, étant donné que la réaction schizoïde plonge ses racines dans un stade évolutif plus précoce que ne le fait la réaction dépressive, l'individu schizoïde est moins bien armé pour affronter les conflits que ne l'est l'individu dépressif. C'est pour ces deux raisons que les troubles de la personnalité sont beaucoup plus graves dans la schizophrénie que dans la dépression.

UN AMOUR DESTRUCTEUR QUI ABOUTIT À LA PERTE DU LIEN AVEC LE MONDE

La nature destructrice du conflit associé à la phase orale précoce est due au fait que s'il paraît terrible à un individu de détruire son objet par sa haine, il lui paraît encore plus terrible de le détruire par son amour. Le drame du schizoïde, c'est que son amour semble être destructeur ; et c'est parce que son amour semble être à ce point destructeur qu'il a tant de mal à orienter sa libido vers des objets appartenant à la réalité extérieure. Il en vient à craindre d'aimer et, par conséquent, à dresser des barrières entre ses objets et lui-même. Il rejette ses objets et, en même temps, en retire la libido. Ce retrait de la libido peut aller très loin. Il peut aller jusqu'au renoncement à tout contact émotif et physique avec les autres, et même jusqu'au renoncement à tout lien libidinal avec la réalité extérieure, à la disparition de tout intérêt pour le monde extérieur, jusqu'à ce que plus rien n'ait de sens. Dans la mesure où la libido est retirée des objets extérieurs, elle est orientée vers des objets intériorisés ; et, dans la mesure où cela se produit, l'individu devient introverti. Soit dit en passant, on a pu constater que ce processus d'introversion caractérise le début des états schizoïdes, ce qui permet de conclure que « l'introverti » est essentiellement schizoïde. C'est essentiellement dans la réalité intérieure que l'on découvre les valeurs du schizoïde. Chez lui, le monde des objets intériorisés est toujours susceptible d'empiéter sur celui des objets extérieurs ; et, dans la mesure où cela se produit, il perd ses objets réels.

Si la perte de l'objet réel constituait le seul trauma de l'état schizoïde, la situation du schizoïde ne serait pas si précaire. Il ne faut pas oublier, toutefois, les vicissitudes du Moi qui accompagnent la perte de l'objet. Il a déjà été fait allusion au narcissisme résultant d'un investissement libidinal excessif des objets intériorisés ; un tel narcissisme caractérise tout particulièrement le schizoïde. Il s'accompagne invariablement d'une attitude de supériorité qui peut se manifester consciemment à des degrés divers, comme un réel sentiment de supériorité. Il y a lieu de noter, cependant, que cette attitude de supériorité repose sur une orientation vers les objets intériorisés et que, vis-à-vis des objets du monde extérieur, l'attitude du schizoïde est essentiellement une attitude d'infériorité.

Il est vrai que l'infériorité vis-à-vis de l'extérieur peut être masquée par une façade de supériorité reposant sur une identification des objets extérieurs aux objets intériorisés. Elle n'est, toutefois, jamais absente ; et elle est la preuve qu'il existe une faiblesse du Moi. Ce qui menace surtout l'intégrité du Moi chez le schizoïde, c'est le dilemme — apparemment insoluble — concernant l'orientation de la libido vers les objets. L'impossibilité de diriger la libido vers l'objet équivaut, bien sûr, à la perte de celui-ci ; mais étant donné que dans l'optique du schizoïde la libido elle-même semble être destructrice, l'objet est tout aussi perdu lorsque la libido est dirigée vers lui.

LA MARQUE DE L'ÉTAT SCHIZOÏDE :
UN SENTIMENT DE FUTILITÉ

On peut donc aisément comprendre que si le dilemme devient suffisamment prononcé, il en résulte une impasse totale qui réduit le Moi à un état d'impuissance absolue. Le Moi devient tout à fait incapable de s'exprimer ; et dans la mesure où il en est ainsi, son existence même se trouve compromise. C'est ce qu'illustrent à la perfection ces quelques remarques formulées par l'un de mes malades au cours d'une séance analytique : « Je ne puis rien dire. Je n'ai rien à dire. Je suis vide. Je n'ai rien fait... Je me suis refroidi et endurci. Je ne ressens rien... Je suis incapable de m'exprimer. J'éprouve un sentiment de futilité. » Ces descriptions illustrent non seulement l'état d'impuissance auquel le Moi peut se trouver réduit, mais aussi le degré auquel le dilemme schizoïde peut compromettre l'existence même du Moi. La dernière remarque de ce malade est peut-être particulièrement significative, en ce sens qu'elle met en lumière l'affect caractérisant l'état schizoïde ; *car cet affect est sans aucun doute un sentiment de futilité.*

LE CLIVAGE DU MOI :
UN PHÉNOMÈNE FONDAMENTAL
POUR COMPRENDRE L'ÉTAT SCHIZOÏDE

Parmi d'autres phénomènes schizoïdes méritant d'être signalés, nous trouvons un sentiment d'épuisement, d'irréalité, une contrainte extrême et l'impression de se regarder vivre. Pris dans leur ensemble, ces divers phénomènes indiquent clairement qu'un véritable clivage du Moi s'est produit. On peut considérer que ce clivage du Moi est plus fondamental que l'impuissance et l'appauvrissement du Moi déjà constatés. Il semblerait, cependant, que le retrait de la libido des objets extérieurs ait pour effet d'intensifier non seulement les conséquences du clivage, mais aussi d'en accentuer l'ampleur. Ce fait démontre de façon particulièrement significative à quel point l'intégrité du Moi dépend des relations objectales plutôt que des attitudes libidinales.

Dans les états schizoïdes aigus, le retrait de la libido des relations objectales peut aller jusqu'à son retrait du domaine du conscient (la partie du psychisme étant, pour ainsi dire, la plus proche des objets) au profit du domaine de l'inconscient. Lorsque cela se produit, c'est comme si le Moi lui-même s'était retiré dans l'inconscient ; mais il semble, en fait, que lorsque la libido s'est retirée du domaine de la partie consciente du Moi, il ne reste plus que la partie inconsciente de celui-ci pour en assumer les fonctions. Dans les cas extrêmes, la libido semble avoir été retirée — tout au moins dans une certaine mesure — même du domaine de la partie inconsciente du Moi, ne laissant à la surface que l'image avec laquelle nous a familiarisés Kraepelin dans sa description de la phase ultime de la démence précoce.

On peut mettre en doute le fait qu'un tel retrait massif de la libido soit associé au refoulement, bien que l'on en ait l'impression lorsque le processus se limite à un retrait des relations objectales. En tout état de cause, un malade très intelligent chez lequel un retrait de libido assez considérable était intervenu m'a affirmé que l'effet « différait beaucoup » de ce que l'on ressentait dans le cas d'un simple refoulement. Il ne fait pas de doute, toutefois, que le retrait de la libido de la partie consciente du Moi a pour effet de soulager la tension émotive et d'atténuer le danger d'un acte violent et précipité ; et, dans le cas du malade que je viens d'évoquer, le retrait de la libido avait suivi de près une explosion de violence. Il est également à peu près certain qu'en fait l'angoisse du schizoïde correspond en grande partie à la crainte d'explosions de ce genre. Cette frayeur se manifeste couramment sous la forme de la crainte de devenir fou ou de celle d'un désastre imminent. Il est possible, par conséquent, que le retrait massif de la libido représente un effort désespéré de la part du Moi menacé d'un désastre, effort visant à éviter toute relation émotionnelle avec des objets extérieurs ; cet effort se traduirait par un refoulement des tendances libidi-

« La perte de l'objet doit être considérée comme le trauma essentiel à l'origine de l'état dépressif. »
(« Le dernier voyage », par G. Segantini, Bibl. des Arts décoratifs.)

nales fondamentales qui poussent l'individu à établir des contacts émotionnels. Dans le cas du schizoïde, bien entendu, ces tendances sont essentiellement orales. C'est lorsque cet effort est sur le point d'aboutir que le malade commence à dire qu'il a l'impression de n'être plus rien, d'avoir perdu son identité, d'être mort ou d'avoir cessé d'exister. Le fait est qu'en renonçant à la libido, le Moi renonce justement à la forme d'énergie qui maintenait son intégrité ; et c'est ainsi que l'individu perd son Moi. *La perte du Moi* est le désastre psychopathologique ultime que le schizoïde cherche constamment à éviter – avec plus ou moins de succès – en faisant appel à toutes les techniques dont il dispose pour dominer sa libido. Par conséquent, l'état schizoïde ne constitue pas essentiellement une défense, bien que l'on puisse y détecter la présence de certaines défenses. Il représente le plus grand désastre pouvant s'abattre sur l'individu qui n'a pas réussi à dépasser la phase de dépendance orale précoce.

LA PERTE DE L'OBJET AIMÉ
À L'ORIGINE DE L'ÉTAT DÉPRESSIF

Si le grand problème auquel se heurte l'individu à la phase orale précoce consiste à aimer l'objet sans le détruire par son amour, celui auquel se heurte l'individu à la phase orale tardive consiste à aimer l'objet sans le détruire par sa haine. De ce fait, étant donné que la réaction dépressive plonge ses racines dans le stade oral tardif, c'est l'évacuation de sa haine – plutôt que celle de son amour – qui constitue, pour le dépressif, la grande difficulté. Malgré l'ampleur formidable de cette difficulté, le dépressif échappe en tout cas à l'expérience destructrice consistant à sentir que son amour est nocif. Puisque son amour semble, en tout état de cause, être bon, il conserve la capacité inhérente d'établir une relation libidinale avec les objets extérieurs, à un degré dont le schizoïde est incapable. La difficulté qu'il éprouve à conserver une telle relation provient de son ambivalence.

Cette ambivalence provient à son tour du fait que, pendant l'étape orale tardive, il est mieux parvenu que le schizoïde à remplacer le rejet pur et simple de l'objet par une agression directe (la morsure). Toutefois, bien que son agressivité ait été différenciée, il n'est pas complètement parvenu à atteindre le stade ultérieur de l'évolution que représente la dichotomie de l'objet. Ce stade ultérieur, s'il avait pu l'atteindre normalement, lui aurait permis d'évacuer sa haine en la dirigeant – tout au moins pour la plus grande partie – sur l'objet rejeté ; et il aurait été capable de concentrer sur l'objet accepté un amour relativement dépourvu de haine. Dans la mesure où il n'a pas pu atteindre ce stade, le dépressif reste en l'état qui caractérisait son attitude vis-à-vis de l'objet à la phase orale tardive, c'est-à-dire un état d'ambivalence par rapport à l'objet incorporé.

Cette situation interne est moins nocive, pour ce qui est des adaptations extérieures, que celle du schizoïde ; car dans le cas du dépressif, il n'existe pas de barrière aussi formidable s'opposant à l'écoulement de la libido vers l'extérieur. Par conséquent, le dépressif établit aisément des contacts libidinaux avec les autres ; et si ses contacts libidinaux sont satisfaisants pour lui, sa vie peut relativement se dérouler sans cahots. Toutefois, la situation interne n'a pas disparu ; et elle est facilement réactivée en cas de perturbation des relations libidinales. Toute perturbation dans ce domaine déclenche aussitôt la composante haineuse de son ambivalence ; et lorsque la haine est portée sur l'objet intériorisé, survient une réaction dépressive. Toute frustration dans les relations objectales équivaut, bien sûr, d'un point de vue fonctionnel, à la perte partielle ou totale de l'objet ; et puisque la dépression grave est souvent la séquelle de la perte réelle de l'objet (que ce soit par la mort de la personne aimée ou autrement), *la perte de l'objet* doit être considérée comme le trauma essentiel à l'origine de l'état dépressif.

UNE OPÉRATION CHIRURGICALE OU UNE BLESSURE PHYSIQUE PEUVENT ENGENDRER UNE DÉPRESSION

Ce qui précède peut paraître, à première vue, ne pas expliquer le fait qu'une réaction dépressive suive si souvent une blessure physique ou une maladie. La blessure physique ou la maladie représentent, de toute évidence, une perte. Cependant, on ne perd pas vraiment l'objet mais une partie de soi-même. Le fait de dire qu'une telle perte — celle, par exemple, d'un œil ou d'un membre — représente une castration symbolique ne nous mène pas beaucoup plus loin ; car il reste encore à expliquer pourquoi une réaction caractéristique provoquée par la perte de l'objet devrait également découler de la perte d'une partie du corps. La véritable explication semblerait résider dans le fait que le dépressif en est resté, dans une grande mesure, à l'état d'identification infantile à l'objet. Pour lui, par conséquent, la perte corporelle équivaut, d'un point de vue fonctionnel, à la perte de l'objet ; et cette équivalence se trouve renforcée par la présence d'un objet intériorisé imprégnant, pour ainsi dire, le corps de l'individu et lui conférant une valeur narcissique.

206

L'ÉTAT DÉPRESSIF :
UNE FIXATION À LA PHASE CANNIBALIQUE
DU DÉVELOPPEMENT

Il nous reste encore à expliquer le phénomène de la mélancolie d'involution. Nombreux, bien sûr, sont les psychiatres qui ont tendance à considérer que l'étiologie de cette maladie diffère totalement de celle de la « dépression réactionnelle ». Et, cependant, ces deux maladies présentent des points communs, cliniquement parlant ; il n'est vraiment pas difficile de fonder l'explication de ces deux états sur des principes similaires. La mélancolie d'involution est étroitement liée, par définition, au climatérique ; ce dernier semblerait constituer en soi la preuve d'un affaiblissement certain des poussées libidinales. On ne peut pas dire, toutefois, que l'agressivité diminue dans la même proportion. L'équilibre des poussées libidinales et agressives se trouve ainsi perturbé ; qui plus est, il se trouve perturbé dans le même sens que lorsque la perte de l'objet vient réactiver la haine chez un individu ambivalent. C'est ainsi que chez le dépressif, le climatérique a pour effet d'établir la même situation que la perte effective de l'objet pour ce qui est des relations objectales ; et il en résulte une réaction dépressive.

Si, dans le cas de la mélancolie d'involution, les perspectives de guérison sont moins encourageantes que dans celui de la dépression réactionnelle, cela s'explique aisément ; en effet, si, dans le deuxième cas, la libido est encore disponible pour un rétablissement de l'équilibre, elle ne l'est pas dans le premier. Il apparaît donc ainsi que la mélancolie d'involution correspond à la configuration générale de l'état dépressif ; et cela ne nous oblige nullement à modifier la conclusion envisagée — à savoir que la perte de l'objet constitue essentiellement le trauma sous-jacent à l'état dépressif. De même que l'état schizoïde, cet état ne constitue pas une défense. Au contraire, c'est un état contre lequel l'individu cherche à se défendre au moyen des techniques dont il dispose pour dominer son agressivité. Il représente le plus grand désastre qui puisse s'abattre sur l'individu qui n'a pas réussi à dépasser le stade oral tardif de la dépendance infantile.

UN MÊME TRAUMATISME
PROVOQUE DES EFFETS DIFFÉRENTS

D'après ce qui précède, nous nous trouvons face à deux états psychopathologiques fondamentaux, chacun provenant de l'incapacité de l'individu à établir une relation objectale satisfaisante pendant la période de dépendance infantile. Le premier de ces états, c'est-à-dire l'état schizoïde, est lié à une relation objectale déficiente à la phase orale précoce ; le second, c'est-à-dire l'état dépressif, à une relation objectale déficiente pendant la phase orale tardive. Toutefois, il apparaît très clairement, lors de l'analyse d'individus schizoïdes aussi bien que dépressifs, que les relations objectales déficientes pendant la phase orale précoce et la phase orale tardive ont les plus grandes chances d'avoir des répercussions psychopathologiques lorsqu'elles restent déficientes pendant les années ultérieures de la petite enfance.

Les états schizoïde et dépressif doivent donc être considérés comme dépendant, dans une grande mesure, de la réactivation régressive, dans le courant des années ultérieures de la petite enfance, de situations survenues respectivement à la phase orale précoce et à la phase orale tardive. Dans chaque cas, la situation traumatisante est due au fait que l'enfant a le sentiment de ne pas être vraiment aimé pour lui-même et que son amour n'est pas accepté. Si la phase à laquelle les relations objectales ont été en grande partie déficientes est la phase orale précoce, ce trauma provoque chez l'enfant une réaction conforme à l'idée qu'il n'est pas aimé parce que son amour est nocif et destructeur ; et cette réaction est à l'origine d'une tendance schizoïde ultérieure. Si, au contraire, la phase à laquelle les relations objectales infantiles ont été en grande partie déficientes est la phase orale tardive, la réaction provoquée chez l'enfant est conforme à l'idée qu'il n'est pas aimé du fait du caractère nocif et destructeur de sa haine ; et cette réaction est à l'origine d'une tendance dépressive ultérieure. Le fait que dans un cas précis une tendance schizoïde ou dépressive finisse ou non par provoquer un état schizoïde ou dépressif dépend en partie, bien entendu, des circonstances auxquelles l'individu sera ultérieurement amené à faire face ; mais le facteur déterminant principal sera la mesure dans laquelle les objets auront été incorporés pendant la phase orale.

Les diverses techniques défensives (obsessionnelle, paranoïde, hystérique et phobique) qui caractérisent la période de transition représentent toutes des tentatives visant à faire face aux difficultés et aux conflits rencontrés dans les relations objectales du fait de la persistance des objets incorporés. Nous pouvons maintenant considérer que ces techniques se traduisent par différentes méthodes visant à contrôler une tendance schizoïde ou dépressive sous-jacente, afin d'éviter le déclenchement d'un état schizoïde ou dépressif, suivant les cas. Lorsqu'il s'agit d'une tendance schizoïde, ces méthodes sont destinées à éviter le désastre psychopathologique ultime découlant de la perte du Moi ; et lorsqu'il s'agit d'une tendance dépressive, elles sont destinées à éviter le désastre psychopathologique ultime découlant de la perte de l'objet.

De quelle maladie fut donc frappé Charles VI,
dit « le Bien-Aimé », puis « le Fou » ?
(« La démence de Charles VI » de Hué,
XIXᵉ siècle, musée d'Histoire de la médecine)

DEUX TYPES PSYCHOLOGIQUES
FONDAMENTAUX AUXQUELS NUL N'ÉCHAPPE

Il faut admettre, bien entendu, qu'aucun habitant de notre planète n'a la chance de jouir d'une relation objectale parfaite pendant la période impressionnable de la dépendance infantile, pas plus que pendant la période de transition qui lui succède. Par conséquent, personne ne parvient à s'émanciper complètement de la dépendance infantile ni du degré de fixation orale correspondant ; et personne n'a jamais pu échapper complètement à la nécessité d'incorporer ses objets précoces. On peut donc en déduire qu'il existe en chacun de nous une tendance sous-jacente schizoïde ou dépressive, selon que des difficultés dans les relations objectales infantiles se produisent à la phase orale précoce ou à la phase orale tardive.

Nous en venons ainsi à la notion que chaque individu peut être classé dans l'un de ces deux types psychologiques fondamentaux : le schizoïde et le dépressif. Il n'est pas nécessaire d'attribuer à ces deux types une importance autre que phénoménologique[5]. Il est toutefois impossible d'ignorer le fait qu'un facteur héréditaire — par exemple la puissance relative des tendances innées à sucer et à mordre — soit susceptible de jouer un certain rôle dans la détermination de ces deux types.

Ceci nous amène à la théorie dualiste des types psychologiques de Jung. Selon Jung, bien sûr, l'« introverti » et l'« extraverti » représentent des types fondamentaux dans la constitution desquels les facteurs psychopathologiques ne jouent pas un rôle essentiel. Ma propre conception des types fondamentaux diffère de celle de Jung non seulement dans la mesure où je décris ces deux types comme étant respectivement « schizoïde » et « dépressif », mais aussi dans celle où je considère qu'un facteur psychopathologique intervient dans la constitution même des types envisagés.

Il existe, cependant, une autre conception essentiellement dualiste des types psychologiques, avec laquelle ma propre théorie s'accorde beaucoup mieux qu'avec celle de Jung. Il s'agit de la théorie exposée par Kretschmer dans ses deux ouvrages intitulés *Physique and Character* et *The Psychology of Men of Genius*[6], selon laquelle les deux types psychologiques de base sont le « schizothymique » et le « cyclo-

---

5. La phénoménologie consiste à décrire et à étudier un ensemble de phénomènes. (N.d.E.)

6. *Physique et caractère* et *Psychologie des hommes de génie*. (N.d.T.)

Le cannibalisme:
un aspect essentiel de ce qu'Abraham appelle l'« étape orale tardive ».
(« Les cannibales » de Goya, musée des Beaux-Arts de Besançon)

thymique ». Ainsi que ces termes eux-mêmes le laissent entendre, il considère que l'individu schizothymique est prédisposé à la schizophrénie et le cyclothymique aux dépressions maniaco-dépressives.

Il y a donc un accord frappant entre les conclusions de Kretschmer et les miennes — d'autant plus frappant que mes opinions, contrairement aux siennes, découlent d'une approche essentiellement psychanalytique. La seule divergence importante entre nos thèses est la suivante : Kretschmer considère que la différence de tempérament entre les deux types est essentiellement due à des facteurs constitutionnels ; il attribue leurs tendances psychopathologiques à cette différence de tempérament, alors que je considère que des facteurs psychopathologiques survenus pendant la période de dépendance infantile contribuent dans une large mesure à cette dernière.

211

DEUX CLASSES DE TROUBLES
QUI PEUVENT S'INTERPÉNÉTRER

Il existe cependant, entre les thèses de Kretschmer et celles que j'avance dans le présent travail, une concordance suffisante pour étayer ma conclusion selon laquelle les états schizoïde et dépressif représentent deux états psychopathologiques fondamentaux par rapport auxquels tous les autres phénomènes psychopathologiques sont secondaires. Les thèses de Kretschmer viennent également étayer la conclusion selon laquelle, pour ce qui est des tendances psychopathologiques, les individus peuvent être classés en fonction de la puissance relative de leurs tendances sous-jacentes à la schizophrénie et à la dépression.

Toute théorie ayant trait aux types fondamentaux se heurte inévitablement à l'écueil des « types mixtes ». Kretschmer reconnaît volontiers l'existence de types mixtes ; et il en explique la présence par le fait que l'incidence d'un type donné dépend de la balance de deux groupes de facteurs antagonistes d'ordre biologique (et peut-être hormonal) qui peuvent étonnamment s'équilibrer.

A mon avis, l'existence de types mixtes doit s'expliquer moins en fonction de l'équilibre d'éléments antagonistes qu'en fonction de la puissance relative des fixations aux phases évolutives. Lorsque les difficultés dans les relations objectales s'affirment surtout pendant la phase orale précoce, une tendance schizoïde s'établit ; et lorsque ces difficultés s'affirment surtout à la phase orale tardive, le résultat en est l'établissement d'une tendance à la dépression. Cependant, dans la mesure où ces difficultés sont également réparties entre les deux phases, nous pouvons nous attendre à découvrir une fixation à la phase orale tardive superposée à une fixation à la phase orale précoce. Dans ce cas, nous découvrirons, sous une tendance dépressive qui lui est superposée, une tendance schizoïde plus profonde.

Le fait qu'un tel phénomène puisse se produire ne saurait être mis en doute ; en réalité, même la personne la plus « normale » doit être considérée comme ayant un potentiel schizoïde au niveau le plus profond. Il ne fait pas plus de doute que même la personne la plus « normale » peut, dans certains cas, être déprimée. De même, les individus schizoïdes ne sont pas entièrement immunisés contre la dépression ; et il arrive parfois que des individus déprimés présentent certains traits schizoïdes. Le fait qu'un état dépressif ou schizoïde se déclare dans un cas précis dépend en partie, sans aucun doute, de la forme prise par les circonstances précipitantes : perte de l'objet réel ou autres difficultés dans les relations objectales. Lorsqu'il existe un équilibre assez marqué entre les fixations à la phase orale précoce et à la phase orale tardive, cela pourrait bien être le facteur déterminant. Toutefois, le facteur le plus important sera toujours le degré de régression provoqué ; et celui-ci est essentiellement déterminé par la puissance relative des fixations. En dernier ressort, le degré de régression dépendra du fait que le problème essentiel de l'individu réside dans l'évacuation de son amour ou dans celle de sa haine ; et il doit y avoir peu d'individus chez qui l'évacuation de l'amour et celle de la haine présentent la même difficulté.

W. R. D. FAIRBAIRN[7]
Traduit de l'anglais
par S. M. Abelleira

---

7. *Psychoanalytic Studies of the Personality* (« A revised psychopathology of the Psychoses and the Psychoneuroses », 1941). Routledge et Kegan Paul éd., p. 31, 38, 49-58.

DEUXIÈME PARTIE

Soigner les psychoses

Chapitre I

Vers une psychothérapie des schizophrènes

A partir des années 40, mais surtout au début des années 50, le mouvement psychanalytique s'intéresse vivement à la psychothérapie des psychoses. Paul Federn, ancien président de la Société psychanalytique de Vienne, et que nous connaissons déjà[1], étudie, dans la Psychologie du Moi et les psychoses, *un certain nombre de mécanismes normaux ou psychotiques en rapport avec des notions telles que « le sentiment du Moi » ou « les limites du Moi ». La thérapie des psychoses qu'il élabore tient compte d'un élément important : la qualité particulière du Moi chez le patient. Ceci l'amène, entre autres, à tenter de comprendre comment la technique d'analyse classique, appliquée à certains malades, peut constituer un facteur précipitant pour une psychose latente.*

La méthode qu'il préconise vise, en quelque sorte, à inverser le travail d'une psychanalyse classique. Pour lui, il ne s'agit pas, par exemple, de rendre l'inconscient conscient, mais de faire cesser l'épuisement de l'investissement du Moi[2]. Selon Freud, en effet, la libido du schizophrène est entièrement fixée sur son Moi. Au contraire, Federn pense que le Moi du schizophrène est insuffisamment investi de libido. Le psychotique est avide de transférer, aussi bien avec la partie saine qu'avec la partie malade de son Moi. L'analyste ne doit pas dissoudre le transfert positif du psychotique, mais bien plutôt l'utiliser pour aider au refoulement du matériel libéré — c'est-à-dire, en fait, pour reconstruire des défenses névrotiques.

---

1. Voir *Les Rêves, voie royale de l'inconscient*, chapitre I (3ᵉ partie).

2. Nous reviendrons sur cette idée dans *Le Narcissisme : l'amour de soi*, à paraître dans la même collection.

Les psychoses : la perte de la réalité

Les fondements sur lesquels l'auteur établit la psychothérapie des schizophrènes le conduisent en particulier à trianguler la relation thérapeutique : le psychanalyste se fait aider par une thérapeute féminine qui jouera le rôle de la mère maternante. Cette technique a, entre autres, pour but de cliver les investissements homosexuels et hétérosexuels et d'empêcher le patient de tomber dans la confusion. C'est ainsi que l'infirmière Gertrud Schwing, collaboratrice de Federn, a laissé un nom dans l'évolution de l'analyse adaptée aux psychotiques.

Lorsque nous traitons des psychoses endogènes, il est tout à fait injustifiable de limiter nos efforts au diagnostic et au pronostic ; il n'est pas suffisant non plus, simplement parce que la maladie est conditionnée par des facteurs endogènes, de veiller à ce que le patient soit mis sous garde et de laisser ensuite le processus morbide suivre son cours en l'observant avec un intérêt psychologique et clinique. Un traitement approprié de type physique et psychique peut avoir une influence favorable sur le cas, tant sur la sévérité d'une attaque particulière et le cours qu'elle suit, que sur le départ et la durée de périodes complètement ou relativement normales et sur l'attitude du patient à l'égard de la réalité à de tels moments.

Cet article traitera de deux groupes de psychoses, la psychose schizophrénique et la psychose maniaco-dépressive. Les cas incluent des psychoses en progrès, des cas stationnaires temporairement arrêtés avec formation de défauts, et des états pré et postpsychotiques. Ces groupes méritent une dénomination se terminant par « ose », parce que les fonctions mentales qui disparaissent apparemment ne sont pas potentiellement ou complètement perdues ; chaque fonction pourrait temporairement se rétablir.

Les processus métapsychologiques dans les deux groupes sont :

1. Un investissement narcissique anormal et un investissement d'objet diminué ;

2. Une régression du Moi grâce à laquelle : *a)* des éléments et agrégats mentaux refoulés onto et biogénétiquement sont devenus conscients et *b)* l'épreuve de réalité devient insuffisante en raison du changement et de la diminution de l'investissement du Moi.

Les deux groupes diffèrent l'un de l'autre comme suit :

1. La qualité d'altération de l'investissement du Moi est dissemblable ; en dépit de l'investissement narcissique élevé qui la précède, chez les schizophrènes, il y a perte de l'investissement des frontières du Moi, tandis que chez les maniaco-dépressifs les frontières du Moi sont investies de *mortido* ;

2. Les états prévalents du Moi se continuent séparément dans la schizophrénie mais alternent chez les maniaco-dépressifs ;

3. Le processus morbide est interrompu par des rechutes chez la plupart des schizophrènes mais est périodique chez les maniaco-dépressifs ;

4. Le processus de guérison spontanée consiste dans la formation de défauts et dans la projection chez les schizophrènes ; et, au contraire, dans le deuil chez les mélancoliques ;

5. Les principaux mécanismes de défense sont des réactions régressives ou névrotiques chez les schizophrènes, mais ce sont au contraire des réactions émotionnelles généralisées qui s'étendent sur le Moi tout entier chez les maniaco-dépressifs.

UNE FORME DE TRANSFERT NÉCESSITANT L'ADAPTATION DES TECHNIQUES D'ANALYSE

Au début, les patients psychotiques étaient psychanalysés surtout en raison d'un diagnostic erroné ou dans le but d'utiliser l'analyse pour des recherches. Certains des patients étudiés semblaient profiter de l'intérêt clinique accru dont ils bénéficiaient. Bleuler lui-même fut le premier à affirmer que Burghölzli pouvait libérer trois fois plus de cas depuis que tous les médecins avaient commencé à les traiter sur la base profonde de la compréhension freudienne.

Et, cependant, ces patients n'étaient pas véritablement psychanalysés. Je crois que c'est une des raisons pour lesquelles leur état s'améliorait. Les psychiatres s'ajustaient eux-mêmes aux malades de façon à obtenir autant d'informations que possible sur les agrégats mentaux du patient, et, soit volontairement, soit sans en avoir conscience, ils se comportaient de telle façon que les schizophrènes établissaient de bons transferts positifs sur les médecins. Les médecins qui échouaient en cela abandonnaient probablement vite leurs recherches parce qu'ils ne découvraient rien de nouveau.

Lorsque j'ai commencé à psychanalyser des patients psychotiques, tous les psychanalystes pensaient que les personnes présentant des maladies mentales narcissiques étaient incapables d'établir un transfert sur le médecin. L'idée habituellement acceptée était que, pour cette raison, toute psychanalyse était impossible. Aujourd'hui, bien des auteurs savent qu'aussi bien l'affirmation que la conclusion étaient fausses. Cependant il y a une base véridique à cette croyance. Le transfert des psychotiques est très instable et ne justifie pas l'utilisation de la même méthode psychanalytique que celle qui est employée avec les patients névrotiques. Puisque les psychanalystes traitaient les psychoses comme les névroses, ils obtenaient de faibles résultats. Ils avaient commencé des psychanalyses sans reconnaître les psychoses sous-jacentes ; ils arrêtaient les analyses lorsque les psychoses étaient spontanément devenues manifestes ou avaient été rendues manifestes par des analyses menées de la façon habituelle. Certains collègues peuvent se rappeler une intéressante réunion du personnel où ils entendirent les plaintes d'un patient qui avait développé un état catatonique pendant qu'on le psychanalysait. Le patient accusait l'analyste d'avoir fait avancer sa maladie. Cependant, l'analyste n'avait ni interprété ni encouragé l'association libre du patient, mais au contraire avait été passif et avait écouté la montée des idées délirantes et érotiques du patient. Il avait permis au patient de se déverser librement et il rédigeait le dossier alors que la psychose se développait.

La Première Guerre mondiale a appris au chirurgien que le sondage ou l'examen routinier des blessures des poumons, de l'abdomen et du cerveau causaient du tort au patient. De la même façon, j'ai appris à ne pas prendre les anamnèses[3] dans des cas de schizophrénie psychotique ou postpsychotique. J'ai suivi pendant plus de vingt ans après le premier traitement des cas de schizophrénie pratiquement guéris, et j'ai remarqué que les patients refusaient de se rappeler leurs états psychotiques, car ils avaient une meilleure intuition de leur propre pathologie que moi. Lorsqu'ils étaient forcés de se les rappeler, ils faisaient une rechute. Les patients guéris de leur schizophrénie parlent favorablement de moi, mais ils n'aiment pas que le fait de me rencontrer leur rappelle leurs psychoses. Ceci est probablement le premier problème négligé dans les consultations et dans la pratique privée. Quelques médecins authentiquement doués en sont conscients — mais bien peu de psychiatres, même profondément entraînés.

UNE PERSONNE AIMANTE ET DÉVOUÉE DOIT ASSURER UN ENVIRONNEMENT AFFECTIF ADÉQUAT

Le deuxième *requisit* de la psychanalyse des psychotiques est qu'il doit y avoir quelqu'un qui s'intéresse au patient et qui s'occupera de lui pendant l'analyse et plus tard. Aucune psychanalyse de psychotique ne peut être menée à bien sans l'aide d'une personne compétente. Le patient doit être aidé et protégé ; il ne doit pas être laissé à lui-même et à ses tribulations en dehors des heures d'analyse. L'aide, qui doit avoir

---

3. Les histoires des patients. (N.d.E.)

obtenu un transfert positif du patient, pourrait être la mère, la sœur ou le frère, rarement le père, et, selon mon expérience, encore moins souvent la femme ou le mari. Lorsqu'il n'y a pas de parent proche suffisamment aimant pour se dévouer à cette tâche pendant un certain temps, un ami est nécessaire. Sans un tel asile de libération libidinale, on ne peut guérir les psychoses, ou la guérison accomplie ne persiste pas, qu'elle ait été obtenue par le choc pharmacologique, par le traitement psychanalytique ou par une combinaison des deux.

Il n'est pas du tout étonnant que la plupart des psychotiques fassent des rechutes à la maison ou ailleurs, lorsqu'ils sont abandonnés sans le soutien continu d'un transfert. Toute psychose est consciemment ou inconsciemment centrée sur les conflits et les frustrations de la vie de famille. Chez les psychotiques comme chez les enfants, le résultat d'une psychanalyse dépend tellement de l'attitude aidante de l'environnement que si un patient psychotique est peu aimé par le reste de sa famille, le traitement est autant entravé par ce facteur exogène qu'il l'est du côté endogène par la sévérité de la maladie. Il n'y a aucun cas

« La Toile d'araignée », de Minnelli,
met en scène ce que Federn préconise pour les malades psychotiques:
un environnement positif qui les prendra en charge pendant la cure.

où j'ai pu réussir sans la coopération constante de la famille ou de quelqu'un qui prenait sa place. Si nous nous rappelons que d'autres que les psychanalystes ont pour but de fournir un soin convenable au patient psychotique à l'intérieur de son cercle de famille, il est clair que c'est notre devoir de perfectionner notre technique d'analyse des psychotiques de façon qu'elle soit toujours possible quand l'environnement est convenable. Un *desideratum* important serait la formation psychanalytique des infirmières et des assistants.

L'ANALYSE APPLIQUÉE AUX PSYCHOTIQUES EST-ELLE NUISIBLE OU UTILE ?

Le fait de précipiter de brefs et légers états psychotiques dans la procédure psychanalytique n'est pas nécessairement en soi un inconvénient absolu dans notre long combat avec l'inconscient. Aujourd'hui, j'utilise ces légères explosions du mécanisme psychotique comme les indications de causes plus profondes à dominer, et, particulièrement, de sentiment de culpabilité. Mais pour obtenir de telles victoires tactiques, on doit utiliser la stratégie d'interruption immédiate de toute association libre ultérieure. J'aimais et je nourrissais la production abondante de matériaux inconscients sans tenir compte du fait que les relations émotionnelles avaient une signification psychotique en ce sens que *le tout et non une partie du Moi* était rempli d'un investissement de libido soudain et inadéquat dans les réactions maniaques, et de *mortido* dans les réactions dépressives. Lorsque la méthode habituelle est appliquée, et qu'on ne tient pas compte des réactions maniaques ou dépressives, celles-ci semblent augmenter, si bien que la psychose latente devient manifeste.

Les psychiatres qui désapprouvent la psychanalyse ne manquent jamais de montrer les cas dans lesquels la psychanalyse, loin d'avoir été utile, a entraîné des désastres. Leurs affirmations sont à la fois vraies et fausses. Une série d'événements ne représente pas nécessairement une série cause-effet. Bien des patients prépsychotiques ne viennent chez le psychanalyste que lorsqu'ils se sentent menacés de psychose. Avec ou sans psychanalyse, ils en auraient de toute façon été atteints. Cette observation nous permet de concilier l'opinion de Freud selon laquelle la psychanalyse avait protégé l'un de mes patients de la paranoïa, avec le fait que la psychanalyse précipite les psychoses. Quand le Moi est encore suffisamment résistant, la psychanalyse peut rendre conscientes tant de tendances homosexuelles, sadiques et masochistes que cela diminue la force des poussées refoulées, si bien qu'en dépit de la fixation préexistante paranoïde, schizophrénique ou maniaco-depressive et l'échec de la structure du Moi, l'état psycho-tique n'est jamais atteint. D'un autre côté, quand la psychose est latente, la psychanalyse démantèle certaines des structures du Moi et il en résulte une psychose manifeste.

UNE RÈGLE D'OR : APPRENDRE À NE PAS DÉCLENCHER UNE PSYCHOSE LATENTE

Je pense que tous les analystes savent aujourd'hui que les névroses et les psychoses combinent, comme Freud, l'a découvert, des processus morbides destructeurs, et des mécanismes de défense avec des compromis, des compensations, des reconstructions et des symptômes de guérison. Des maladies différentes ont des différences correspondantes de « topicité » mentale (Freud) de ces mécanismes. J'ai démontré un nouveau type de différences topiques dans mon arti-cle sur la distinction entre l'hystérie et l'obsession[4]. Des troubles diffé-rents au niveau topique ne s'excluent pas l'un l'autre ; mais un seul mécanisme de défense rend fréquemment tous les autres superflus. Lorsque, avec la vie, l'ensemble établi des mécanismes de défense, par exemple hystériques ou obsessionnels, est invalidé par des conflits et des frustrations accumulés, un autre désordre mental plus profond se développe. Avec ses défenses, ses compensations, ses compromis et ses reconstructions caractéristiques, la psychose est née.

Mes patients ne meurent pas d'hystérie. J'ai observé bien des états terminaux d'hystérie à un âge avancé, et j'ai vu trois fins différentes de cette névrose : la sublimation est la meilleure ; une forme de maladie organique narcissique est la plus fréquente ; et la troisième est une mélancolie climatérique ou présénile sévère et durable dont les mala-des se remettent en ayant perdu tous ou presque tous les symptômes hystériques.

Lorsque la mélancolie est l'aboutissement de l'hystérie, on peut comprendre pourquoi cette fin est précipitée par la psychanalyse. J'ai l'impression que des mélancolies ainsi précipitées sont moins sévères que celles qui se produisent dans le cours normal des combats névroti-ques. Cependant, un bon nombre d'hystéries se termine après la méno-pause sans psychose. Les psychanalystes doivent apprendre à ne pas provoquer les psychoses latentes et davantage encore à empêcher toute psychose d'être l'état terminal d'une névrose. Ceci est possible lorsque

4. P. Federn, « The Determination of hysteria versus obsessional neurosis ». *Revue psychanalytique*. 1940. XXVII. p. 265-276.

les familles et les médecins coopèrent. On peut dire que la thérapeutique psychanalytique devrait être une prophylaxie pour les gens âgés, exactement comme l'éducation de l'enfant devrait être la prophylaxie de l'adulte.

« RECONNAÎTRE LE TERRAIN » AVANT D'ENTRÉPRENDRE L'ANALYSE

Dans certains cas, j'entrepris une psychanalyse en partant d'un diagnostic faux. Aujourd'hui, je pourrais faire une erreur temporaire dans une direction opposée, en cherchant avec suspicion des signes et des suggestions de psychose sous-jacente. Puisque tous ces processus se manifestent de façon dynamique, topique et économique (suivant la terminologie de Freud) et non de façon statique, un diagnostic précoce fait sur des cas non développés manque de certitude.

Dans les psychoses latentes, nous ne voulons pas achever une analyse complète dont la preuve serait la dissolution du transfert et de l'identification. Quand Freud conseillait un essai de psychanalyse, son objectif principal était de libérer de façon précoce les cas qui s'avéraient psychotiques ou qui menaçaient de l'être. Cependant, il est très important de reconnaître la psychose latente aussitôt que possible. En reconnaissant ainsi de façon précoce la psychose, nous changeons nos buts et nos méthodes thérapeutiques et analytiques.

Une schizophrénie cachée est indiquée pendant l'analyse par :

1. L'acceptation intuitive du patient, la traduction des symboles et la compréhension de ces processus primaires sans résistance.

2. La disparition rapide ou même soudaine des symptômes névrotiques sévères ; cependant, heureusement, comme nous l'avons mentionné plus haut, certains schizophrènes résistent à la dissolution de la névrose superficielle.

3. Une histoire comportant des périodes avec des sortes de névroses différentes, telles que la neurasthénie, la psychasthénie, l'hypocondrie, l'hystérie de conversion précoce, l'hystérie d'angoisse et les obsessions et les dépersonnalisations sévères.

4. Des périodes psychotiques de véritables délires et de perte de l'épreuve de réalité dans la petite enfance. Lorsqu'on a tant parlé de telles phases pendant l'essai de psychanalyse, il est évident que le patient est dans un état intra ou postpsychotique.

5. Une détérioration durable du travail, et l'isolement dans les contacts sociaux après la puberté ou après que le patient a quitté la vie réglée de la maison ou de l'école. Les névrotiques, au contraire, ont tendance à s'améliorer pendant un certain temps lorsqu'on change les

conditions extérieures en leur donnant plus de liberté ou lorsqu'ils parviennent à une nouvelle période biologique.

6. La prédominance absolue du schéma des réactions narcissiques sur celui de la libido d'objet.

7. Des signes physiognomoniques typiques de tenue, de regard et de geste.

La mélancolie latente est indiquée dans l'hystérie et dans les obsessions par :

1. Des états de dépression qui se produisent tous les matins ; de façon typique le patient s'en libère à l'aide de fantasmes qui réalisent le désir, ou de jouissances sexuelles. Lorsque, avec l'âge, une telle économie douleur-plaisir se maintient de moins en moins parce que la réalité annihile les points de départ du fantasme principal, alors la mélancolie se développe.

2. Un schéma des réactions qui fait que la douleur mentale est répartie sur le Moi tout entier.

3. Une périodicité précoce. Ceci commence comme une anormalité biologique et s'élargit et s'approfondit de lustre en lustre grâce au travail du deuil.

UNE « AIDE » IDÉALE : GERTRUD SCHWING

Aucun patient ne peut être guéri à moins que sa famille ne le souhaite, et encore moins en présence de la haine consciente ou inconsciente de la famille. Aucun médecin ne peut guérir un cas sévère lorsqu'il lui manque le lit, le repos et le soin, ou lorsque, intentionnellement ou non, se développent des antagonismes envers la tâche de ramener le Moi psychotique à la normalité et à la réalité. L'expérience doit être établie et les conclusions tirées à partir de patients traités dans les meilleures conditions et avec le moins d'opposition possible.

Au début, bien que les conditions fussent bonnes, je manquais de connaissances, mais, au fur et à mesure, j'en acquis davantage, et, dans les trois dernières années de mon travail à Vienne, j'obtins le concours de l'infirmière psychanalyste suisse Gertrud Schwing qui s'avéra une aide idéale. A ce moment-là je fus en mesure de convaincre les groupes viennois et suisses d'accepter qu'elle devînt psychanalyste, bien qu'elle n'eût ni autorisation ni diplôme, sinon le « plus haut degré » de talent, d'expérience et de dévouement à son travail. Pendant et après son analyse de formation avec moi elle apprit le traitement psychanalytique des psychoses. Elle publia nos expériences dans un livre, *Ein Weg zur Seele des Geisteskranken*[5]. Je dis *nos expériences,* car c'est moi qui

5. Zurich, Rascher's Verlag, 1939.

conseillais et contrôlais ses procédures. Cependant son livre contient ses propres contributions originales.

Freud n'a jamais cru que les psychoses fussent un champ accessible à la thérapeutique psychanalytique. Il mérite d'autant plus nos remerciements pour son aide. Lorsque je lui ai demandé d'accepter Gertrud Schwing comme infirmière invitée pour étudier les psychoses dans sa clinique, il accepta immédiatement. Les bons résultats de son travail furent si évidents que Sakel lui demanda de s'occuper de ses cas sous insuline.

J'ai conçu la théorie suivante : dans la thérapeutique de choc, lorsqu'on obtient plus qu'un succès éphémère, cela est dû à l'impression faite sur le psychisme par le traitement ou même le mauvais traitement, et à l'amnésie établie. Les patients s'éveillent dans un état d'abattement nauséeux et reviennent à un état du Moi très infantile. Piers, à Elgin, a publié un article sur le niveau oral de semblables patients. Le fait pour eux de demeurer à ce niveau ou de progresser jusqu'à leurs états adultes normaux est une question qui peut être influencée par l'attitude mentale. En Suisse, les résultats avec l'insuline étaient bien meilleurs dans certaines institutions que dans d'autres parce que, dans celles qui réussissaient, le traitement mental par des infirmières entraînées était bien établi et le personnel infirmier était adéquat : une infirmière pour trois patients.

Au niveau métapsychologique, le processus schizophrénique primaire semble être une déficience fonctionnelle ou même un épuisement de l'investissement du Moi ; secondairement, il est utilisé comme mécanisme de défense. La résolution des conflits internes et externes, la fortification du Moi par la protection, les transferts, l'identification et en dernier lieu, mais ce n'est pas la moindre chose, l'intuition des terreurs et des troubles intérieurs du patient étaient les moyens utilisés par Gertrud Schwing. De meilleurs résultats étaient obtenus par cette méthode et nous apprenions à savoir comment et pourquoi on pouvait attendre une amélioration dans certains cas et non dans d'autres.

Pour assurer l'efficacité des traitements et la prophylaxie, il faudrait des psychiatres bien plus nombreux et un plus grand nombre d'infirmières, d'assistants et de travailleurs sociaux entraînés à la psychanalyse. Le temps viendra où l'association médicale américaine et les associations psychiatriques et psychanalytiques promouvront d'elles-mêmes cette instruction. En ce qui concerne l'analyse faite par des profanes la sagesse de Freud est toujours valable. Je souhaiterais qu'il y ait davantage d'infirmières formées par les sociétés psychanalytiques ou bénéficiant au moins de leur aide. Nous ne pouvons pas tabler sur

Une « bonne mère » protectrice
doit collaborer à la thérapie
selon la méthode conçue par Federn.

des exceptions telles que Gertrud Schwing parmi les infirmières ou Anna Freud parmi les pédagogues, car il faut des milliers d'aides semblables pour combattre l'extension de la psychose. Les lois et arrêtés d'un groupe d'hommes sont des artefacts humains temporaires par comparaison avec les lois et régulations qui se trouvent dans la nature. Les premières doivent être changées si elles sont en désaccord avec les secondes. Ceux qui veulent voir une réduction du nombre des cas mentaux hospitalisés doivent améliorer et augmenter le personnel médical et infirmier, les travailleurs sociaux et les pédagogues bien entraînés à la psychanalyse.

CRÉER UN NOUVEAU REFOULEMENT
DANS LES CAS DE PSYCHOSES

La psychanalyse de patients névrotiques peut réussir en dépit de conditions extérieures défavorables. Grâce à la psychanalyse, le névrosé apprend à devenir maître de son destin dans les limites du pouvoir humain individuel. Pour le psychotique, un succès durable dépend beaucoup plus des circonstances extérieures favorables, comme nous l'avons déjà dit. Dans de telles circonstances, la psychanalyse d'un psychotique peut être entreprise, et guérir ou améliorer la maladie du patient. En revanche, si on applique avec entêtement aux psychoses narcissiques les règles prescrites par Freud pour les névroses de transfert, elle sera nécessairement moins satisfaisante.

Utilisons une comparaison familière : lorsqu'on s'occupe de névroses, les barrages et écluses d'inhibition peuvent être ouverts car, le niveau de l'eau étant bas, il n'y a pas de danger réel d'inondation. En ce qui concerne les psychoses, la même méthode signifierait l'ouverture de barrages et d'écluses et l'inondation. Bien qu'elle soit risquée, ce n'est la bonne méthode que dans les cas exceptionnels ; la plupart du temps, elle accroît la destruction.

La méthode proposée ici n'est pas une simple psychothérapie soutenue par une connaissance psychanalytique. C'est une vraie psychana-

Saint-Robert, asile des aliénés, d'après un croquis exécuté par un aliéné.

La psychanalyse a-t-elle vraiment « délivré la psychiatrie du poids du nihilisme
thérapeutique », permettant ainsi au traitement des malades mentaux
de progresser, comme le souhaitait Abraham?
(Asile d'aliénés de St-Robert, 1851, Bibliothèque des Arts décoratifs).

lyse, c'est-à-dire l'acceptation de la définition que Freud lui-même donna de sa méthode : l'application des points de vue économiques, topiques et dynamiques utilisant l'association libre et venant à bout du transfert et de la résistance. Les conceptions topiques, économiques et dynamiques demeurent les mêmes ; la différence réside dans la résistance et le transfert. Dans les psychoses, les résistances normales sont brisées et doivent être rétablies par la psychanalyse : les transferts ont besoin d'un traitement différent. L'association libre comme moyen de mettre en évidence du matériel inconscient est rarement nécessaire parce qu'une trop grande partie de l'inconscient a été mise en évidence par la psychose. Disons-le sous forme d'une opposition : *dans les névroses nous voulons libérer le refoulement ; dans les psychoses nous voulons créer le re-refoulement.*

Bien que cela puisse sembler paradoxal, il est cependant conforme à notre connaissance théorique d'affirmer que c'est précisément dans le cas d'un psychotique dont la raison est affectée que notre traitement doit s'adresser à cette raison, dans la mesure où il la conserve : de la même façon, le transfert est encore plus important que dans les névroses de transfert.

LE PSYCHOTIQUE EST « AVIDE DE TRANSFÉRER »

Les patients psychotiques ne sont accessibles à la psychanalyse que parce que, et dans la mesure où, premièrement, ils sont encore capables de transfert ; où, deuxièmement, une partie du Moi a l'intuition de l'état anormal ; et où, troisièmement, une partie de la personnalité est encore dirigée vers la réalité. De ces conditions, la première et la troisième sont parallèles, l'une présupposant l'autre, alors que la seconde dépend principalement du fait que la régression à l'intérieur du Moi soit constante ou soit sujette à des rémissions temporaires.

Le transfert a été la pierre d'achoppement des psychanalystes en ce qui concerne les psychoses. Freud lui-même m'a dit il y a quelques années : « Les psychotiques sont une chose fâcheuse pour la psychanalyse. »

Les analystes avaient tort cependant de conclure que le psychotique ne réalisait pas de transfert. Il est avide de transférer aussi bien avec la partie saine qu'avec la partie désordonnée de son Moi ; ces parties peuvent avoir ou bien le même objet ou bien des objets différents. De tels transferts peuvent aisément être perdus après avoir été provoqués, ou peuvent durer toute la vie. Le transfert de la partie psychotique de la personnalité est parfois dangereux et peut conduire à l'agression et au meurtre aussi bien qu'à la déification de l'objet, et l'agression comme la déification peuvent mettre fin à tout contact en raison de peurs profondément ancrées. Sauf dans des cas limités et peu graves, le transfert ne peut pas être utilisé comme un catalyseur sûr dans l'élucidation psychanalytique. Chaque nouvelle étape du développement peut détruire un transfert établi. Le psychotique ne sépare pas suffisamment la psychanalyse de la vie, tant que la structure du Moi n'est pratiquement pas restaurée.

C'est la raison pour laquelle il est préférable de ne pas faire s'allonger le patient sur le divan psychanalytique. Lorsque le névrosé se lève du divan, il revient à son comportement normal et à son rapport conscient avec l'analyste. Ce n'est pas le cas pour le psychotique. Il ne fait pas face pleinement à la demi-réalité du transfert, et de ce fait la confond avec la réalité et *vice versa*. Après l'interprétation de ses rêves, il est incapable de distinguer ses intentions rêvées de ses rapports réels ; il peut s'enfuir de chez lui ou attaquer la personne qui a provoqué en rêve ses désirs de mort.

GAGNER LE TRANSFERT POSITIF DU PSYCHOTIQUE ET SAVOIR NE PAS LE PERDRE

Le patient psychotique offre un transfert positif à l'analyste ; l'analyste doit le nourrir comme quelque chose de précieux dans le but de garder son influence, et pour que le patient retrouve le contrôle de ses réactions psychotiques par sa propre compréhension. Le transfert est utile dans l'analyse des conflits sous-jacents de la psychose, mais un transfert positif ne doit lui-même jamais être dissous par la psychanalyse. Lorsqu'il est dissous, l'analyste a perdu toute influence, parce qu'il ne peut pas continuer à travailler avec le psychotique pendant les périodes de transfert négatif comme il le pouvait avec le névrosé. Même avec ce dernier, la méthode de transfert et l'ajustement fait par le Moi du patient ne sont pas réduits ; ce sont seulement les moyens de découvrir l'inconscient par l'association libre. Nous n'en avons pas besoin lorsque l'association libre est superflue et lorsque l'inconscient se découvre trop. Dans les névroses, le but est de remplacer la domination du Ça par la domination du Moi. Dans les psychoses, le but est le même mais, avant qu'il puisse être atteint, bien des fonctions qui ont anormalement pénétré le Moi conscient doivent être re-refoulées, et doivent revenir au Ça. Dans les psychoses, l'utilisation psychanalytique du transfert est plus limitée mais elle a une valeur encore plus grande que d'habitude. L'antithèse est celle-ci : chez les névrosés le transfert est utilisé pour libérer le matériau refoulé ; chez les psychotiques, pour refouler le matériau libéré.

Il existe une distinction entre transfert sain et transfert psychotique. Le premier est de même nature que celui qui s'instaure dans l'amitié ou l'amour. Un tel transfert contrecarre les dangers que celui de la partie psychotique du Moi réalise sur l'objet, en l'occurrence, le psychanalyste. Je me suis fait un ennemi personnel en tournant le ressentiment paranoïde d'un patient en haine objective, en me mettant du côté de sa famille contre lui. Bien des inimitiés fanatiques, privées et politiques, sont des réactions paranoïdes rationalisées, telles des forteresses construites sur des poudrières. Ces inimitiés mettent le médecin en danger quand il surestime le transfert positif sur sa personne.

Lorsque j'étais médecin de la prison militaire de Vienne, pendant la Première Guerre mondiale, j'eus l'occasion de voir comment le transfert normal persistait pendant la psychose. Un sergent, homme excellent, aimable et courageux, était de garde au moment où l'un des prisonniers, meurtrier célèbre appelé Mehalla, fondamentalement bon garçon, fut pris d'une psychose carcérale aiguë, d'une sorte de « folie de sédition ». Libérée du contrôle de sa raison, sa force musculaire était énorme. Il brisa la porte pour l'ouvrir, alors qu'elle avait précédemment résisté aux efforts de huit hommes normaux qui avaient désiré s'échapper. Ses huit camarades ne purent le retenir et il s'enfuit le long du corridor. Lorsque le sergent essaya de l'arrêter, Mehalla tira la baïonnette de la gaine du sergent, prêt à l'attaquer. Le sergent ne fit pas sonner l'alarme, ne s'enfuit pas et n'utilisa pas son revolver ; il dit calmement : « Mehalla, tu ne me feras aucun mal. » Celui-ci reconnut l'homme respecté et se rendit. Sa suggestibilité — c'est-à-dire son transfert — persista.

On obtient le transfert du psychotique par la sincérité, la gentillesse et la compréhension. C'est une grande erreur de croire que le psychotique accepte sans protestation le trouble de ses pensées ; chaque fois qu'un psychotique sent que vous le comprenez, il est vôtre. Souvent, il offre d'abord une certaine opposition ; mais, fréquemment, le lendemain, l'explication a été acceptée. On doit éviter le blâme et l'admonition sévère, toute supériorité souriante, et particulièrement tout mensonge. Avec les psychotiques aucun mensonge pieux n'est permis. Mentir à un psychotique est contraire à l'ordre de la Bible qui a enjoint de ne pas placer une pierre sur le chemin des aveugles.

Je fus l'un des premiers à m'opposer au dogme du « pas de transfert dans la psychose ». Aujourd'hui, bien des psychanalystes américains ont souligné le caractère routinier du transfert.

UNE FORMULE DE FREUD
REVUE ET CORRIGÉE

Freud a décrit ainsi les différences métapsychologiques entre la névrose et la psychose : dans la psychose, le conflit entre le Moi et le Ça est résolu en coupant le rapport à la réalité et en cédant à l'inconscient pulsionnel, au Ça ; dans la névrose, le conflit est résolu en coupant le rapport à l'inconscient pulsionnel et en sauvant le rapport à la réalité. Cette formulation est une vérité fondamentale à laquelle nous souscrivons tous pleinement ; mais le processus psychotique ne se produit pas simultanément dans la totalité des rapports du Moi et des frontières du Moi. Pendant les longues périodes de rechute et de retour des changements du Moi morbide dans les psychoses, les rapports à la réalité sont particulièrement gardés et même affermis, et les dépendances par rapport au Ça sont partiellement diminuées. D'un autre côté, dans les symptômes névrotiques, le rapport à la réalité est partiellement atteint et la dépendance du Moi sur le Ça devient en partie plus grande que dans l'état normal. L'affirmation de Freud a trait à la tendance fondamentale et générale et non pas à chaque phase singulière et à chaque mécanisme partiel ; en effet, comme Freud l'a ajouté dans les mêmes articles, les réparations et les restitutions commencent aussitôt que le mal est fait, et rassemblent les productions endommagées elles-mêmes. Freud lui-même nous a souvent avertis de ne pas devenir dogmatiques et de ne pas laisser échapper les complications des phénomènes et les mélanges de mécanismes.

En pratique, la différence la plus importante entre le transfert dans les névroses et les psychoses réside dans le facteur de l'ambivalence. Normalement, il y a une résultante qui est l'aboutissement de l'amour et de la haine, de l'activité et de la passivité, de l'obéissance et de la résistance, par rapport à un seul objet. Au niveau névrotique, les sentiments ambivalents à l'égard du même objet ont pour résultat une réaction et l'apparition de symptômes. Au niveau psychotique, les tendances émotionnelles contraires déchirent le Moi. Dans les réactions catatoniques sévères, les parties divisées du Moi travaillent simultanément avec des investissements égaux ; elles peuvent arrêter toutes les activités ou créer la stéréotypie. Dans les cas moins sévères, les états divisés du Moi alternent en force, et, simultanément, il y a alternance de transfert positif et de transfert négatif sur l'analyste.

UNE INDISPENSABLE
PRÉSENCE FÉMININE AUPRÈS DU MALADE

Alors que tout névrosé effectue facilement un transfert de sa mère au psychanalyste, le psychotique ne peut pas le faire si l'analyste est un homme. Cela montre à quel point le psychotique dépend plus de la réalité que le névrosé ; ainsi, lorsqu'on le force à transférer sa relation à la mère sur un homme, il confond les sentiments homo et hétérosexuels et devient encore plus perturbé.

Mon affirmation de la nécessité d'une aide féminine pour les psychotiques est par conséquent bien fondée, bien que je sois arrivé à cette conclusion à partir de la simple expérience. Chaque fois que j'ai réussi, je bénéficiais d'une telle aide maternelle ; dans certains cas, la mère réelle voulait bien apporter son aide. En effet, bien des femmes même si elles manquent de maternité instinctuelle sublimée, ont un grand sens du devoir envers un pauvre enfant psychotique. Mais la mère réelle est habituellement moins utile qu'une sœur ou qu'une infirmière qui devient une sœur. Le rapport du psychotique devient trop possessif et régresse trop facilement à l'inceste lorsqu'il est soigné par sa propre mère. Cependant, la coopération aimante de la mère est très utile lorsqu'on peut l'obtenir.

PAUL FEDERN[6]

6. *La Psychologie du Moi et les psychoses* (« Psychanalyse des psychoses »), P.U.F. édit., p. 125-129, 136-146, 148-151, 153-154.

Chapitre II

La méthode
de l'interprétation directe

*J. N. Rosen est le créateur et le théoricien d'un type de psy-
chothérapie analytique appliquée aux malades psychotiques : l'analyse
directe. Le thérapeute donne au patient des « interprétations directes »
portant sur les contenus inconscients, sans faire appel à la médiation
d'un certain nombre de maillons associatifs. Les interprétations se font
à partir du discours du patient, mais aussi des expressions infraverba-
les et non verbales (mimiques, gestes, etc.). Elles court-circuitent les
résistances, et tendent en fait à établir une relation quasi symbiotique
avec le patient, gouvernée par la communication d'inconscient à
inconscient : le thérapeute devient une mère toute-puissante, bonne et
protectrice, réparant par son attitude les carences précoces subies par
le malade.*

L'analyse directe est une technique psychologique ayant pour objet
le traitement et la guérison des malades psychotiques.

A mes débuts, le caractère prometteur de l'espoir qu'apportait Freud
me semblait si évident que je fus fort surpris d'apprendre qu'aucun de
mes collègues psychanalystes, jusqu'alors, n'avait tenté d'appliquer
systématiquement la doctrine freudienne dans les cas de psychose.
Bien plus, à l'hôpital où j'ai reçu ma première formation psychiatrique,
la psychanalyse était tabou, même en tant que contribution à la compréhension et au soin général des malades.

◀ « A l'hôpital où j'ai reçu ma première formation psychiatrique, la psychanalyse
était tabou... »
(« L'Hôpital des fous », gravure d'Eisen, 1765).

Les psychoses : la perte de la réalité

*« Qu'est-ce qu'une psychose sinon, par son son contenu manifeste,
un interminable cauchemar dans lequel les désirs sont si bien camouflés
que le malade ne s'éveille pas ? » (Gravure de Colis, 1826)*

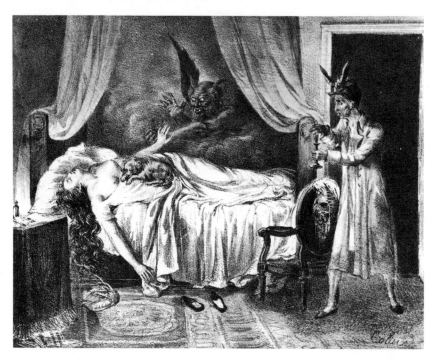

Quand je commençai à traiter des psychotiques, ma connaissance de la psychanalyse se bornait aux notions apprises pendant les premiers mois de mon analyse personnelle, et aux lectures que j'avais faites sur le sujet. Je me voyais forcé d'appliquer à mes patients les traitements physiques d'usage. Ceux-ci mis à part, je ne pouvais rien faire d'autre qu'écouter les malades. Plus j'écoutais, plus j'étais frappé de la similitude entre le matériel psychotique et le matériel onirique.

A partir des données recueillies en lisant attentivement *L'Interprétation des rêves* et en écoutant parler mes malades, j'élaborai l'hypothèse très simple qui suit, avec l'idée que grâce à elle les découvertes de Freud pourraient s'appliquer aux malades psychotiques.

LA PSYCHOSE :
UN INTERMINABLE CAUCHEMAR ÉVEILLÉ

Les désirs interdits, que les tabous et la menace du talion empêchent d'accéder à la conscience, persistent dans l'inconscient. Ces désirs sont

236

partiellement gratifiés dans les rêves, où les fantasmes, déguisés par l'effet des symboles, de la condensation, du déplacement et de la déformation, paraissent innocents et dénués de sens. Protégé ainsi par la censure qui l'empêche de discerner le contenu réel de son rêve, le rêveur peut continuer de dormir. Il s'éveillera si la censure onirique fait défaut, rendant imminente la révélation du sens véritable du rêve. Il pourra se souvenir des détails de son cauchemar, mais le rêve se sera interrompu avant qu'il ait pressenti le désir interdit.

Qu'est-ce qu'une psychose sinon, par son contenu manifeste, un interminable cauchemar dans lequel les désirs sont si bien camouflés que le malade ne s'éveille pas ? Alors pourquoi ne pas réveiller le malade en lui démasquant le contenu réel de sa psychose ? Une fois celle-ci dépouillée de son déguisement, est-ce que ce rêveur-là ne pourra pas s'éveiller lui aussi ? Au début de mon travail, c'est exactement ce que je pensais, même si je n'ai compris qu'ultérieurement la théorie de la chose. J'ai constaté plusieurs fois, au cours de mon analyse, que mon inconscient en savait plus que moi.

UNE CURE ANALYTIQUE S'IMPOSE APRÈS GUÉRISON DE LA PSYCHOSE

La maladie mentale est un processus dans lequel des défenses vacillantes sont toutes abandonnées dans une retraite désespérée loin du réel. L'individu est d'abord névrosé ; puis, à un degré plus bas, obsessivo-compulsif ; puis maniaco-dépressif, puis paranoïaque ; enfin, mais après tous ces stades seulement, la psychose profonde apparaît.

Le chemin qui conduit hors de la psychose est exactement le même que celui qui y mène. Partant de l'irréel, le malade progresse par étapes vers une névrose qui ressemble à celle dont il souffrait au début. La névrose qu'il retrouve a été modifiée par toute l'expérience psychotique et par la thérapie analytique directe. Nous avons choisi le terme de *néo-névrose* pour évoquer ce retour et cette modification.

En mettant l'accent sur des idées, des techniques et du matériel clinique en rapport avec le traitement des psychoses, je puis donner au lecteur l'impression que cette thérapie suffit pour guérir les psychotiques. Je l'ai cru au début. Mais après quatre ans de travail, j'ai constaté que certains des malades que je considérais guéris retombaient dans la psychose. J'ai pu reprendre le traitement de quelques-uns d'entre eux, mais les autres, perdus dans les rouages des asiles d'État, sont devenus des cas chroniques. J'ai réalisé alors que si l'on veut mettre le malade à l'abri d'un retour des symptômes, il faut qu'une fois la psychose guérie, on le soumette à une analyse. Il est intéressant de noter que, cette phase analytique bien mise en train, il arrive qu'un matériel transférentiel explosif détermine une brève psychose de transfert. L'important est que les malades, même s'ils perdent tous leurs autres objets, restent en contact avec moi et puissent très vite reprendre l'analyse sur le divan. Le schizophrène possède une si grande expérience de l'inconscient, et l'analyse directe lui a permis d'acquérir une intuition si aiguë du sien, que l'analyse complémentaire de rigueur en est rendue plus facile. C'est seulement après celle-ci que le malade revient tout à fait à la santé.

L'ANALYSE DIRECTE :
LA NOTION DE PSYCHOSE

L'analyse directe a pour principe de base que, sauf dans les cas où une lésion organique est clairement démontrable, les psychoses sont d'origine psychogénique et peuvent répondre à des traitements psychologiques.

Les études de Freud portaient surtout sur le comportement névrotique, mais nous pensons qu'il a défini la dynamique de tous les comportements humains, depuis celui du psychotique jusqu'à celui, hypothétique, de l'homme normal. Nous pensons que schizophrène et névrosé diffèrent l'un de l'autre uniquement par le degré ou le stade de la maladie ; l'un est simplement plus malade que l'autre. Je ne partage pas l'avis de nos collègues pour qui une personne névrosée est par le fait même à l'abri de la psychose. Nous avons tous un inconscient ; nous sommes donc tous des psychotiques en puissance.

Quand l'inconscient s'est rendu libre et demeure tel (dans la psychose), les désirs refoulés du malade font leur apparition sous forme de délire, d'hallucinations ou d'autres manifestations névrotiques. Ces désirs refoulés peuvent avoir des buts réalisables — comme l'inceste —, mais qui ne pouvaient être avoués et qui étaient affaiblis grâce à l'activité de la censure. Ils peuvent aussi avoir des buts impossibles à atteindre comme, par exemple : demander de l'amour à une mère non aimante.

À PROBLÈME
DÉCOULANT DE LA PHASE ORALE,
INTERPRÉTATION ORALE

Les psychotiques vivent directement à l'ombre du sein. On peut en tirer deux conclusions : la première est que leur vie psychique se déroule au stade de la première enfance ; la deuxième est que ce sein dont ils ont tant besoin menace leur existence. S'il en est bien ainsi, comment la théorie de la triade orale de Lewin pourra-t-elle nous aider à élucider la question ? L'enfant normal mange le sein, le sein le mange, il se sent bien au chaud en lui, il n'a rien à craindre et est assuré de retrouver au réveil la bonté du sein. Le sein ne s'en ira pas ; il a conféré à l'enfant l'omnipotence et continuera de le faire aussi longtemps qu'il faudra. Mais s'il s'agit d'une autre sorte de sein, l'enfant n'ose pas le manger. Si le sein mange l'enfant, celui-ci est déchiqueté et détruit, et comment pourrait-il alors dormir ? S'il parvient à dormir un peu — d'un sommeil qui n'en est pas un —, il aura des cauchemars terrifiants. Une même terreur s'observe tous les jours dans le cauchemar éveillé que vivent nos malades. Voilà comment s'explique l'amélioration produite par les interprétations orales. Tout comme les problèmes œdipiens sont à la base de la névrose, les problèmes de la phase orale sont sans doute à la source de la psychose.

L'ANALYSE DIRECTE : SES TECHNIQUES THÉRAPEUTIQUES

La grande loi de l'analyse directe est que le thérapeute se conduise comme un protecteur aimant et omnipotent qui nourrit le malade. En d'autres termes, il doit être la mère idéale dont le rôle est d'élever l'enfant (le malade) de nouveau. Cette tâche doit être entreprise parce que le malade, par suite de tensions psychiques insupportables, est, à toutes fins pratiques, redevenu un nourrisson. Pour l'analyse directe, cette catastrophe est l'effet de soins maternels inconsciemment maléfiques. On peut donc prédire qu'une mère bienveillante servira d'antidote, avant même d'avoir recours à un matériel clinique abondamment démonstratif. Nous croyons aussi que l'inconscient du nourrisson perçoit fort bien les qualités qui font une mère bienveillante.

Les besoins conscients et tangibles du malade, facilement reconnaissables, tels la nourriture, la chaleur et la protection, sont ceux que le thérapeute aura le plus de facilité à satisfaire. Mais il est beaucoup plus difficile de fournir les bonnes réactions instinctuelles d'une mère bienveillante capable de satisfaire aux besoins inconscients du malade. Il faut pour y arriver que le psychisme du thérapeute soit bien en ordre. Ses pulsions instinctuelles : amour, haine et agressivité, doivent être suffisamment équilibrées pour que son rapport avec le patient devienne bienfaisant pour celui-ci. Mais un effort conscient ne peut suffire à imposer cet équilibre qui assure le courage et la maturité nécessaires pour se soumettre à la grande loi. Cet équilibre existe à l'état fruste

240

dans la nature et s'acquiert parfois grâce à la discipline analytique. Les psychotiques traités avec succès par l'analyse le possèdent toujours. L'intuition délicate permettant de deviner les besoins du malade à travers ses productions manifestes provient rarement de la question consciente : « Que veut-il dire ? » Le thérapeute sait bien ce dont le malade a besoin, et il voit ses intuitions confirmées par les résultats heureux qu'il obtient quand son inconscient lui permet de donner au malade ce qu'il demande. Je ne dirai pas que mon inconscient m'ait guidé sûrement dans tous les cas, mais chaque fois que j'ai échoué, j'ai constaté à quel point la « grande loi » était indispensable. Mes collègues et moi avons acquis le plus grand respect pour les forces disponibles dans notre inconscient, forces qui soutiennent et protègent la cure en dépit de difficultés souvent traîtresses.

UNE RELATION SOUMISE AUX LOIS RÉGISSANT TOUS LES RAPPORTS HUMAINS

Je me suis souvent demandé pourquoi mes collaborateurs et moi-même persistions à nous dévouer pour des êtres si malpropres, si désagréables et, pour tout dire, si dégoûtants.

Cette saleté, vue sous l'angle du malade, permet sans doute à celui-ci d'accentuer sa rupture avec le monde extérieur, car le fait d'être sale détourne de lui la mère bienveillante. Mais la mère bienveillante dominera son dégoût conscient et, guidée par la « grande loi », répondra au malade avec toute sa libido « guérissante ».

Il existe dans la psychologie humaine un autre effet de cette force dont l'action est inconsciente et sert la « grande loi ». Les affects irrationnels de l'illusion idyllique viennent de la même source. Cette force agit de la façon suivante :

Au début, le malade est presque un étranger pour vous. Un étranger est indifférent. On n'a pour lui ni amour ni haine. Après la première entrevue, c'est toujours un étranger pour vous, mais déjà vous éprouvez pour lui des sentiments bons ou mauvais. Il en est de même pour le malade désagréable comme pour le malade avenant. Comme dans les autres types de rapports humains, plus vous passez de temps avec une personne, plus elle tend à compter pour vous sur les plans conscient et inconscient.

◄ *Avec la sincérité qui le caractérise, J. N. Rosen écrit ici : « Je me suis souvent demandé pourquoi mes collaborateurs et moi-même persistions à nous dévouer pour des êtres si malpropres, si désagréables, et, pour tout dire, si dégoûtants. »*
(« *La Mamma Idropica* », dans les « *Caprices* » de Goya, musée du Prado).

JOUER LE RÔLE DE LA MÈRE IDÉALE

Une fois réalisé l'investissement initial d'intérêt, d'efforts et de temps, le caractère agréable ou désagréable du malade n'est pas ce qui encourage le thérapeute à se dévouer. Le malade est désormais comme un membre de votre famille, et c'est sur cette base que vous devez satisfaire à ses besoins. Mais il existe d'autres facteurs dans vos relations familiales. Il n'est pas de famille saine où le seul sentiment soit l'amour. Vous vous mettez à lutter avec le malade ; vous vous éloignez de lui ; vous vous sacrifiez moins pour lui. Le thérapeute doit faire beaucoup d'autres choses pour diminuer l'intensité des sentiments transférentiels quand les besoins du malade sont devenus moins intenses.

Pour traiter un psychotique, il n'est pas suffisant de connaître la « grande loi » et de dire au malade : « Je suis votre mère idéale et je vais vous aimer et vous protéger. » Ce serait aussi inutile que de se borner à des propos rassurants, et nous savons tous que cela ne mène à rien. Pour jouer le rôle de la mère idéale, le thérapeute doit agir consciemment et inconsciemment de telle sorte que le malade comprenne qu'il est aimé, protégé et nourri.

L'INTERPRÉTATION DIRECTE

L'interprétation directe est à nos yeux notre technique la plus importante. C'est surtout grâce à elle que vous arriverez à vous faire accepter par le malade, au début du rapport complexe qui doit se développer par la suite. Les interprétations directes indiquent au malade qu'autour de lui, quelque part, il peut maintenant trouver de la compréhension, et que celle-ci est magique et toute-puissante ; pour la première fois, il se sent compris dans cet univers de nourrisson qui est le sien. Dans presque tous les cas, ces interprétations jointes à votre voisinage physique du malade vous donneront ce premier avantage de vous voir très tôt prendre place dans son délire.

L'interprétation directe est conforme à la « grande loi », car grâce à elle le malheureux sent que ses appels jargonnés et pareils à ceux d'un nourrisson sont compris. Il y a plus d'espoir d'être gratifié quand on voit quelqu'un autour de soi prouver qu'il a compris le désir et le besoin qu'on éprouve. Chaque appel qu'on interprète et chaque petit désir qu'on satisfait dans le rapport thérapeutique réduisent dans une certaine proportion l'énorme quantité d'énergie qui alimente la psychose. Sous l'action de ces échanges, associés à d'autres moyens thérapeutiques, la psychose perd lentement son emprise et le sens du réel fait peu à peu son apparition.

Une des hypothèses de travail de l'analyse directe est qu'il n'existe pas de cas où le malade soit incapable de produire un matériel interprétable. Il faut se rappeler que le malade est limité dans ses moyens d'expression comme le nourrisson, qui dispose de peu de moyens d'exprimer ses besoins. Le thérapeute s'aperçoit souvent qu'il n'arrive pas à comprendre et à interpréter ce que le malade dit ou fait. Mais il demeure que ces productions ne sont jamais dépourvues de sens. Le bébé ne pleure jamais pour rien.

Le matériel à interpréter est constitué par les productions verbales du malade, ses gestes, ses attitudes particulières, sa posture, sa conduite quotidienne. L'ensemble forme le contenu manifeste. De ce contenu manifeste, l'analyse directe tire un sens latent, qu'elle impose avec force au malade. Quoique les exemples subséquents soient surtout des productions verbales, on ne doit pas oublier que tout, depuis le borborygme jusqu'à un fantasme très élaboré, est sujet d'interprétation.

Si le patient est muet, il est généralement rigide. En ce cas, il faut savoir que le sens de l'attitude du malade est celui-ci : « Je suis paralysé par la peur. » Il faut bien lui dire que vous comprenez cela. Le thérapeute doit utiliser quelque élément que ce soit de l'hallucination, du délire ou de la gesticulation, pour en tirer la remarque ou le geste qui, d'après notre connaissance de la psychose en général et de celle du malade en particulier, pourra le plus clairement exprimer un besoin direct du malade. Il faut communiquer à celui-ci le sens que nous découvrons dans ses paroles et ses actes, afin qu'il en vienne à ne plus se sentir seul, mais compris par un autre. Quelqu'un cherche à comprendre, à aider. Quelqu'un lui donnera ce qu'il ne peut obtenir par lui-même.

Je suis à peu près convaincu que les meilleurs résultats thérapeutiques sont obtenus en plaçant l'interprétation directe sur le plan oral. Voici un exemple :

Une jeune patiente fut conduite à mon bureau après plusieurs nuits de délire et d'insomnie. Elle hallucinait activement et demandait : « Que va-t-il arriver quand on trouvera ce que j'ai volé ? » Je répondis : « Si votre mère ne voulait pas vous le donner, vous étiez en droit de vous en emparer. » On aurait pu tout aussi bien lui faire l'interprétation génitale : « Vous n'avez pas de pénis, il vous faut en voler un. »

Mais l'accent devait être mis ici sur le fait qu'elle devait surmonter d'une manière ou d'une autre le naturel mesquin (sein) de sa mère. Nous pûmes dire après : « En luttant pour obtenir l'amour et l'affection de votre mère, vous avez dû voler ce que vous n'aviez pas — une sorte de symbole du pénis — dans l'espoir qu'avec un pénis vous obtiendriez l'amour de votre mère. »

La malade était en fait kleptomane avant que commençât sa psychose. Au cours de la phase analytique de son traitement, elle parvint à réaliser ce qu'elle voulait voler, non pas par envie du pénis, mais en tant que moyen de gagner l'amour maternel.

LES INTERPRÉTATIONS DE TRANSFERT

Les interprétations de transfert dont j'ai parlé et celles que j'ai citées jusqu'ici étaient à proprement parler des interprétations directes. Outre celles-ci, je fais aussi souvent des interprétations de transfert en interprétant au malade son comportement du point de vue de ce rôle maternel affectivement très chargé qui découle de la « grande loi ». A maintes reprises, les interprétations de ce genre sont provoquées par des attitudes choquantes que le malade adopte pour exprimer le fantasme d'être quelqu'un ou quelque chose qu'il n'est pas en réalité, et gagner ainsi l'approbation parentale. Un jeune homme imaginera qu'il va se marier au plus saint des pères, le pape. Il se voit comme une jeune fille si attirante qu'aucun homme ne peut lui résister. L'ayant compris, j'interdis au malade d'épouser qui que ce soit sauf moi, puis j'ajoute : « Je veux que vous soyez mon fils ».

Près d'un an plus tard, l'homosexualité inconsciente du malade s'étant manifestée au cours de l'analyse, il évoqua cet incident de sa psychose, et dit qu'il se souvenait du soulagement ressenti lorsque, grâce à moi, il avait accepté le fait de sa masculinité.

Il arrive que des patientes s'arrachent ou se coupent les cheveux dès qu'elles en ont l'occasion. Je leur reproche violemment leur geste, en déclarant que je vais les haïr si elles deviennent des garçons. « En tant qu'homme, je n'aime que mes filles. »

N'oublions pas que cela n'est pas suffisant pour une interprétation satisfaisante du geste d'une fille qui s'attaque à ses cheveux. Je dois encore relier ce geste à la mère puisque je crois que, en devenant un garçon, la fille cesse de concurrencer la mère dans la relation avec le père, et gagne peut-être ainsi l'amour de la mère.

Dans les deux cas j'assume un rôle parental et nie passionnément que je désire voir le garçon devenir fille, ou la fille, garçon, et je montre que je veux les voir rester tels qu'ils sont. S'ils essaient de se changer, je vais les détester et non les aimer.

L'AGRESSIVITÉ

Les interprétations directes et de transfert libèrent des quantités considérables d'énergie. Cette énergie servait auparavant à entretenir

« Lorsqu'un malade se montre extrêmement violent de façon persistante les moyens psychologiques peuvent se révéler inutiles. »

la psychose dans son intensité. On notera qu'un des premiers signes du retour du malade à la réalité sera l'augmentation de son agressivité. Nous croyons que cette agressivité est alimentée en partie par l'énergie libérée. Pour avoir centré l'attention du malade sur le caractère malveillant de sa vraie mère, le thérapeute verra maintes fois toute la violence de l'énergie libérée se reporter sur lui. A ce moment crucial, il faut prendre certains risques, tout comme dans le traitement des maladies infectieuses. Ces risques cependant peuvent être réduits au minimum par l'usage de certains moyens de protection. Avec de la chance, et si l'on est prêt à faire face à tout, la phase où l'on affronte et où l'on vainc l'agressivité du malade peut tourner à l'avantage de celui-ci.

Lorsqu'un malade se montre extrêmement violent de façon persistante, les moyens psychologiques peuvent s'avérer inutiles. Dans ces cas, il faut faire usage de draps roulés ou de la camisole. Il faut entraver l'agressivité du malade. C'est probablement sur ce point qu'on pourrait douter de notre fidélité à la « grande loi ». Mais nous nous en expliquons comme suit : la mère idéale doit protéger son enfant, même contre ses propres violences. Si elle ne le protège pas lorsqu'il est incapable de le faire lui-même, qui portera la responsabilité des représailles qu'il devra subir conformément au talion ? Si vous le protégez contre son agressivité, il ne sera pas puni selon la loi mosaïque et il ne connaîtra pas l'intolérable sentiment de culpabilité qui accompagne la haine et les violences contre les objets aimés.

LA PARTICIPATION À LA PSYCHOSE

Il se produit, soit au début du traitement, soit plus tard, une brisure dans l'évolution du cas, qui nous permet, à mes assistants et à moi, de constater un changement constructif dans l'attitude du patient envers moi. Je veux dire par là que l'étanchéité de la psychose du malade s'est affaiblie et qu'il commence à m'incorporer dans son univers psychotique. Cette victoire chèrement acquise vient habituellement après qu'on a passé des journées épuisantes à écouter le malade et à lui assener des interprétations directes et indirectes. Cela se produit parfois après un véritable pugilat avec le malade.

Vous, le médecin, possédez, tout comme le malade, un inconscient où se trouvent des éléments provenant de la longue évolution phylogénétique, qui vous permettront autant de ruses, d'astuces, d'habiletés, de moyens de séduire et toutes les autres ressources servant à la survie. L'inconscient du malade et le vôtre connaissent les mêmes secrets.

LE MALHEUR AIME LA COMPAGNIE

Un des premiers procédés que j'emploie est d'éveiller l'intérêt du malade pour un symptôme qu'il a jusque-là violemment refusé d'admettre.

Un patient avait réussi à nier son comportement psychotique en alléguant que sa maladie consistait en une malformation de son épine dorsale et en l'existence d'un os supplémentaire qui pointait hors de son dos. Il avait de plus une démarche très bizarre, qu'il attribuait partiellement à sa malformation spinale. Le jour où je sentis que j'étais admis dans sa psychose, je fus frappé par deux aspects nouveaux de

246

son comportement. Il tournait sans cesse la tête vers moi au lieu de ne pas me regarder comme c'était son habitude, et quand je lui demandai de me tendre sa main — qui était froide et humide — il la tendit vers moi, alors qu'auparavant je devais l'examiner de force.

Je dis en m'adressant à deux autres médecins et à son infirmière : « Voyons voir ; marcher sur le bout des orteils... Je le faisais quand j'étais fou. Qu'est-ce que mon psychiatre disait ? Voilà, je m'en souviens. Vous essayez d'être une femme. Vous marchez comme si vous aviez des talons hauts. Mais je ne crois pas à ces sottises-là. *(Au patient)* : Désirez-vous une tasse de café ? Je pense que nous avons un gâteau quelque part dans la maison. »

Le patient fit cette remarque : « Non. Avez-vous réellement été fou, docteur ? Avez-vous eu cette façon de poser les pieds ? On dirait que les muscles des jambes me tirent vers le haut. Vous n'avez jamais eu de maladie vertébrale ? » Je répondis : « Vous non plus. Quand on a vécu notre folie, on comprend ces choses-là, mais en voilà assez de ces balivernes psychologiques. »

Je me remis à parler aux autres en feignant d'ignorer l'intérêt évident du malade pour mes supposés symptômes. Après quelques minutes de conversation sur le base-ball et la politique, le patient m'interrompit : « Comment pouvez-vous encore croire que je veux être une fille ? » Je souhaitai le bonsoir au patient, en tendant la main pour serrer la sienne, mais il retira sa main en déclarant : « Je fais ça avec les gens sans importance. Je ne veux pas m'en aller. Vous êtes le seul qui pour une fois s'est montré sincère. »

Toutes les fois qu'un malade persiste dans le refus d'admettre le caractère psychotique de ses agissements, je lui fais croire, si la chose est possible, que j'ai déjà été fou et que j'ai eu les mêmes symptômes que lui. Le malade doit reconnaître que je ne suis pas fou maintenant. S'il est vrai que je l'ai déjà été et que j'ai manifesté ces symptômes, j'ai sans doute retrouvé la santé. Pourquoi ne guérirait-il pas lui aussi ? Et s'il pense que je lui mens, il juge que c'est un mensonge affectueux et, longtemps après la fin de la psychose, il dira avec bonne humeur et un tout petit peu de gêne : « Je savais que c'était un mensonge. Tout cela était peut-être faux, mais m'a certainement aidé à vous voir sous un meilleur jour. »

LES GESTES MAGIQUES

Le malade coupe des fils électriques ou brise un appareil de radio. L'éclatement des frontières du Moi et la confusion dans la géographie mentale font que la distinction entre les autres et soi-même est perdue et que le passé et le présent sont confondus. A ce stade, le malade est assailli par des visions et par des voix. La science actuelle inclut les appareils électriques et la radio. Ceux-ci doivent être en panne. C'est d'eux que proviennent ces interminables messages. Nullement soulagé par ce qu'il a fait, le malade se tourne vers moi d'un air suppliant. Très solennel, je fais plusieurs passes dans l'air avec la main. Je peux même sauter en l'air et crier. Parfois, je trace des signes cabalistiques sur un bout de papier que j'épingle au mur. Avec la plus parfaite assurance, j'annonce que j'ai brisé le rhéostat ou coupé le fil des voix. Si l'attention du malade se concentre sur mes gestes, c'est qu'il aura interrompu son expérience hallucinatoire. J'en tire mérite et je lui fais observer que l'électricité ou les voix se sont arrêtées, ou que les images ont disparu, ce qui lui procure un sentiment de toute-puissance, réduit son angoisse, et me rend prêt à pousser mes avantages. Je suis la bonne mère toute-puissante, l'électricité étant le traitement de choc infligé par la mauvaise mère du malade. Les voix qu'il entendait étaient celles des grandes personnes dans la chambre voisine à l'époque où il était bébé, seul dans le noir et terrorisé.

DEVENIR DES PERSONNAGES DANS LA PSYCHOSE

Quel que soit le personnage dont vous êtes appelé à tenir le rôle, celui très humain d'une figure parentale comme le propriétaire ou le président, ou celui d'un être céleste comme Dieu ou une planète, sachez bien qu'invariablement vous représentez la mère. Le malade, en excitation catatonique, menacé de perdre la vie psychologiquement et parfois réellement, arrivera, en temps et lieu, à reconnaître votre voix et votre visage au milieu des fantasmagories de sa démence. Vous annoncez vous-même d'une voix assurée que vous êtes le personnage tout-puissant qui a le pouvoir de vie ou de mort sur lui, mais dont la volonté est présentement de faire servir ce pouvoir uniquement à la vie, c'est-à-dire, à protéger sa vie (grande loi). Dans le cas d'un catatonique muet, après avoir imaginé l'agonie mentale du malade d'après ce qu'il dit quand il sort de son mutisme, on fait la même déclaration. Cependant, avec ce malade, après avoir insisté sur le fait que vous êtes un personnage bon et tout-puissant, vous obligez le malade à ouvrir la bouche en appuyant sur les joues au niveau des dents, et une fois sa bouche ouverte, vous lui dites de boire. « Le lait est chaud et savoureux. Ce n'est pas le poison dont votre mère vous a nourri. »

« LE TRUC CONTRE LE TRUC »

Le délire du malade est une simulation qui a pour but d'atteindre un objet lointain ou hors de portée. Son inconscient invente, ment, s'aveugle, et recourt à la magie pour parvenir à cette fin. Une fois le délire organisé, celui-ci s'accompagne ou non d'angoisse. L'absence d'angoisse dénote une perfection diabolique. Aussi longtemps que le délire demeure aussi efficace, il est un obstacle sur le chemin de la résolution de la psychose. Si je me trouve devant une situation semblable, j'utilise dès que possible un procédé que j'appelle le *truc contre le truc*.

Le scénario exige la présence d'assistants qui connaissent leurs rôles. Une malade croyait que son père était condamné à mort dans la capitale de l'État. Je fis venir la famille et produisis une lettre de grâce imaginaire du gouverneur. Il y eut ensuite une fête digne d'un pareil événement. La malade était à demi consciente et garda une attitude rigide pendant la fête. Mais, par la suite, elle commença à donner des signes d'anxiété à propos de la nourriture, puis elle refusa de manger, assez longtemps pour qu'il se produisît une perte de poids de 40 livres[1]. On peut supposer que le retour du père ravivait une possibilité d'inceste qui risquait d'irriter et d'aliéner la mère. La mère la punissait en lui donnant du lait empoisonné.

ACCEPTER L'UNIVERS DÉLIRANT DU MALADE

Certains paranoïaques se prennent pour des hommes d'État contemporains, de grands personnages de l'histoire ou des personnes divines. Pour encourager le malade à abandonner la méfiance qu'il ne cesse de vous porter, vous agissez comme s'il n'y avait aucun doute qu'il soit celui qu'il croit être. Devant Dieu ou la Sainte-Trinité, vous vous agenouillez et faites le signe de croix. Pour Moïse, Abraham ou les autres, vous manifestez une déférence conforme à la tradition de l'Ancien Testament. A des présidents ou des généraux, vous parlez en termes grandiloquents de leur gloire. Presque toujours, le malade se lancera dans d'interminables discours, vous offrant ainsi un choix infini de matériel.

Il existe une autre forme de pensée paranoïaque, apparentée à celle-ci, qui donne de l'importance au malade d'une façon différente. Je parle ici des malades qui se croient espionnés par des organismes d'État, des comités parlementaires ou des firmes puissantes comme la Compagnie du Téléphone. Je pense ici à une patiente qui parvint à

---

1. Environ 18 kg. (N.d.E.)

alerter plusieurs fonctionnaires importants parce qu'elle était certaine qu'on avait branché sa ligne de téléphone sur une table d'écoute et que, pour l'agacer, on lui faisait réentendre ses conversations en se servant probablement d'un magnétophone.

On se demande pourquoi, dans un cas, on dit au malade qu'il est fou, et, dans un autre, on lui fait croire que ce qu'il dit est vrai. Certains indices suggèrent qu'il faut, par exemple, réduire la méfiance du malade ou l'apaiser momentanément, mais, quoi qu'il m'en coûte d'avouer que je me fie à mon intuition, dans nombre de cas je ne saurais dire précisément pourquoi j'accepte les affirmations délirantes du malade et lui permets de les poursuivre, plutôt que de les attaquer comme je le fais parfois. D'habitude, je peux expliquer en quoi le contenu apparent du matériel oriente ma conduite, mais, parfois, j'en suis incapable. Les résultats obtenus, qui apportent presque toujours la preuve que mon calcul était bon et mes interventions efficaces, me servent alors de justification.

LE RETOUR À LA RÉALITÉ

A mesure que les différents procédés décrits plus haut ramènent le malade à la santé mentale, la thérapie allonge son tir. On fait moins d'interprétations et on témoigne encore plus d'affection et de soutien au malade. Conformément à la grande loi, l'enfant doit recevoir autant d'amour à deux ans qu'à un an et demi. A la vérité, plusieurs traits caractéristiques de la mère idéale continuent de jouer un rôle dans le processus de maturation qui mène l'enfant jusqu'aux premières bouffées d'indépendance, et sont encore opérants après qu'il a fondé son propre foyer et est devenu lui-même une figure parentale indépendante. Les vrais parents se réjouissent moins que nous du mariage et de la paternité heureuse de nos anciens malades. Cette dernière phrase ne donne qu'une vague idée du contre-transfert et des sentiments que vous éprouvez pour le malade quand celui-ci devient capable de profiter de la vie comme jamais il n'avait pu le faire dans le passé. Je reconnais d'ailleurs l'existence de procédés techniques applicables au stade du traitement qui guide le malade des dernières phases de sa psychose jusqu'à la néo-névrose.

Avant d'en parler, je voudrais rappeler au lecteur que je traite ici de la « grande loi » plutôt que d'une doctrine thérapeutique rigide. Parmi les techniques dont je parlerai ici, certaines sont applicables dès la première séance de traitement, et il existe par ailleurs des cas où de subtiles interprétations directes s'avèrent utiles à la fin comme au début du traitement.

La résistance à la guérison devient très apparente à ce stade et tout au long de la phase néo-névrotique, mais elle n'est pas cuirassée comme lorsque vous luttiez pour tirer le malade des profondeurs de sa psychose. Freud nous dit que la femme ne renonce à son pénis qu'après avoir trouvé du plaisir dans son propre organe génital. Pareillement, ce n'est qu'après avoir ressenti tout le bonheur de la maturité que le malade perd son intérêt dans les avantages apparents de sa psychose.

DÉMONTRER
L'ABSURDITÉ DES ENVIES SUICIDAIRES

Retour à la réalité : 1. Réduction à l'absurde.

Quand le malade est suffisamment libéré de ses activités psychotiques pour acquérir un minimum de jugement et de compréhension, la démonstration de l'absurdité de son délire peut avoir l'effet le plus marqué sur l'évolution de la maladie. Après avoir tenté vainement pendant des mois de convaincre un jeune homme de renoncer à sa longue chevelure et à son accoutrement bizarre, nous eûmes recours à la force. Comme il ne s'agissait pas d'un poids-plume, nous dûmes nous mettre à quatre pour le maintenir sur la chaise du coiffeur. On le conduisit à mon bureau le lendemain, dépouillé de ses longs cheveux, mais vêtu d'une longue robe grise et posant toujours au Jésus-Christ. Je me tournai vers son gardien et ma secrétaire, qui prenait la dictée, et leur dis en montrant un peu d'irritation : « N'est-ce pas le quatrième Jésus-Christ qu'on nous amène aujourd'hui ? Voyons, il y a eu Joe, qui se disait Jésus-Christ. Il y a eu Fred, qui se prenait pour Jésus-Christ, et ensuite ce fut Milton, le patient du docteur B. qui se prenait aussi pour Jésus-Christ. Ah ! l'impudence blasphématoire de ces lunatiques... » Le malade m'écouta attentivement et baissa les yeux, sur quoi j'ajoutai : « Voilà ce que je vais faire avec vous. Si vous promettez de porter un pantalon demain, je vous promets de vous acheter une nouvelle chemise blanche. »

Il me serra la main, et bien qu'il n'eût pas dit un mot, je sentis que c'était une affaire conclue. Tôt le lendemain matin, j'entrai gaiment dans sa chambre avec la chemise en main. Le gardien n'eut aucune difficulté à lui faire revêtir des vêtements appropriés à son sexe. Il était apparemment prêt pour ce changement et il suffisait maintenant de s'attaquer au délire de la façon susdite. Outre l'atténuation de ses symptômes, on nota une amélioration générale de tout son état mental. Après quelques semaines, il devint capable de s'étendre sur le divan et d'associer librement, et deux ans plus tard il était admis à étudier la médecine dans une université européenne. Alors, je me demande : « Et la grande loi là-dedans ? » Je pense qu'une mère de quatre enfants qui, au cours d'un seul après-midi, les voit tous les quatre commettre la même action défendue a le droit de s'écrier : « Quand vont-ils cesser leurs désobéissances ? », et demeurer quand même une mère idéale.

La preuve par l'absurde est efficace avec des malades qui ont sérieu-

L'attitude caractéristique d'un malade atteint de délire mélancolique.

sement tenté de se suicider. Quand ces malades vont mieux, le goût de vivre chez eux est aussi fort que chez n'importe qui ; je leur parle alors au moins une fois de leur geste et le décris comme la chose la plus ridicule qui puisse être, car ils ont désormais conscience de l'absurdité d'un geste qui aurait eu pour effet de les tuer eux-mêmes, plutôt que l'image détestée de la mauvaise mère introjectée par eux. Je suis particulièrement prudent avec ces malades et tâche de les détourner le plus possible de leurs idées de suicide.

AUTORISER
CERTAINS « PASSAGES À L'ACTE »

Retour à la réalité : 2. Permettre au malade de passer à l'acte.

La chose est facile. On peut citer l'exemple de la malade qui s'attribuait un titre élevé et beaucoup de pouvoir, cherchant toujours à se manifester, et à qui je faisais depuis longtemps d'abondantes interprétations. Elle habitait avec une de mes assistantes dans un hôtel du centre de New York. Comme j'étais en train de lui montrer l'absurdité de ses prétentions, elle affirma que, lorsqu'elle allait au restaurant, elle était en droit d'exiger qu'on lui servît toute la nourriture disponible. Je lui lançai un défi : « Allez-y et faites-le. » Elle partit aussitôt vers un restaurant, où je la suivis avec miss G. Elle entra dans l'établissement — nous restâmes à la porte — et elle déclara à tue-tête que toute la nourriture était à elle ; puis elle se mit à s'emparer des boîtes de bonbons disposées sur un comptoir. Les garçons de table se saisirent d'elle et le maître d'hôtel en colère fit venir la police. A l'arrivée de celle-ci, la malade se montra toute surprise du tour déplorable que prenaient les événements ; je me présentai à l'agent de police et lui dis qu'il s'agissait d'une malade mentale inoffensive, obtenant qu'il ne la mît pas en état d'arrestation. On peut s'imaginer qu'à la suite de cette scène, la malade vit décroître sensiblement sa foi dans sa toute-puissance. Elle mit presque de l'ardeur à écouter mes explications quant à ce besoin violent et incontrôlable de se faire servir à manger.

CONTRER L'AGRESSIVITÉ DU MALADE

Retour à la réalité : 3. Le maniement de l'agressivité.

Les altercations violentes et parfois les violences physiques du malade contre certains membres de sa famille sont à prévoir au moment du retour au réel. Si cette tendance apparaît, j'interviens fermement en disant ceci : « S'il vous arrive encore de lever la main sur votre mère, père, mari, femme, enfant, frère ou sœur (toute personne à qui le malade s'est attaqué), je vous donnerai une raclée magistrale dont vous n'avez même jamais eu l'idée. Je vous interdis de battre un membre de votre famille. Si vous sentez le besoin de battre quelqu'un, prenez-vous-en à moi. »

Parfois, très rarement, un malade me frappe ou m'égratigne, mais ses coups sont toujours sans gravité. Le pugilat initial dont j'ai parlé plus haut a réglé la question de l'agressivité du malade, et celui-ci est peu porté à répéter l'expérience. J'avouerai que le malade est amplement justifié de sa rage et de son hostilité contre la figure parentale qui s'est avérée si traumatisante. Mais les incidents de ce genre font parfois courir de sérieux dangers au traitement. Sous le moindre prétexte, la famille nous retire parfois le malade au moment où la réalité commence à prendre le dessus ; il n'y aurait donc aucun avantage à donner aux parents une excuse valable, étant donné qu'ils ne comprennent pas que le désir de vengeance du malade est dirigé contre la famille de son enfance, non contre celle d'aujourd'hui. La grande loi exige que la bonne mère protège le malade contre les interventions de la mauvaise mère. Je désire obtenir en outre, en manifestant cette contre-agressivité, que l'attention du malade se reporte sur moi et que ses affects servent à la thérapie.

LE MALADE
RECONNAÎT LUI-MÊME QU'IL EST GUÉRI

Retour à la réalité : 4. Revivre un aspect de la psychose.

Le temps vient où les hallucinations visuelles et auditives des malades cessent de se produire. Plusieurs autres symptômes psychotiques s'affaiblissent ou disparaissent complètement. Vient alors une phase pendant laquelle les malades se sentent vacillants et le sont réellement. Cela ressemble au sommeil qui précède immédiatement le réveil. Certains jours, au cours du traitement, vous sentez fort bien que le malade est incertain et pourrait perdre le peu de terrain qui le sépare des hallucinations. Vous intervenez alors de la façon suivante : « Vous rappelez-vous quand vous étiez fou ? Vous entendiez des voix qui venaient de derrière cette lampe. Faites attention maintenant. Regardez bien là-bas. Vous entendez ces voix de nouveau, n'est-ce pas ? Que disent-elles ? »

Le malade hésite parfois, mais vous insistez pour qu'il essaie d'entendre les voix comme auparavant. Vous répétez que ses dénégations sont fausses, qu'il les entend vraiment et le poussez suffisamment à bout pour qu'il proclame sur un ton indigné qu'il ne les entend pas. Vous savez alors que le Moi du malade a eu l'occasion de s'affirmer sainement. Le malade aura plus de chances de rester éveillé.

Pendant leur psychose, certains malades font avec leur bouche des bruits d'explosion, s'agitent de façon cocasse, s'arrachent les cheveux en certains endroits ou se livrent à toutes sortes d'agissements bizarres. Chaque fois que vous craignez un retour de ces symptômes, allez au-devant en sommant le malade de répéter précisément ce comportement psychotique dont vous craignez le retour chez eux. Votre audace fait peut-être sentir au malade que, étant bien sûr qu'il ne peut plus retomber dans sa folie, vous courez volontiers le risque de le faire se conduire comme un fou. Le malade pourra essayer maladroitement de revivre le symptôme, faire des efforts évidents, disant parfois après coup qu'il a agi ainsi pour vous vexer. Quand le malade est parvenu à ce point, le médecin a raison de se sentir heureux.

J. N. ROSEN[2]

2. *L'Analyse directe* (« L'analyse directe : principes généraux », 1946), P.U.F. éd., p. 1, 3-14, 16-24.

*Renée souffrait d'un sentiment d'irréalité, les images, les sons,
les êtres qu'elle connaissait apparaissaient comme séparés du monde.*

Chapitre III

L'accès progressif
à la réalité

En 1947, Marguerite A. Sechehaye écrit un court ouvrage intitulé
La Réalisation symbolique, *dans lequel elle rapporte le cas de Renée,
une toute jeune femme schizophrène. Le* Journal d'une schizophrène,
*publié trois ans plus tard, et dont nous reproduisons ici certains
extraits, représente en quelque sorte le négatif de son précédent travail,
selon les termes de Marguerite A. Sechehaye. Car, cette fois, c'est
Renée elle-même qui raconte ses propres expériences psychotiques.
Marguerite A. Sechehaye rédigera en 1954* Introduction à une psychothérapie des schizophrènes, *dans laquelle elle théorisera sa méthode de
travail avec Renée.*

*La réalisation symbolique tend à réparer les frustrations précoces de
la patiente, grâce à la satisfaction de ses besoins les plus archaïques
sur un mode « magico-symbolique ». Elle instaure une unité entre
l'objet autrefois frustrant — dans le cas de Renée, c'était le sein — et
son symbole, ici, des pommes. Cette méthode a pour but de modifier la
situation conflictuelle primitive et de permettre à l'individu d'accéder à
une nouvelle réalité, plus acceptable que l'ancienne, et, par là même, de
lui faire accepter la réalité en tant que telle.*

Nous allons prendre connaissance maintenant des confidences que
Renée m'a faites peu après sa guérison — qui concernent les premiers
sentiments d'irréalité qu'elle éprouva, lorsqu'elle avait cinq ans.

« Je me souviens fort bien du jour où cela m'arriva. J'étais allée me
promener seule (nous étions à la campagne, en villégiature), comme je
le faisais parfois. Tout à coup, un chant en allemand se fit entendre de

l'école devant laquelle je passais justement. C'étaient des enfants qui avaient leur leçon de chant. Je m'arrêtai pour écouter, et c'est à ce moment qu'un sentiment bizarre se fit jour en moi, sentiment difficile à analyser, mais qui ressemblait à tous ceux que j'éprouvai plus tard : l'irréalité. Il me semblait que je ne reconnaissais plus l'école, elle était devenue grande comme une caserne, et tous les enfants qui chantaient me paraissaient être des prisonniers obligés de chanter. C'est comme si l'école et le chant des enfants étaient séparés du reste du monde. A ce même instant, mes yeux perçurent un champ de blé dont je ne voyais pas les limites. Et cette immensité jaune, éclatante sous le soleil, liée au chant des enfants prisonniers dans l'école-caserne en pierre lisse me donna une telle angoisse que je me mis à sangloter. Puis je courus à notre jardin, et je me mis à jouer "pour faire revenir les choses comme tous les jours" — c'est-à-dire pour rentrer dans la réalité. Ce fut la première fois que les éléments qui devaient plus tard toujours être présents dans mon sentiment d'irréalité se présentèrent : l'immensité sans limite, la lumière éclatante, et le poli, le lisse de la matière. Je ne m'explique pas ce qui m'est arrivé. Mais c'est à cette même époque que j'appris que mon père avait une maîtresse, et qu'il faisait pleurer ma mère. Révélation qui me bouleversa, car j'avais entendu ma mère déclarer que si mon père la quittait, elle se tuerait. »

Renée eut beaucoup d'autres sentiments d'irréalité dans les années qui suivirent jusqu'à l'âge de douze ans environ. Mais dès cet âge, ils devinrent de plus en plus intenses et de plus en plus fréquents.

UNE ANGOISSE INTENSE
ASSOCIÉE À DES PERCEPTIONS DÉFORMÉES

Le plus frappant qu'elle se rappelle avoir ressenti à cette époque se rapporte à l'école. C'était à son école, école qu'elle fréquentait depuis deux ans.

« Un jour, à la récréation, nous jouions à sauter à la corde. Deux fillettes tenaient chacune le bout d'une longue corde qu'elles faisaient tourner. Pendant ce temps, deux autres fillettes sautaient en partant chacune d'un côté, pour se rencontrer et se croiser. Lorsque ce fut mon tour, et que, parvenue au milieu du trajet, je vis arriver ma camarade en sautant pour me croiser, je fus prise de panique car je ne la reconnus pas. Je la voyais pourtant bien telle qu'elle était, et pourtant, ce n'était pas elle. Je l'avais perçue plus petite, à l'autre bout de la corde, et elle grandissait, grossissait à mesure qu'elle se rapprochait de moi et que moi je me rapprochais d'elle. Je criai : "Arrête, Alice, tu ressembles à un lion, tu me fais peur !" L'angoisse qui devait probablement percer dans mes paroles et que je voulais cacher sous une apparence de plaisanterie, fit arrêter aussitôt le jeu. Les fillettes me regardaient, étonnées, en me disant : "Tu es folle, Alice, un lion ? Tu ne sais pas ce que tu dis." Puis le jeu recommença. De nouveau, l'étrange transformation de ma camarade se réalisa, et dans un rire excité, je répétai : "Arrête, Alice, tu me fais peur, tu es un lion !" Mais, en fait, je ne voyais pas du tout un lion : c'était une image pour exprimer la perception grossissante de ma camarade, et le fait que je ne la reconnaissais pas. Tout à coup, je vis la similitude de ce phénomène avec celui du cauchemar de "l'aiguille dans le foin". C'était un rêve que je faisais souvent, surtout lorsque j'avais de la fièvre, et qui me donnait une angoisse épouvantable. J'ai toujours, plus tard, associé mes perceptions d'irréalité au rêve de l'aiguille. Voici le rêve : Une grange éclairée à l'électricité d'une manière éclatante. Les murs, peints en blancs, étaient lisses, lisses et brillants. Dans cette immensité, il y avait une aiguille, fine, fine, dure, brillante sous la lumière. Cette aiguille dans ce vide me faisait une peur atroce. Puis une meule de foin comblait le vide et absorbait l'aiguille. La meule, d'abord petite, grossissait, grossissait, et au milieu se trouvait l'aiguille, qui possédait une tension électrique énorme, qu'elle communiquait au foin. La tension, l'envahissement du foin et la lumière aveuglante faisaient augmenter l'angoisse jusqu'au paroxysme, et je me réveillais en hurlant : "L'aiguille, l'aiguille !"

» Ce qui m'arriva au jeu de corde avec ma camarade était du même ordre : une tension, quelque chose qui grossit démesurément, et l'angoisse. »

LES CRISES DEVIENNENT PLUS FRÉQUENTES

« Depuis lors, l'école me procura souvent un sentiment d'irréalité pendant les récréations. Je me tenais vers les barreaux, comme si j'étais une prisonnière, et je regardais les élèves courir çà et là dans le préau, en criant. Ils m'apparaissaient comme des fourmis sous une lumière éclatante. L'immeuble de l'école devenait immense, lisse, irréel, et une angoisse inexprimable m'étreignait. Je m'imaginais que les gens qui nous regardaient de la rue pensaient que nous étions toutes prisonnières, comme moi j'étais prisonnière, et j'aurais tant désiré m'évader au-dehors. Parfois, je secouais les barreaux comme s'il n'y avait pas d'autre issue pour sortir, comme un fou, pensais-je, qui voudrait revenir à la vie réelle. Car la rue me paraissait vivante, réelle, gaie, et les gens qui circulaient étaient des gens vivants, concrets, tandis que tout ce qui était dans l'enceinte du préau était illimité, irréel, mécanique, sans signification : c'était le cauchemar de l'aiguille dans le foin.

*« J'étais en train d'écouter le vent, tout mon être uni à lui,
vibrante, attendant je ne sais pas quoi... » (Dessin anonyme d'enfant)*

» Ces états ne me surprenaient que dans le préau, et pas en classe.
J'en souffrais beaucoup, et je ne savais pas comment m'en sortir. Le
jeu, la conversation, la lecture, rien ne parvenait à briser le cercle
d'irréalité dont je me sentais entourée.

» Ces crises, loin de s'espacer, ne firent qu'augmenter. Une fois, je
me trouvais au patronage, et je vis subitement la salle devenir
immense, et comme éclairée d'une lumière terrible, électrique, qui ne
donnait pas de vraies ombres. Tout était net, lisse, artificiel, tendu à
l'extrême ; les chaises et les tables me parurent des maquettes posées
çà et là. Les élèves et les maîtresses semblaient des marionnettes qui
évoluaient sans raison, sans but. Je ne reconnaissais plus rien, plus personne. C'est comme si la réalité s'était diluée, évadée de tous ces objets
et de ces gens. Une angoisse affreuse m'envahit, et je cherchai éperdu-
ment un secours quelconque. J'écoutais les conversations, mais je ne
saisissais pas la signification des paroles. Les voix me semblaient

métalliques, sans timbre ni chaleur. De temps à autre, un mot se détachait de l'ensemble. Il se répétait dans mon cerveau, comme découpé au couteau, absurde. Et lorsqu'une de mes camarades s'approchait de moi, je la voyais grossir, grossir, comme la meule de foin. J'allai alors vers ma monitrice, et je lui dis : "J'ai peur, parce que tout le monde a une tête de corbeau, toute petite, posée sur sa tête." Elle me sourit gentiment et me répondit quelque chose dont je ne me souviens pas. Mais son sourire, au lieu de me rassurer, augmenta encore mon angoisse et mon désarroi, car j'aperçus ses dents, qu'elle avait blanches et régulières. Ces dents brillaient sous l'éclat de la lumière, et bientôt, quoique toujours semblables à elles-mêmes, elles occupèrent toute ma vision, comme si toute la salle n'était que dents, sous une lumière implacable. Une peur atroce m'envahit. Ce qui me sauva ce jour-là fut le mouvement. En effet, c'était l'heure d'aller à la chapelle pour la bénédiction, et je dus, avec les autres enfants, me mettre en rang. De bouger, de changer d'horizon, de faire quelque chose de précis et d'habituel m'aida beaucoup. Toutefois, je transportais mon état d'irréalité à la chapelle, quoique à un degré moindre. Ce soir-là, je fus brisée de fatigue.

» Chose étonnante, dès que j'arrivais à rentrer dans la réalité, je ne pensais plus à ces terribles moments. Je ne les oubliais pas, mais je n'y pensais pas. Et pourtant, ils se renouvelèrent avec une grande fréquence, occupant des tranches toujours plus larges de ma vie. »

RENÉE PERD PEU À PEU TOUT SENS PRATIQUE

« Ma dernière année à l'école primaire fut très bonne au point de vue scolaire. J'obtins trois prix, dont deux premiers prix. J'avais donc tout ce qu'il fallait pour réussir à l'école secondaire. Hélas, ce ne fut pas le cas, et la cause en fut due en grande partie à l'"irréalité". D'abord, j'eus beaucoup de peine à m'adapter au rythme des heures et à la nouvelle manière d'enseigner. Puis, trois leçons me terrifiaient littéralement : c'étaient la leçon de chant, celle de dessin, et celle de gymnastique, et je puis même ajouter la leçon de couture. J'avais, paraît-il, une très jolie voix de soprano très élevé, et le professeur comptait sur moi comme solo dans le chœur. Mais il s'aperçut bien vite que je chantais faux, c'est-à-dire que je descendais ou montais de un ou deux tons entiers lorsque je ne faisais pas attention. En outre, je ne parvenais pas à saisir le solfège, ni battre la mesure, ni suivre un rythme. Aussi, chacune de ces leçons me procurait une angoisse inouïe, disproportionnée avec son objet. Il en était de même pour le dessin. Je ne savais pas ce qui était arrivé pendant les vacances d'été, mais je constatai que j'avais perdu le sens de la perspective. Aussi je copiais le modèle sur le dessin de ma camarade, ce qui me donnait une fausse perspective par rapport à ma place. A la gymnastique, je ne comprenais pas les ordres : à droite, à gauche, que je confondais. Et à la leçon de couture, impossible de comprendre la technique des pièces à poser et les mystères du tricotage d'un talon. Toutes ces leçons, quoique différentes, présentaient pour moi des difficultés analogues : je perdais de plus en plus le sens pratique, malgré mes efforts.

» C'est dans ces conditions difficiles que je ressentis de nouveau des sentiments d'irréalité. Pendant la classe, au milieu du silence du travail, j'entendais les bruits de la rue : un tram passer, des gens discuter, un cheval hennir, une auto klaxonner. Et il me semblait que chacun de ces bruits se découpait dans l'immobilité, séparé de son objet, et sans aucune signification. Autour de moi, mes camarades, têtes penchées, paraissaient des robots ou des mannequins, actionnés par une mécanique invisible. Sur l'estrade, le professeur qui parlait, gesticulait, se levait pour écrire au tableau, semblait lui aussi un pantin grotesque. Et toujours ce silence affreux, rompu par des bruits extérieurs, venus de loin ; ce soleil implacable qui chauffait la salle, cette immobilité sans vie. Une peur terrible m'étreignait. J'aurais voulu hurler.

» Parfois, c'était le matin à sept heures et demie, en allant à l'école, que ça me prenait. Subitement, la rue devenait infinie, blanche sous le soleil brillant, les gens couraient çà et là, comme une nuée de fourmis ; les automobiles évoluaient dans toutes les directions sans but ; au loin, une cloche sonnait. Puis tout semblait s'immobiliser, attendre, en retenant sa respiration, dans une tension extrême — la tension de l'aiguille dans la meule de foin. Il me semblait que quelque chose allait arriver, un bouleversement extraordinaire. Une folle angoisse m'obligeait à m'arrêter, et à attendre. Puis, sans que rien n'ait réellement changé, je percevais de nouveau le mouvement insensé des gens et des choses, et je continuais mon chemin pour aller à l'école. »

SEULE L'HABITUDE EST RASSURANTE

« Heureusement pour moi, je tombai physiquement malade d'une tuberculose pulmonaire, et je dus quitter d'urgence l'école pour le sanatorium, à la montagne. Là, après quelques jours d'angoisse due au changement, je m'adaptai assez facilement, à cause de la vie régulière qu'on y menait. Les crises d'irréalité diminuèrent fortement et furent remplacées par des états de ferveur, d'exaltation au sujet de la nature. J'étais seule dans une petite chambre, et mon plus grand plaisir était d'écouter le vent d'automne mugir à travers la forêt. Ses hurlements et les gémissements de la forêt secouée me donnaient une angoisse qui me gâtait le plaisir. Je croyais que le vent venait du pôle Nord et traversait les steppes glacées de Sibérie, en hurlant et se plaignant dans les forêts. Il me semblait vivant, monstrueux, courbant tout sur son passage. Alors je voyais ma chambre devenir immense, disproportionnée, les murs lisses et brillants, et l'affreuse lumière électrique inondant chaque objet de sa clarté aveuglante. Et le vent qui secouait mes volets avec violence, et le bruissement, les soupirs étouffés des branches de sapins qui se pliaient sous le passage du vent faisaient un contraste intense entre la violence du dehors et l'immobilité du dedans. Et, de nouveau, l'angoisse montait en moi jusqu'au paroxysme. J'aurais voulu briser ce cercle d'irréalité qui me figeait au milieu de cette immobilité électrique. Lorsque nous n'étions pas en cure, j'appelais alors une camarade pour jouer ou causer avec elle. Mais malgré le jeu, la conversation, je n'arrivais pas à revenir à la réalité. Tout me paraissait artificiel, mécanique, électrique. Aussi, pour me sortir de là, je me mettais à m'exciter : je riais, sautais, bousculais les choses autour de moi, les secouais pour tenter de les faire venir à la vie. C'étaient des moments terriblement pénibles !

» Comme j'étais heureuse lorsque les choses demeuraient dans leur cadre habituel, que les gens étaient vivants, normaux, et surtout que j'avais du contact avec eux ! »

POUR RENÉE, LA FIN DU MONDE APPROCHE...

« Je redescendis de la montagne pour trois mois, pour y remonter ensuite pour une année entière. C'est dans le courant de cette année, le 1ᵉʳ janvier très exactement, que je sentis pour la première fois *la Peur*. Je dois dire que l'irréalité avait encore augmenté, et que le vent avait pris une signification particulière. Aussi étais-je toujours très excitée les jours de vent dans les mauvaises saisons. Je ne dormais pas la nuit pour l'écouter, participer à ses hurlements, ses plaintes, ses cris désespérés. Mon âme entière pleurait et gémissait en lui. De plus en plus, je supposais que le vent portait un message, et que je devais le deviner. Mais quoi ? Je l'ignorais encore.

» Lorsque, le jour du Nouvel An, pendant la cure de silence, j'éprouvai pour la première fois ce que j'ai appelé *la Peur*. Elle m'est littéralement tombée dessus, sans que je sache comment. Cet après-midi-là, le vent était plus fort que jamais, plus lugubre aussi. J'étais en train de l'écouter, tout mon être uni à lui, vibrante, attendant je ne sais quoi.

Tout à coup, la Peur, la peur terrible, immense, m'envahit. Ce n'était pas l'habituelle angoisse de l'irréalité, mais une vraie peur, la peur que l'on ressent à l'approche d'un danger, d'un malheur. Et le vent, comme pour ajouter encore à mon désarroi, mugissait en d'interminables plaintes, qui se répercutaient par les gémissements sourds des forêts. J'avais si peur que je croyais être malade. Néanmoins, je sortis pour aller faire une visite à une amie, en séjour dans un sanatorium voisin. Pour y parvenir, je devais prendre un chemin à travers la forêt, court et bien tracé. Mais le brouillard était si épais que je me perdis. Je tournai autour du sanatorium sans le voir, et pendant ce temps ma peur augmentait. Bientôt, je compris que c'était le vent qui me faisait peur, puis les arbres, si grands et noirs dans le brouillard, mais surtout le vent. Je saisis enfin la signification de son message : le vent glacé du pôle Nord voulait briser la terre, la faire sauter. Ou, peut-être, il était un présage, un signe que la terre allait sauter. »

DES EFFORTS DÉSESPÉRÉS
POUR DOMINER LA PEUR

» Dès lors, cette idée me harcela d'une manière de plus en plus intense. Mais j'ignorais toujours la cause de cette peur, qui depuis ce jour-là me sautait dessus à n'importe quel moment de la journée. J'en parlai au médecin, qui voulut m'aider en me faisant de l'hypnose. Je me défendis vivement contre cela, ne voulant pas perdre ma personnalité, et je continuai à supporter et ma peur et mes crises d'irréalité. Pourtant, extérieurement, personne ne devinait mon angoisse et ma peur. On me prenait pour une excitée, une folle. Car, en effet, j'étais toujours agitée, faisant des cabrioles, riant à haute voix et jouant à l'idiot. Mais ces manifestations n'étaient pas un jeu de jeune fille excitée qui ne se contrôle pas. En fait, elles constituaient une tentative de dominer ma peur. Lorsqu'elle me tombait dessus, je me sentais agitée, anxieuse, attendant "le malheur" qui devait arriver. Je cherchais alors un dérivé dans des jeux ou des conversations. Mais bientôt la peur augmentait en moi, et le secours que j'espérais trouver dans mes camarades s'avérait nul. Alors, j'essayais de fuir la peur par l'excitation : je poussais des cris, je riais. Ces cris et ces gesticulations étaient un dérivé à ma peur, et une défense contre elle. Peu à peu, je me laissai aller à confier à mes camarades que le monde allait sauter, que des avions viendraient nous bombarder et nous anéantir. Ces confidences, bien que souvent faites en riant, j'y croyais fermement, et je désirais faire partager ma peur par d'autres afin de me sentir moins seule. Cependant, je ne croyais pas que la terre allait sauter comme je croyais aux faits vraiment réels. Je pressentais obscurément que cette croyance était liée à ma peur personnelle, particulière, et qu'elle n'était pas générale.

» Je passai une année ainsi, portant ma peur et mon irréalité. A part les crises d'excitation, j'étais normale. Tous les enfants du sana m'aimaient beaucoup, et ils venaient vers moi comme vers une petite maman. Je leur lisais les lettres qu'ils recevaient et faisais la correspondance des petits. »

LE CONTACT
AVEC LES ÊTRES HUMAINS DISPARAÎT

« Je redescendis en plaine, physiquement guérie, mais plus mal moralement. Maintenant, je devais compter avec "la peur" qui m'envahissait brusquement et m'enlevait toute joie de vivre. J'eus en outre une peine inouïe à me réadapter à la vie de famille et à l'école.

» Malgré mes difficultés, je parvins à être une bonne élève. Mais le dessin, la couture et le chant demeuraient mes branches "noires". Je ne me donnais même plus la peine de m'appliquer à comprendre la perspective, le rythme et le sens des pièces de couture, car je voyais que tous mes efforts étaient vains ; j'avais complètement perdu le sens de la perspective.

» Les deux années qui précédèrent ma psychanalyse furent deux années de lutte et d'efforts incessants. Sous les apparences d'une jeune fille pleine de responsabilité et travailleuse (je tenais entièrement le ménage de six personnes avec un budget de misère, j'éduquais mes frères et sœurs et j'étais une excellente élève), je me sentais de plus en plus désemparée. La peur, qui auparavant était épisodique, ne me quittait plus. Tous les jours, j'étais sûre de la sentir. Et puis, les états d'irréalité augmentaient eux aussi. Naguère encore, lorsque j'éprouvais l'irréalité, celle-ci ne touchait que les objets, mais avec les gens que je connaissais, j'avais du contact. Depuis mon retour de la montagne, l'irréalité touchait également les personnes, les amis. Et c'était vraiment affreux. J'avais deux ou trois amies, âgées de dix ans de plus que moi, que je voyais chaque semaine. Toutes se plaignaient que j'étais "crampon", exigeante. Car lorsque l'une d'elles m'offrait une heure de promenade, au moment de la séparation, je la suppliais de rester encore un moment avec moi, de me raccompagner. Et lorsqu'elle avait accédé à mon désir, je n'étais pas satisfaite, je disais : "Encore, encore, s'il vous plaît, restez encore." Ces réclamations incessantes, qui me faisaient passer pour une ingrate et une exigeante, provenaient uniquement de l'état d'irréalité dans lequel je me trouvais. Pendant toute la visite de mon amie, j'essayais désespérément de rentrer en contact avec elle, de sentir qu'elle était vraiment là, vivante et sensible. Or il n'en était rien. Elle aussi faisait partie de ce monde irréel. Je la reconnaissais pourtant bien. Je savais son nom et tout ce qui la concernait, et pourtant elle me paraissait étrange, irréelle, telle une statue. Je voyais ses yeux, son nez, sa bouche qui parlait, j'entendais le son de sa voix, je comprenais parfaitement le sens de ses paroles, et pourtant je me sentais en face d'une étrangère. Alors, je faisais des efforts désespérés pour briser ce mur invisible qui nous séparait, et pour arriver à établir un contact entre nous. Mais plus je faisais d'efforts, moins je réussissais, et mon angoisse montait, montait. Nous nous promenions sur une route de campagne, bavardant comme deux amies bavardent. Je lui racontais ce qui se passait à l'école, mes succès, mes échecs, je parlais de mes frères et sœurs, parfois de mes difficultés. Et sous ce masque de tranquillité, de normalité, je vivais un véritable drame. »

AVANT SA PSYCHANALYSE, L'EFFROYABLE SOLITUDE DE RENÉE

« Autour de nous, les champs s'étendaient, coupés par des haies ou des bouquets d'arbres, la route blanche filait devant nous, et le soleil dans le ciel bleu brillait et chauffait notre dos. Et moi je voyais une plaine immense, sans limites, à l'horizon infini. Les arbres et les haies étaient de carton, posés çà et là comme des accessoires de théâtre, et la route, oh ! la route infinie, blanche, brillante sous les rayons du soleil, brillante comme une aiguille. Au-dessus de nous l'implacable soleil qui accable de ses rayons électriques les arbres et les maisons. Par-dessus cette immensité, régnait un silence effrayant que les bruits ne rom-

Tout ce qui était beau et familier apparaissait à Renée étrange et menaçant.
(« Paysage » de Van Gogh)

paient que pour le faire encore plus silencieux, encore plus effrayant. Et moi, j'étais perdue dans cet espace sans bornes avec mon amie. Mais est-ce bien elle ? Une femme qui parle, qui fait des gestes. Je perçois ses dents blanches qui brillent, je regarde ses yeux bruns qui me regardent. Et je vois que j'ai une statue à côté de moi, une maquette qui fait partie du décor de carton. Oh ! que j'ai peur, quelle angoisse ! Alors je commence : "C'est bien vous, Jeanne ?" "Qui voulez-vous que ce soit ? Vous savez bien que c'est moi, n'est-ce pas ?" répondait-elle, étonnée. "Oui, oui, je sais bien que c'est vous, parfaitement." Mais en moi, je me dis : "Elle, oui, c'est bien elle, mais déguisée." Je continuais : "Vous agissez comme une automate, pourquoi ?" "Ah ! Vous trouvez que je marche sans grâce, ce n'est pas de ma faute", répliquait-elle, offensée. L'amie n'a même pas compris ma question. Je me tais, plus seule et isolée que jamais. Mais voici que le moment de se quitter arrive. Alors l'angoisse s'exacerbe. A tout prix, par n'importe quels moyens, je veux vaincre l'irréalité, je veux un instant sentir que j'ai quelqu'un de vivant devant moi, je veux éprouver une seconde le contact bienfaisant qui nous comble en un moment de la solitude d'une journée. Je m'accroche au bras de mon amie, et je la supplie de demeurer quelques minutes de plus. Si elle accède à ma demande, je parle, je questionne, dans l'unique but de briser l'obstacle qui me sépare d'elle. Mais les minutes ont passé et je suis toujours au même point. Alors, je l'accompagne un bout de chemin, attendant, espérant toujours le miracle qui fera surgir le réel, la vie, la sensibilité. Je la regarde, je la scrute, essayant de percevoir la vie au-dedans d'elle, par-delà l'enveloppe irréelle. Mais elle me paraît plus statue que jamais, c'est un mannequin mû par une mécanique qui agit, qui parle comme un automate. C'est épouvantable, inhumain, grotesque. Vaincue, je fais des adieux conventionnels, et je m'en vais, brisée de fatigue, triste jusqu'à la mort. Et je rentre à la maison, le cœur vide, désespérément vide. Là, je trouve une maison de carton, des frères et sœurs robots, une lumière électrique, je m'enfonce dans le cauchemar de l'aiguille dans le foin. Et c'est dans cet état que je me mets à préparer le repas du soir, que j'explique les leçons à mes cadets, et que je fais mes propres devoirs. Parfois, grâce aux mouvements coutumiers que j'accomplissais en faisant la cuisine et grâce aussi à la chaleur, au goût des aliments, je réintégrais la réalité. Alors, je n'avais plus envie de me coucher. Car je voulais jouir de ce bien-être inestimable, qui maintenant ne m'était donné que parcimonieusement, au compte-gouttes. ».

MARGUERITE A. SECHEHAYE[1]

1. *Journal d'une schizophrène* (1950), P.U.F. éd., p. 3-16.

Lors d'une crise de folie, Van Gogh se coupa une oreille et la porta à une prostituée.
On peut déceler dans cet acte les effets d'un transfert,
le phénomène n'étant pas propre à la situation analytique.

Chapitre IV

Comment analyser
le transfert des psychotiques

Herbert Rosenfeld est un disciple de Melanie Klein. L'intérêt des kleiniens pour les phases les plus primitives du développement, pour les mécanismes psychotiques dont ils décèlent la présence chez tous les individus, leur hypothèse d'un Moi à l'état d'ébauche, présent dès la naissance (et l'absence corrélative, selon eux, d'une phase narcissique primaire) devaient nécessairement les conduire à tenter le traitement des psychotiques, en tenant compte du transfert particulier de ces patients. Leurs interprétations sont très proches de celles d'une analyse classique ou d'une analyse d'enfant. C'est ce que montrera Rosenfeld dans cet article, intitulé « Manifestations transférentielles et analyse du transfert d'un patient atteint de schizophrénie catatonique aiguë », datant de 1952.

Comme nous l'avons dit, il existe un malentendu en ce qui concerne l'opinion de Freud sur l'incapacité des psychotiques à établir un trans-fert. Dans son analyse du cas Schreber, en effet, Freud relève parfaite-ment le transfert de celui-ci sur son médecin Flechsig. Ce que Freud entend, selon nous, par « absence de transfert », c'est le fait que le transfert du psychotique s'effectuerait à partir de sa régression narcis-sique et ferait partie de sa tentative délirante de renouer avec le monde des objets. Par là même, il se situerait dans une autre dimension que le transfert des névrosés, *et son interprétation, dans une relation théra-peutique, resterait problématique. Rosenfeld prend ici le parti opposé, en donnant l'exemple de quelques séances. Reste à savoir si une ana-lyse de cet ordre longtemps poursuivie permettrait le retour à l'état antérieur, c'est-à-dire la sortie hors de la dimension de la régression narcissique primaire, par-delà l'épreuve de réalité — toutes choses non mentionnées par l'auteur.*

Jusqu'à une date récente, la plupart des analystes se sont abstenus de traiter des schizophrènes, pour la raison que ces derniers seraient incapables d'établir un transfert... Mon expérience m'a appris que nous n'avions pas affaire ici à une absence de transfert, mais à la difficulté de reconnaître et d'interpréter les manifestations transférentielles schizophréniques. Il peut être intéressant d'examiner d'abord les constatations d'autres analystes.

Freud (1911 et 1914) et Abraham (1908) indiquent clairement qu'à leur avis les schizophrènes sont incapables d'établir un transfert, du fait de leur régression au stade auto-érotique du développement. Ils expliquent cela en soulignant qu'à ce stade infantile le plus précoce, qu'ils appellent auto-érotique, il n'y a pas encore conscience d'un objet. Mais certaines propositions de Freud semblent contredire le concept d'une phase auto-érotique ne comportant aucune relation d'objet, par exemple dans « Le Moi et le Ça », où il écrit : « A l'origine, dans la phase orale primitive de l'individu, l'investissement d'un objet et l'identification à l'objet sont sans aucun doute indiscernables l'un de l'autre. » Nous pouvons conclure de cette opinion plus tardive qu'il reconnaît l'existence d'investissement d'objet dans l'enfance la plus précoce. Cependant, Freud n'a jamais indiqué qu'il ait en quoi que ce soit modifié son point de vue concernant l'absence de transfert dans la schizophrénie (peut-être parce qu'il n'a pas eu par la suite l'expérience de tels patients).

LES TÉMOIGNAGES CONFIRMANT L'EXISTENCE D'UN TRANSFERT CHEZ LES PSYCHOTIQUES

Nunberg (1920) a eu l'occasion d'observer pendant une longue période un patient schizophrène. La description de Nunberg est particulièrement éclairante, et son patient lui-même relie la plupart de ses expériences au transfert. Nunberg note que le transfert était essentiellement de caractère anal et homosexuel, mais son article donne également une description claire de relations d'objet d'ordre oral. A l'apogée du transfert sadique-oral, le patient perdit son intérêt pour l'analyste en tant qu'objet externe ; cependant, la relation avec l'objet interne était apparemment conservée. Nunberg lui-même a suggéré que le patient était parfois capable de recouvrer son objet en le dévorant, et il donne une description lumineuse des symptômes et des expériences qui résultaient chez ce patient du « fantasme de dévoration de l'analyste ».

O'Malley (1923) décrit les réactions de transfert à la fois négatives et positives de ses patients psychotiques. Barkas (1924) indique que, chez les patients psychotiques, le transfert négatif et le transfert positif sont de nature violente. Laforgue (1936) discute l'analyse réussie d'une schizophrène. Au début de l'analyse, la patiente éprouvait une angoisse d'une telle intensité qu'elle était incapable de rester avec l'analyste plus de quelques minutes avant de se sauver dans le salon d'attente. Grâce à l'analyse persévérante du transfert négatif, l'angoisse diminua progressivement et elle parla librement, manifestement à la faveur de l'établissement d'un transfert positif. Federn (1943[1]) a montré que les schizophrènes établissaient un transfert à la fois négatif et positif. Il souligne que ses patients schizophrènes ne peuvent être traités que dans un transfert positif qui doit être constamment entretenu. Il n'interprète pas le transfert, qu'il soit positif ou négatif, et il interrompt le traitement quand le transfert négatif apparaît. Rosen (1946[2], 1947, 1950) a montré que tous les patients schizophrènes ont manifesté un fort transfert à la fois négatif et positif, qu'il traite à la fois par la réassurance et l'interprétation. A propos de la schizophrénie, d'autres auteurs américains, tels H.S. Sullivan, Fromm-Reichmann, R.P. Knight et leurs collaborateurs, ont décrit l'importance du transfert dans la schizophrénie et ils en ont conclu que le nourrisson est capable de relation d'objet dès la naissance. Eissler (1951) a souligné que les schizophrènes répondaient pratiquement à toute approche psychothérapique compréhensive — à son avis, cela est dû à la grande acuité de la perception que le schizophrène a du « processus primaire » à l'œuvre dans l'esprit d'autrui. Cependant, il n'a pas vu que cette particularité du schizophrène était une manifestation transférentielle pouvant être rattachée à une relation d'objet primitive particulière.

En Angleterre, les recherches de Melanie Klein sur les phases les plus précoces du développement infantile ont beaucoup encouragé les analystes à étudier des états psychotiques de gravités diverses. Elle a apporté des preuves de ce que le nourrisson développe dès la naissance des relations d'objet à la fois avec des objets externes et, à la suite d'introjections, avec des objets internes. Elle reconnaît l'importance de l'auto-érotisme et du narcissisme, mais elle a beaucoup ajouté à la compréhension de ces phénomènes par son hypothèse selon laquelle ces derniers comportent l'amour de l'objet internalisé. Elle a contribué à la psychopathologie de la schizophrénie dans son article « Note sur les mécanismes schizoïdes. » Elle y décrit les mécanismes schizoïdes

1. *Cf.* II chapitre, 2e partie. (N.d.E.)
2. *Cf.* II chapitre, 2e partie. (N.d.E.)

au moyen desquels le nourrisson se défend contre des angoisses qui sont de forme paranoïde à ce stade le plus précoce du développement. Elle appela cette période la « position schizo-paranoïde ». Klein est d'accord avec Freud sur le fait que le schizophrène régresse au niveau infantile le plus précoce des tout premiers mois de la vie, mais la vue qu'elle en a est différente de celle de Freud.

LA CONFUSION PSYCHOTIQUE ENTRE LE MOI ET LE NON-MOI

Mon but dans cet article est : *a)* De montrer qu'au cours d'une schizophrénie aiguë un patient est capable d'établir un transfert positif et négatif ; *b)* Qu'il est possible d'interpréter à un patient schizophrène ses manifestations transférentielles ; *c)* Que la réponse d'un schizophrène aux interprétations peut être parfois clairement notée. De plus, j'ai observé très nettement chez ce patient schizophrène, comme chez tous les schizophrènes que j'ai eu l'occasion d'examiner, une forme particulière de relation d'objet sur laquelle je souhaite attirer l'attention : à savoir que dès qu'un schizophrène approche avec amour ou avec haine d'un objet *quelconque,* il semble se confondre avec cet objet. Cela n'est pas seulement la conséquence d'une identification par introjection, c'est aussi le fait de pulsions et de fantasmes aboutissant à faire pénétrer la totalité ou des parties de lui-même dans l'objet afin de contrôler ce dernier. Melanie Klein a proposé le terme d'« identification projective » pour ces processus. L'identification projective, complémentaire de l'introjection de l'objet, apporte un certain éclairage sur les difficultés du nourrisson à distinguer le Moi et le non-Moi, et elle rend compte de nombre de manifestations habituellement appelées auto-érotiques ou narcissiques. Elle est également en rapport avec les processus de clivage du Moi qui furent décrits par Melanie Klein (1946) et par moi-même en 1947[3]. Les pulsions et les fantasmes de pénétrer de force dans l'objet peuvent être considérés comme la forme la plus primitive de relation d'objet, laquelle commence dès la naissance. Ceux-ci peuvent colorer les pulsions orales, anales, urétrales, et influencer ainsi les relations d'objet précoces et même des relations d'objet plus tardives. A mon avis, les schizophrènes n'ont jamais complètement dépassé la phase la plus précoce du développement à laquelle cette relation appartient, et c'est à ce niveau qu'ils régressent dans les états schizophréniques aigus. La gravité du processus dépend

---

3. Dans le chapitre ı d'*États psychotiques*, P.U.F. éd. (N.d.E.)

d'un facteur quantitatif, à savoir l'importance de la partie du Moi et des forces instinctuelles qui est entraînée dans cette régression.

LE NÉGATIVISME DES SCHIZOPHRÈNES : UNE DÉFENSE CONTRE LA CONFUSION

Dans la schizophrénie, les défenses du Moi contre les tendances à pénétrer de force dans divers objets ont également une grande importance ; cependant, elles ne sont pas discutées en détail dans cet article. Le négativisme est par exemple l'une de ces défenses. Dans le chapitre « Analyse d'un état schizophrénique avec dépersonnalisation[4] », je rapporte le cas d'une patiente dont l'attitude négative à l'égard de tout ce qui concernait l'analyste diminua lorsque nous eûmes commencé à comprendre sa peur, de nature paranoïde, que l'analyste pénètre de force en elle, lui faisant perdre son identité. Son attitude négative la défendait contre l'activité de son désir amoureux, car celui-ci était lié à des pulsions et à des fantasmes dans lesquels elle pénétrait de force dans l'analyste pour le voler et faire le vide en lui. Elle se défendait également contre la peur de se perdre à l'intérieur de lui. Anna Freud a décrit un matériel très comparable dans son article « Négativisme et capitulation émotionnelle » (1951). Elle découvrit que le négativisme de sa patiente était lié à la peur d'éprouver de l'amour pour l'analyste, car cela aurait voulu dire pour la patiente qu'elle était en train de capituler devant l'analyste, et, donc, qu'elle serait « envahie » par elle. Ainsi, elle se transformerait elle-même en l'analyste. Anna Freud suggéra que ces processus remontaient aux tout premiers mois de la vie, qu'ils étaient peut-être liés à l'introjection et qu'ils pouvaient avoir un rapport avec la schizophrénie[5].

UNE SCHIZOPHRÉNIE GRAVE TRAITÉE PAR LA PSYCHANALYSE

Le matériel clinique que je vais présenter maintenant est celui d'un schizophrène très malade, âgé de vingt ans, que j'ai traité par la psychanalyse pendant quatre mois.

---

4. Dans *États psychotiques* (N.d.E.).

5. Ces observations et ces hypothèses d'Anna Freud, qui sont pratiquement identiques à certains aspects du concept d'« identification projective » de Mélanie Klein, sont un indice parmi d'autres de la confirmation croissante, venue de différents horizons psychanalytiques, des conceptions de Mélanie Klein quant à l'existence de processus précoces d'introjection et de projection, ainsi que d'angoisses paranoïdes et de mécanismes schizoïdes ; ceux-ci font partie intégrante de sa contribution à la théorie des étapes les plus précoces du développement.

Le patient était malade depuis trois ans lorsque je le vis pour la première fois. Il souffrait d'hallucinations, de confusions et d'accès de violence. Il avait eu en tout 90 comas insuliniques et plusieurs électrochocs. Le directeur médical de l'hôpital psychiatrique où vivait ce patient le décrivait comme l'un des pires cas de schizophrénie auxquels il ait eu affaire. On disait qu'il était dangereusement impulsif, replié sur lui-même, et parfois presque muet. Ni les médecins, ni les infirmières n'avaient été capables d'établir un contact avec lui. Cependant, lorsque deux collègues psychanalystes le virent en consultation, ils purent établir un certain contact avec lui, et ils pensèrent qu'une psychanalyse pouvait être essayée. C'est alors que je commençai l'analyse, au début de 1952. Pendant une quinzaine de jours, il fut conduit à mon cabinet en voiture ; après quoi, je le vis à l'hôpital psychiatrique privé où l'on s'occupait de lui. La psychanalyse fut interrompue au bout de quatre mois par les parents qui vivaient à l'étranger, et cela fut malencontreux car un travail analytique important avait été fait. A partir du troisième mois, le patient avait des périodes de raison qui duraient plusieurs heures après la séance d'analyse ; mais il était clair qu'il aurait fallu encore de nombreux mois avant qu'une amélioration stable puisse être espérée.

L'aspect le plus important et le plus frappant de l'analyse de ce patient apparemment inaccessible et replié sur lui-même fut l'intérêt qu'il manifesta, dès le début, pour l'analyste et pour le déroulement de l'analyse. Dès les premières séances, des manifestations de transfert positif apparurent, et au cours de la troisième séance un transfert négatif violent vint à la surface. Mon approche personnelle était analytique dans la mesure où j'interprétais au patient une grande partie de ce que j'étais capable de comprendre de ce qu'il disait et de son comportement ; et toutes les fois que c'était possible, c'est-à-dire souvent, le matériel analytique était rapporté à la situation de transfert. Le patient réagissait souvent de façon saisissante aux interprétations, tantôt détendu, tantôt angoissé ; souvent, il confirmait ce que je lui avais dit de façon directe ou indirecte, et parfois il me corrigeait. On pourrait considérer que, dans ce cas, le déroulement de l'analyse, pour l'essentiel, était très comparable à celui d'un cas de névrose. Cependant, je ne me suis pas servi du divan. Dans le chapitre VI d'*États psychotiques*, j'ai discuté de quelques légères modifications de la technique qui devinrent parfois nécessaires, comme ici, par exemple, l'utilisation des rapports faits par les infirmières. Je soulignerai seulement ici le fait que dans mon approche, je n'ai jamais eu recours à des réassurances directes. Cependant, le matériel apporté par ce patient était d'une compréhension plus difficile que celui des patients névrosés, et je me suis quelquefois trouvé dans l'obligation de comprendre et d'interpréter à partir de très peu de matériel. Ultérieurement, l'analyse ressembla à une analyse d'enfant par le jeu.

UNE SÉANCE
QUI ILLUSTRE LA MÉTHODE DE L'AUTEUR

Afin de donner une image plus précise du comportement du patient et de sa façon de parler, ainsi que de ses réactions aux interprétations, je vais rapporter de façon plus détaillée la plus grande partie des quatre premières séances et d'une séance ultérieure. Avant la première séance, le patient avait été informé par un collègue qu'il me verrait régulièrement chaque jour, à l'exception du dimanche.

Lorsque le patient fut seul avec moi pour la première fois, il s'assit dans un fauteuil, l'air perplexe et confus. Après quelques minutes, il parvint à dire un mot : « Résurrection. » Après quoi il sembla à nouveau confus. Je dis : « Résurrection veut dire vivre. » Il me regarda en face et me demanda : « Êtes-vous Jésus ? » Je répondis que Jésus pouvait faire des miracles et qu'il espérait que je pourrais le guérir de façon miraculeuse. Alors, il sembla saisi de désarroi et de doute ; après un silence considérable, il mentionna le nom du docteur A., qui l'avait traité par des procédés physiques pendant plus d'un an. Après une autre longue pause, il dit : « Catholicisme. » J'interprétai qu'il avait cru dans le docteur A. et qu'il se sentait désappointé parce que le traitement avait échoué. Il répliqua alors en soulignant : « Les Russes étaient nos alliés. » Je lui répondis qu'il avait le sentiment que le docteur A. avait été son allié, et que maintenant il s'était retourné contre lui ; qu'il avait peur que moi aussi, après avoir été un allié, je ne me transforme en ennemi. Il dit alors clairement : « C'est vrai. » A partir de ce moment il devint plus communicatif et rationnel et il indiqua un certain nombre de ses problèmes sexuels, par exemple la circoncision, dont il pensait que c'était une forme de vengeance, et il dit : « Je ne comprends pas l'amour et la haine. » Plus tard il dit : « Il y avait un garçon à l'école. » Après une pause, il continua : « Il était assis à côté de moi, mais l'ennui était qu'il y avait un autre garçon de l'autre côté. » J'interprétai qu'il commençait à m'aimer comme il avait aimé le garçon à l'école ; mais il me voulait tout à lui, alors qu'il comprenait que j'avais d'autres amis et d'autres patients. Il fut d'accord, mais peu après il s'agita, se leva de son fauteuil et dit : « On doit partir immédiatement. Je ferais mieux de partir maintenant. » Et ensuite il marmonna : « Il me faut une scie. » Je pensai qu'il était effrayé par sa jalousie vis-à-vis des autres patients et qu'il voulait partir afin de s'empêcher de me haïr et de m'attaquer. Lorsque je le lui eus montré, il resta agité jusqu'à la fin de la séance.

Je résumerai ainsi les aspects les plus frappants de cette séance : ce patient, particulièrement malade et confus, essaya presque d'emblée de rattacher l'expérience actuelle de sa relation avec moi à une relation interpersonnelle antérieure. Dans son esprit, le médecin qui avait cessé de le traiter, après avoir été un ami et un allié, s'était transformé en ennemi. En me demandant si j'étais Jésus, il me considérait apparemment comme un personnage omnipotent ; par la suite, il manifesta les signes de l'établissement d'un transfert homosexuel. Son angoisse au moment de nous quitter et son besoin d'une scie ne furent pas suffisamment compris lors de la première séance, mais cela indiquait son incapacité à détacher de moi des parties de lui-même. Dans l'ensemble, son intérêt pour moi en tant qu'objet était indéniable.

LES PREMIERS PAS VERS LE TRANSFERT

Au début de la deuxième séance, le patient avait l'air sensiblement plus confus que lors de la première, et il semblait préoccupé par des hallucinations. Il ne fit pas attention à moi et regarda tout autour de la pièce avec perplexité, essayant de fixer ses yeux sur un point et puis sur un autre. Il semblait n'avoir aucun contact avec moi. Au bout d'un certain temps, j'interprétai qu'il m'avait perdu et qu'il essayait de me retrouver. Il dit distinctement : « Pas vrai. », et il continua sa recherche autour de la pièce. Me rappelant sa remarque à propos de la scie, au moment de me quitter la dernière fois, j'interprétai qu'il s'était perdu lui-même et qu'il était en train de se chercher dans mon bureau. Son expression devint presque immédiatement *moins* confuse et il me regarda en face, disant : « Chacun doit chercher ses propres racines. » Un peu plus tard, il dit : « Je ne sais pas si c'est bien que vous aimer *trop.* » J'interprétai qu'il avait peur en m'aimant trop de tomber en moi et de perdre ses propres racines et lui-même. Il répondit : « Je veux continuer tranquillement *à ma manière à moi.* » Après cela il s'immobilisa complètement et ne bougea plus pendant dix minutes. Lorsque je l'interrogeai, il répondit qu'il avait peur de bouger. Après une pause il continua, disant qu'il avait un lourd fardeau sur les épaules, et, rapidement, il ajouta en me regardant : « Maintenant c'est plus léger. » Je lui montrai qu'il indiquait là son souhait de se décharger rapidement de ce fardeau.

Dans la première partie de cette séance, le patient semblait complètement replié dans un univers personnel, oublieux de moi et seulement en proie à des hallucinations visuelles. Il corrigea une interprétation de transfert, à propos du fait de me perdre ; mais il répondit à l'interprétation qu'il s'était perdu lui-même. Cette dernière interprétation est bien sûr également une interprétation de transfert, prenant en compte le sentiment du patient qu'en m'aimant trop il s'était perdu dans mon bureau, symbole de moi-même. L'état apparent de repli narcissique était clairement en rapport avec l'identification projective. La signifi-

« *Un homme avec de grands os mange beaucoup* », *dit le patient de Rosenfeld à son thérapeute. (Le croque-mitaine, bois gravé, Allemagne, XVIIᵉ siècle).*

277

cation du fardeau sur ses épaules et la façon dont celui-ci s'allégea si rapidement n'étaient pas claires pour moi, mais l'expression de la physionomie du patient indiquait que ce fardeau avait quelque chose à voir avec moi, c'est-à-dire qu'à la suite d'une introjection j'étais devenu un fardeau interne pour lui.

L'ANALYSTE TRANSFORMÉ EN PERSÉCUTEUR

Au début de la troisième séance, le patient était très agité et riait beaucoup, d'une manière provocante et agressive. Il était également en proie à des hallucinations et, lorsqu'il ne riait pas de moi, il m'ignorait. D'abord, aucun contact avec le patient ne semblait possible et il ne disait rien. En observant son comportement, je remarquai qu'il faisait des gestes de la main, comme pour me balayer de côté. J'interprétai alors qu'il voulait me montrer que le traitement n'était plus bon ; il dit immédiatement, en accentuant son rire agressif : « Plus bon du tout ! », faisant des mouvements des mains comme si tout était terminé. Je lui montrai qu'il avait espéré un traitement miraculeux et rapide, et que dans son désappointement et sa haine, il avait le sentiment de m'avoir détruit et de n'avoir fait rien de bon du traitement et de moi. Après cela l'expression de sa physionomie changea, il parut effrayé et suspicieux, et lorsque je pris la parole il sauta sur son fauteuil, comme si je l'avais attaqué. J'interprétai qu'il se sentait incohérent et confus, et qu'il me reprochait de se sentir si mal. Il était effrayé lorsque je prenais la parole, parce qu'il croyait que je le bourrais agressivement de mots afin de *le* rendre confus. Ceci expliquait pourquoi il se fermait à moi et essayait de ne pas faire attention à moi. Je dus répéter plusieurs fois des interprétations assez semblables, en parlant très distinctement et très tranquillement. Au bout d'un certain temps il sembla moins effrayé et parla d'échelles de couleurs. Il désigna alors mon agenda bleu et dit qu'il était marron. Je pris cela pour une manifestation de coopération, m'indiquant plus clairement ce qu'il ressentait, tout particulièrement que ses attaques m'avaient transformé en fèces et que pour me venger je mettais du désordre (des fèces) en lui.

Ce qui frappe le plus dans cette séance, c'est la violence du transfert négatif qui vint à la surface si tôt après le début du traitement. Son rire exprimait à la fois une attaque sadique contre moi et un triomphe sur moi. Ses attaques anales m'avaient transformé en persécuteur. Cette situation de persécution se répéta souvent sous différentes formes, et par la suite il devint évident qu'il n'était pas possible de considérer ces attaques seulement du point de vue de l'analité. J'ai indiqué qu'à la fin de la dernière séance il avait parlé d'un fardeau pesant sur ses épaules. Au cours de séances ultérieures, il donna des exemples qui montraient que ce fardeau représentait tous les problèmes qu'il ressentait à l'intérieur de lui, les objets introjectés, ses angoisses, sa dépression et la persécution, et son propre mauvais côté ; et il avait toujours son fantasme de mettre ce fardeau sur mes épaules ou à l'intérieur de moi comme une violente attaque contre moi, dans laquelle je n'étais pas seulement transformé en fèces, mais je devenais son propre mauvais côté[6]. Je ne puis que donner des indications à propos d'un autre point : chaque fois que le patient avait le sentiment qu'il s'était débarrassé de son fardeau, il ne se sentait pas seulement persécuté par moi, mais il lui semblait qu'il s'en était déchargé dans une quantité innombrable de gens et, de ce fait, il se sentait clivé et divisé en plusieurs hommes qui devenaient tous des persécuteurs. En dehors de ses sentiments de persécution, il se plaignait alors de perdre des parties de lui-même.

LA PERTE DU LIEN
AVEC LE MONDE EXTÉRIEUR :
UNE CRAINTE DE PERSÉCUTION

Un autre aspect important de cette séance fut le retrait par le patient de son intérêt pour le monde extérieur. Le retrait et le manque d'intérêt des schizophrènes sont souvent attribués exclusivement à leur auto-érotisme ; dans cette séance, cependant, ainsi que plus tard, il devint clair que le retrait du monde extérieur était en relation avec sa peur de la persécution. Lorsqu'un objet représentant le monde extérieur avait été attaqué, il avait non seulement le sentiment que le monde extérieur avait été détruit, mais aussi que le monde extérieur et les objets le représentant s'étaient transformés en persécuteurs. Ainsi, le retrait des investissements du monde extérieur était utilisé pour se défendre contre les persécuteurs extérieurs.

Ce fut pour moi une expérience très éclairante que de constater que ce patient, qui était pratiquement inaccessible au début de la séance, semblait comprendre et répondre aux interprétations de sa peur de la persécution dans la situation transférentielle. A la fin de la séance, son rire avait complètement cessé et il semblait beaucoup moins halluciné.

6. Une fois, le patient devint également très négativiste après avoir eu le sentiment de s'être débarrassé de son mauvais côté, ainsi que de son angoisse et de son sentiment de culpabilité, en les projetant dans l'analyste, et pendant plusieurs jours il refusa de manger et de boire. J'ai discuté plus en détail de cette partie de l'analyse et des mécanismes utilisés par le patient dans mon article intitulé « Notes à propos de l'analyse du conflit surmoïque dans un cas de schizophrénie aiguë ».

LE TRANSFERT NÉGATIF S'EXPLIQUE
PAR UNE DÉCEPTION ANTÉRIEURE

Au cours de la quatrième séance, il avait l'air beaucoup mieux ; cependant, il me confondit d'abord avec le docteur A. Il dit plusieurs fois « C'est arrivé auparavant », ou « C'était la dernière fois ». J'interprétai son angoisse que tout se répète et que moi aussi je l'abandonne comme le docteur A., ce qui signifiait à ses yeux que je me retournerais contre lui. C'est alors que je reliai les angoisses de persécution des séances précédentes à la situation réelle. Je lui expliquai que lorsque le docteur A. avait cessé de le traiter, il avait pensé que le docteur A. l'avait agressivement laissé à son désordre. Il ressentait cela comme une représaille, parce qu'il pensait n'avoir fait rien de bon du traitement du docteur A., de la même façon qu'il m'avait montré la veille que mon traitement n'était plus bon. Le patient indiqua plusieurs fois qu'il comprenait, et, vers la fin de la séance, il dit : « Je veux tout faire pour aider. »

Rappelez-vous que le patient m'avait averti de sa peur de la persécution au cours de la toute première séance, lorsqu'il m'avait dit : « Les Russes étaient nos alliés. » La suspicion du patient au cours de cette séance pouvait être reliée à l'expérience qu'il avait faite du traitement précédent. Les angoisses de persécution liées au fait d'être abandonné furent par la suite reliées à des expériences réelles plus précoces, en particulier avec sa mère, qui l'avait laissé crier pendant des heures alors qu'il était bébé.

En somme, pendant cette séance, le patient poursuivit la perlaboration[7] de son transfert négatif. La peur de répéter des expériences antérieures et la répétition actuelle d'expériences antérieures est bien sûr un facteur des plus importants dans toute analyse du transfert.

DES DÉSIRS ORAUX SE RAPPORTANT
À LA PERSONNE DE L'ANALYSTE

Je rapporterai maintenant une séance ultérieure (cinq semaines après le début du traitement) pour montrer plus en détail certains aspects de la relation d'objet qu'il répétait dans le transfert. J'ai expliqué au début que la famille de mon patient se trouvait à l'étranger ; son père l'avait amené en Angleterre pour le faire soigner. Deux jours avant cette séance, son père était reparti chez eux. Au début de la séance, le patient avait l'air un peu confus ; toutefois, sans attendre de commentaires ou d'aide de ma part, il dit clairement : « Confus », et

---

7. « Processus par lequel l'analyse intègre une interprétation et surmonte les résistances qu'elle suscite. » (J. Laplanche et J. B. Pontalis, *Vocabulaire de la psychanalyse,* P.U.F.) (N.d.E.)

lorsque je l'interrogeai il ajouta : « A propos de mon père. » Après avoir cherché ses mots il dit : « J'aurais dû rester plus longtemps[8]. » Je lui montrai à quel point il se sentait confus à l'endroit de son père, car, de toute évidence, il avait voulu dire que son *père* aurait dû rester plus longtemps. Aussitôt après, il dit : « Le docteur A. s'est suicidé, je veux dire dans la psychiatrie. » Je lui fis remarquer qu'il confondait également le docteur A. avec lui-même. Lorsque le docteur A. avait cessé de le traiter, lui, le patient, était déprimé et suicidaire, mais il avait l'impression d'avoir rempli le docteur A. de sa dépression et de ses idées de suicide. Je reliai cela au départ de son père et je lui rappelai qu'il avait très souvent exprimé sa peur que moi aussi je l'abandonne. Il dit alors : « Athéisme. » Je dis qu'il voulait me dire qu'il ne pouvait plus croire en personne après avoir été désappointé par son père, qui le quittait maintenant ainsi qu'il l'avait déjà fait auparavant au cours de son existence. Progressivement, il devint malgré tout beaucoup plus intéressé et vivant, et il semblait plus amical et en confiance avec moi, comme s'il voulait tout expliquer. Il dit : « Si on va jusqu'au bout, on ne peut pas revenir sur tout. » Je lui interprétai alors que lorsqu'il aimait quelqu'un et qu'il croyait en lui ou en elle, il voulait aller jusqu'au bout, ce qui signifiait pour lui pénétrer à l'intérieur de l'autre personne et devenir ainsi embrouillé et confus. Il avait également le sentiment qu'après s'être plongé dans les gens, il éprouvait des difficultés pour en sortir. Je dis qu'il était très important pour lui que je comprenne combien il s'était mis en moi ; et ceci était l'une des raisons qui lui faisaient tant redouter d'être abandonné, car il avait peur, non seulement de me perdre, mais de se perdre lui-même. Il approuva de grand cœur ; à nouveau, il me regarda avec confiance et dit : « Un homme avec de grands os mange beaucoup », et il fit des mouvements de mastication. Je dis qu'il m'avertissait de son avidité et qu'il me montrait que, dans son désir amoureux de pénétrer en moi, il était en train de me dévorer. Il émit alors un grand nombre de mots se référant à son pays natal, et il parla des couleurs. Il était clair qu'il éprouvait le

---

8. Le patient de Nunberg se sentait parfois confondu avec Nunberg. En de tels moments il parlait de lui et de l'analyste comme d'une seule et même personne. Le patient disait par exemple : « Je veux partir *moi-même* », au lieu de dire : « Je veux que *vous* partiez. » Nunberg en conclut qu'une identification narcissique était survenue. Il établit que c'était *le désir à l'égard de l'objet* qui conduisait (à cette phase) à la disparition de la distance entre le Moi et l'objet. Le patient avait pris possession de l'objet et l'avait incorporé dans le Moi.

A mon avis, l'introjection d'un objet extérieur ne suffit pas en soi-même à déterminer la confusion avec l'objet. Dans tous les cas de confusion du sujet et de l'objet que j'ai observés jusqu'à maintenant, l'identification projective s'ajoute à l'identification par introjection. Le désir de pénétrer à l'intérieur d'un objet n'est pas seulement déterminé par le vœu omnipotent de supprimer la distance entre le sujet et l'objet, mais aussi de se débarrasser du « temps », ainsi que ce patient schizophrène l'expliqua plus tard. La distance de l'objet ou la séparation de l'objet sont intimement liées à la conscience de l'écoulement du temps, car dès qu'un objet est désiré, la satisfaction *immédiate* de ce désir est exigée.

281

besoin de souligner son individualité et que les différentes couleurs représentaient différents aspects de lui-même, ce que nous avions compris auparavant. Il demanda alors : « Qu'est-ce que le rose a à voir avec tout ça ? » « Rose » était le mot clé pour exprimer son désir oral du pénis, ce que nous avions analysé et discuté de façon répétée ; il était clair que ses pulsions visant à entrer en moi stimulaient ses désirs homosexuels oraux. Il se leva, trouva un pot plein d'eau et en but ; il se renversa alors en arrière en faisant des mouvements de succion et de mastication. Tout en faisant cela, il semblait s'être replié sur lui-même. J'interprétai qu'en buvant il avait eu le fantasme de boire à mon pénis et de mastiquer ce dernier. Je suggérai que son désir de me pénétrer stimulait ses désirs à l'égard de mon pénis. Dans son état de repli il se sentait fusionné avec moi, non seulement parce qu'il se sentait à l'intérieur de moi, mais aussi parce que, en même temps, il me dévorait, moi et mon pénis. A nouveau il devint plus attentif, il donnait l'impression d'écouter soigneusement et acquiesça plusieurs fois.

LA FUSION AVEC L'ANALYSTE RECONNUE PAR LE PATIENT

Au cours de cette séance, le patient donna une illustration de la relation d'objet qu'il avait commencé à comprendre au cours de la deuxième séance. Il montrait que *c'était* le mode oral qui prédominait dans ses pulsions de pénétration de l'objet, ce que dans son langage personnel le patient appelait « sa manière d'aller jusqu'au bout ». Cela aboutissait ici à un état de confusion que le patient était capable de décrire lui-même. Lorsque les états de confusion et de clivage étaient plus graves, le patient était incapable de parler, et d'autres fonctions du Moi, telles que, par exemple, la coordination des mouvements, étaient gravement perturbées.

Un aspect important du transfert traité dans cette séance fut la tendance à laisser des parties de lui-même dans l'analyste. Il est important que l'analyste le comprenne, parce que l'interprétation des identifications projectives et du clivage permet progressivement au patient, selon sa propre expression, « de se reprendre », ce qui est nécessaire à l'intégration du Moi.

L'état apparemment auto-érotique dans lequel plongea le patient vers la fin de la séance est un autre point intéressant. L'ensemble du matériel de cette séance permet d'émettre l'hypothèse selon laquelle dans l'état de repli il m'introjectait ainsi que mon pénis, et, simultanément, se projetait lui-même en moi. Je fais donc ici à nouveau l'hypothèse qu'il est parfois possible de retrouver une relation d'objet dans un état apparemment auto-érotique.

Au cours de séances ultérieures, le patient fit souvent plus clairement la différence entre ses objets internes et les parties de lui-même
qui entraient ou qui étaient à l'intérieur de ses objets ; en d'autres termes, ce n'est qu'à un stade plus tardif du traitement qu'il devint
possible de distinguer les mécanismes d'introjection objectable et
d'identification projective qui vont si souvent de pair.

EN RÉSUMÉ : UNE VÉRIFICATION DES HYPOTHÈSES KLEINIENNES

Dans cet article, je ne me suis attaché qu'à certains aspects du cas.
Je souhaitais montrer qu'un patient schizophrène profondément replié
sur lui-même est capable d'établir une relation transférentielle positive
et négative, que le transfert peut être observé et interprété au patient, et
que le patient répond aux interprétations du transfert positif et négatif.
Je voulais également montrer que l'état de repli de ce patient schizophrène ne peut pas être considéré simplement comme une régression
auto-érotique. Le repli du schizophrène peut être une défense contre
des persécuteurs extériorisés, ou le résultat d'une identification à
l'objet après introjection et projection simultanées. Dans l'état d'identification que le patient ressent comme une confusion, il a conscience
d'être mêlé à quelqu'un d'autre (son objet). Cet article a un autre but,
qui est de montrer la régression de ce patient schizophrène au stade le
plus précoce, pour lequel Melanie Klein a proposé le terme de « position schizo-paranoïde ». Le patient manifeste les signes d'une relation
d'objet marquée par des pulsions et des fantasmes dans lesquels il fait
pénétrer de force lui-même ou des parties de lui dans un objet, ce qui
conduit à des états de confusion, de clivage de soi, de perte de soi et à
des sentiments de persécution dans lesquels les hallucinations visuelles
et auditives sont accentuées.

Cette relation d'objet, les mécanismes qui en résultent et qui s'y rattachent jouent un rôle important dans beaucoup d'autres névroses et
psychoses ; ils ont néanmoins une signification particulière pour
l'ensemble du groupe des schizophrénies.

J'indique qu'une meilleure compréhension de l'identification projective commence à nous ouvrir un nouveau champ de recherche, et dans
cet article j'ai essayé de montrer comment elle permet de comprendre
et d'interpréter les manifestations transférentielles de ce patient
schizophrène.

HERBERT A. ROSENFELD[9]

9. *États psychotiques* (« Manifestations transférentielles et analyse du transfert d'un patient atteint de schizophrénie catatonique aiguë »), 1952 P.U.F. éd., p. 135-150.

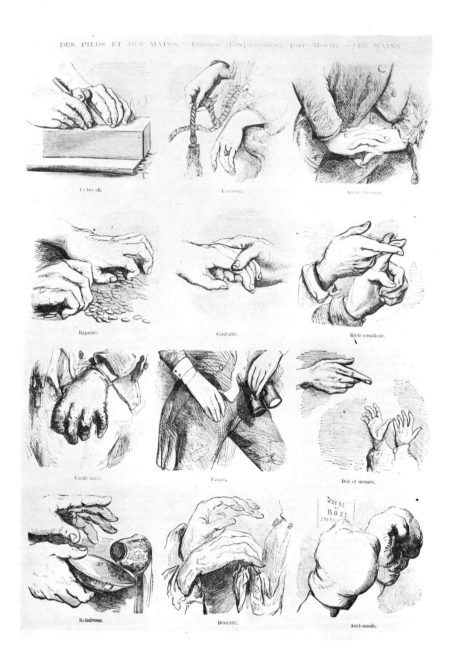

Le travail.

L'énergie.

Attitude d'exception.

Rapacité.

Cordialité.

Récit compliqué.

Vanité naïve.

Fatuité.

Défi et menace.

Maladresse.

Dextérité.

Anchomanie.

Bien des choses se jouent lors du premier entretien.
Le thérapeute peut lire aussi dans le corps
les états d'esprit du patient.

Chapitre V

Qu'est-ce que les « cas limites » ?

Nous terminons ce volume sur une étude des cas limites. Pendant longtemps, on a désigné comme « cas limites » (ou border line*) des patients dont les symptômes apparemment névrotiques recouvraient en fait une schizophrénie latente (ou, éventuellement — mais moins souvent — une psychose maniaco-dépressive). On pensait que ce type de patient présentait des organisations instables, susceptibles de franchir la frontière séparant les névroses des psychoses.*

Or une tendance nouvelle se fait jour. On considère à présent les états limites comme une entité nosologique à part entière. Elle est liée entre autres à cette observation clinique : certains cas limites ne dégénèrent jamais en psychose.

Jean Bergeret, psychanalyste lyonnais réputé, s'est tout particulièrement penché sur le problème, en le centrant sur la dépression, qu'il considère comme l'élément fondamental de ces cas. On mesurera ici à quel point la dépression — qui se traduit avant tout par un affect spécifique — peut s'inscrire au sein des structures les plus diverses.

Nous nous sommes précédemment intéressés à la dépression mélancolique. On verra dans l'extrait ci-dessous qu'une schizophrénie peut débuter par une dépression, et la dépression, s'inscrire dans une structure névrotique. Enfin, comme le souligne l'auteur, la dysphorie *dépressive se situerait également, dans cette perspective, au cœur de l'organisation « limite ». On constatera par là même combien l'expression populaire « dépression nerveuse » est peu appropriée, puisqu'elle sert à désigner une variété de troubles mentaux dont la dépression est parfois absente. De plus, elle constitue dans certains cas un euphémisme pour parler, en fait, de psychose.*

Nous avons été amenés à constater que le mécanisme dépressif constituait l'élément essentiel, tout autant des manifestations superficielles, que des opérations mentales latentes des états limites. On peut même remarquer qu'il est assez rare en psychopathologie de trouver un parallélisme aussi évident entre les processus manifestes et latents au sein d'une même catégorie nosologique ; or, comme il est étonnant d'observer une telle similitude d'aspects, et superficiels et profonds, précisément dans une variété si peu structurée d'aménagements de la personnalité, il m'a paru plus raisonnable de ne parler à ce propos qu'en terme d'*organisation* et non pas de structure.

La partie clinique de ce travail commencera donc par l'étude de quelques observations, dans lesquelles domine essentiellement l'élément dépressif. Il m'a paru intéressant de montrer en particulier en quoi une dépression limite peut se distinguer, non seulement superficiellement, mais en fonction de ses processus économiques profonds, des syndromes dépressifs observés parfois chez des sujets de structuration latente soit névrotique, soit psychotique.

LA « DÉPRESSION LIMITE » TYPIQUE : LE CAS DE GILBERTE

Gilberte se présente comme une très belle jeune femme de haute stature, bien coiffée, habillée avec goût et une certaine recherche, sachant agréablement tirer parti de son visage et de sa voix, peut-être un peu plus « arrangée » que spontanée, mais, dès le premier contact, charmante et attirant sans aucun doute l'intérêt.

Après avoir posé spontanément son manteau et s'être installée, sa veste à demi-ouverte, sur le siège le plus proche de moi, elle me tend une lettre de son médecin traitant.

Celui-ci (qui a tenu à prendre rendez-vous personnellement pour elle, ce qui est exceptionnel et prouve l'intérêt qu'elle a déjà réussi à susciter chez lui) m'indique que sa patiente a vingt-neuf ans et qu'elle souffre d'un « état dépressif » assez vague pour lequel elle a consulté de nombreux médecins ; elle refusa assez rapidement les différentes cures médicamenteuses proposées par les uns ou les autres car elle les aurait mal supportées ; elle aurait, de plus, interrompu récemment une *tentative psychanalytique* (ainsi dénommée dans la lettre du confrère, avec un humour certainement très pertinent) proposée par un médecin installé depuis peu et annonçant sur sa plaque des compétences psychothérapiques, par ailleurs non confirmées.

D'emblée, Gilberte me parle de cette « tentative » qu'elle a vécue essentiellement comme très traumatisante, le jeune et impétueux confrère manipulant dès les premières séances des « pénis paternels », des « seins maternels » et des « désirs œdipiens », aussi énormes que ceux qu'il avait entendu proposer à leurs jeunes patients par des psychothérapeutes d'enfants au cours d'un colloque organisé autour d'une institution célèbre, mais dont il n'avait pas remarqué que les artistes possédaient un don et une expérience de l'utilisation de leurs composantes personnelles érotiques bien supérieures à la seule spontanéité dont lui, jeune imprudent, disposait pour toute technique. De plus, Gilberte n'était plus une enfant, et elle ne pouvait plus éponger de telles marques d'intérêt libidinal sans une banale contribution de l'extérieur à des émois internes purement auto-érotiques et bienfaisants ; l'objet avait pour elle un statut déjà plus élaboré, mais ne permettait pas l'enregistrement naturel des affects génitaux dans le sens des représentations pulsionnelles homologues. Son organisation économique n'avait en effet pas pu s'établir encore sous le primat de l'Œdipe et du génital. Avec de tels patients, demeurés « entre deux eaux » sur le plan structurel, on ne peut se permettre aucune maladresse technique. La « tentative » du prétendu « psychanalyste » n'avait fait qu'augmenter sensiblement le sentiment de dépression diffuse éprouvée par la patiente.

UNE PREMIÈRE ÉTAPE
DANS LE DIAGNOSTIC

Il est intéressant de noter dès maintenant que Gilberte a déjà, en quelques minutes, déployé successivement avec moi deux systèmes relationnels opposés : d'abord, un appel immédiat au rapproché de l'objet rassurant dans son mode de présentation ; mais, devant le succès qu'elle avait probablement parfaitement senti, et aussitôt angoissée par une acceptation infraverbale de ma part de ce qu'elle m'offrait, je devenais sur-le-champ l'objet menaçant ; il fallait me rejeter en me lançant à la figure qu'on avait déjà vivement rejeté l'auteur de la « tentative » précédente. A bon entendeur, salut !

Pendant que je réfléchissais à ce double mouvement (et que, probablement, une moue affective se lisait sur mon visage), la patiente amorçait aussitôt un nouveau rapproché en me parlant des bons contacts qu'elle a entretenus avec le généraliste qui me l'avait adressée. Je ne sais si mon faciès s'est détendu, mais, avant que j'aie eu le temps de lui en donner acte par un seul mot, elle m'avait déjà repoussé, en me rapportant ses mésaventures dans une maison de santé du Midi où elle avait été mise « au repos » pendant quelques semaines, juste avant sa récente « psychanalyse ».

De tels mouvements de va-et-vient des investissements objectaux ne correspondent nullement aux continuelles variantes du sens algébrique de l'investissement, telles qu'on les rencontre chez le névrotique. Celui-ci, en effet, a besoin, dans son jeu protecteur, à la fois de conserver intact l'investissement objectal, quitte à en retourner l'affect en son apparent contraire ; l'état limite dépressif ne peut, lui, dès qu'il commence à se vivre comme menacé par l'objet, conserver l'investissement objectal ; son jeu avec l'interlocuteur réalise une incessante sinusoïde d'investissements massifs et de désinvestissements tout aussi impératifs, soudains et globaux.

Cette disposition relationnelle évidente chez Gilberte, s'ajoutant à l'aspect trop perfectionniste de son abord physique et vestimentaire, me donnait à penser que je ne me trouvais sûrement pas devant une économie profonde de type hystérique. Ce clivage immédiat des images objectales en partie rassurante ou en partie frustrante et menaçante, cette sorte de pouvoir du sujet sur l'objet tout autant que de l'objet sur le sujet supposant un dialogue limité à un « grand » et un « petit », ce besoin de rejeter tout contact dès que l'objet cesse d'être conçu comme « tout bon », en résumé, cette attente de l'objet focalisée sur une nécessité de protection, tous ces aspects du vécu relationnel m'indiquaient que j'avais affaire à une relation d'objet typiquement anaclitique[1], telle que je me suis attaché à la décrire et à la préciser dans la première partie de cet ouvrage[2], consacrée aux aspects théoriques de l'organisation psychique de type « limite dépressif ». Un diagnostic approximatif du mode particulier de relation d'objet en cause peut être réalisé parfois très rapidement, quand les conditions de dialogue se trouvent assez aseptiques, c'est-à-dire quand on a eu la chance de ne pas se voir trop parasité dans le dialogue, ni avant, ni à l'occasion du premier contact, par des éléments fâcheux de réalité extérieure ou intermédiaire (médecin traitant s'interposant impérativement, famille s'imposant ou s'opposant, tiers quelconque monopolisant l'anaclitisme, etc.).

Cette première étape du raisonnement diagnostique me paraît capitale et beaucoup plus spécifiante que l'habituelle importance accordée aux symptômes par les psychiatres, même ceux qui connaissent ou approuvent, intellectuellement, la plupart des principes de la psychodynamique analytique. Rien ne peut se montrer plus déterminant dans l'écoute pronostique d'un patient que l'examen minutieux de son mode de relation à l'autre ; non seulement ce mode relationnel a une place de choix à côté des symptômes, des systèmes de défense, de l'état du Moi

---

1. « Adjectif désignant... une dépendance à un objet extérieur dont la possession s'entend comme recherche de gratification. » (Pierre Fedida, *Dictionnaire de la psychanalyse,* Larousse.)
2. *La Dépression et les états limites,* Payot, 1974.

et de la nature de l'angoisse, mais on ne peut pratiquement parvenir à connaître la véritable expression symptomatique, la variété des défenses en cause, l'état structurel du Moi et la nature spécifique de l'angoisse, dans tel cas clinique précis, *qu'à travers et par le moyen* du mode relationnel utilisé par le sujet qui se trouve *dans la situation de vécu* du face à face avec nous.

UN SENTIMENT DE MALAISE ET D'INSATISFACTION

Après avoir exprimé ses déboires, mais aussi ses espoirs, et, somme toute, son genre de demande vis-à-vis des thérapeutes, Gilberte me demande ce que je désire savoir. Après avoir annoncé « qu'elle ne se laisserait pas faire » devant des « *tentatives de...* », elle tient donc maintenant à ce que je prenne l'initiative ; je décline aussitôt le rôle d'inquisiteur, en la ramenant tout simplement au plan de la réalité : il est habituel qu'une personne qui sollicite un rendez-vous chez un médecin lui décrive ses difficultés.

Je peux me permettre maintenant cette écoute puisque, d'une part, je n'ai pas privilégié ni surestimé le facteur symptomatique en lui demandant d'emblée *de quoi elle souffrait,* que d'autre part le mode relationnel spécifique semble déjà évident et, surtout, que je vais pouvoir inclure le reste de son discours (y compris les symptômes) *dans le cadre* de l'attitude relationnelle qu'elle a mise en avant.

Gilberte semble gênée pour exposer sa souffrance, non pas par pudeur devant un éventuel symptôme insolite ou honteux, mais surtout par impossibilité de se montrer assez précise : elle se plaint beaucoup plus d'un manque d'aisance générale que d'une difficulté bien définie ; elle se sent « mal dans sa peau », très vaguement angoissée ; elle a besoin de ne pas être seule ; elle préfère d'ailleurs se trouver dans des groupes de gens connus que seule avec une personne unique, même si elle la sent assez proche d'elle. A l'heure actuelle, elle reconnaît d'ailleurs qu'elle fait tout pour demeurer isolée ; ses seules distractions demeurent la lecture et les promenades, et encore n'en retire-t-elle que peu de satisfactions.

La relation entretenue avec le mari est présentée sous une forme qui ne semble pas de nature à nous surprendre maintenant : elle a connu cet homme, âgé de neuf ans de plus qu'elle, par l'intermédiaire d'une amie qui le lui a présenté et l'aurait fortement persuadée que c'était tout à fait le partenaire idéal pour une femme de son genre. Effectivement, Gilberte fut vite séduite, semble-t-il, non par des qualités physiques ou affectives, mais par son âge, son aspect « sérieux » et « réfléchi », dit-elle. Pendant toute la période des fiançailles, elle se sentait en sécurité avec lui. Il était gérant d'une papeterie dans une petite ville des Alpes où elle-même vivait depuis assez longtemps et, après le mariage, il y a onze ans, elle s'occupa avec lui du magasin qu'il exploitait et dont les revenus paraissaient fort satisfaisants au jeune couple.

Cependant, dès le mariage, les choses n'allèrent pas bien entre les époux. Le mari qui avait paru si rassurant jusque-là commença à inquiéter et agacer Gilberte. Elle ne vit plus en lui qu'un être faible dont il fallait sans cesse s'occuper ; elle supportait mal qu'il la consulte pour tout ; c'était comme si tout le poids du ménage avait reposé sur elle seule, me dit-elle.

Peu à peu, la situation se détériorait et Gilberte se sentait révoltée contre cet homme qui s'imposait ainsi à elle d'une façon qu'elle ne semblait avoir nullement prévue ni envisagée. Elle en arrivait à refuser les relations sexuelles.

UTILISER L'AUTRE EN LE TENANT À DISTANCE

A ce moment, comme elle paraît chercher trop vite à changer de sujet, je suis obligé de lui montrer cette difficulté à m'exprimer ses vécus à ce niveau. Sa réponse ne trahit aucune émotion : tout lui paraît simple, banal, sur ce plan. Elle n'avait, étant jeune fille, aucun intérêt particulier pour les choses sexuelles, me dit-elle ; puisqu'il fallait bien « faire comme tout le monde », au cours des sorties en groupe, elle « accepta » une première relation sexuelle vers l'âge de quinze ans avec un camarade de collège auquel cela semblait faire plaisir, mais elle pense qu'à cette époque elle n'éprouvait ni répulsion, ni satisfaction dans ce genre de contact.

Il en fut de même pendant toute la première période du mariage. Puis, subitement, à la fin de la deuxième année, alors que les choses allaient assez mal entre eux, elle a ressenti ses premiers émois véritables au cours du jeu sexuel avec son mari ; mais elle pense que cela n'a rien simplifié, et qu'au contraire elle n'a plus pu supporter ce dernier ; elle est d'ailleurs devenue très rapidement enceinte une première fois d'une fille (âgée de neuf ans maintenant), puis d'une deuxième fille (âgée de huit ans maintenant), et qui seraient toutes deux en bonne santé bien que l'aînée apparaisse comme « nerveuse » et en proie à de fréquentes terreurs nocturnes.

Après le deuxième accouchement, elle ne désirait ni grossesse nouvelle, ni rapports avec le mari. Pour être garantie au moins sur le premier plan, elle s'adresse à un gynécologue qui lui prescrit des contraceptifs, mécaniques d'abord, puis oraux.

A la même époque, elle fit la connaissance d'un homme beaucoup plus âgé qu'elle, qui l'impressionna par son allure autoritaire, par *« la force inconnue qui se dégageait de lui et qu'elle ne trouvait nulle part ailleurs »*. Les premiers mois de leur liaison furent merveilleux, elle se sentait « transformée »... bien que les rapports sexuels ne lui paraissent pas meilleurs qu'avec son mari.

Or, sur une toute petite question de ma part portant sur la façon dont elle pensait que cet homme se comportait avec elle, elle m'avoue que celui-ci était un grand invalide de guerre et qu'il éprouvait de grandes difficultés à mouvoir ses membres inférieurs... Autrement dit, elle avait, une fois de plus, recherché une relation avec un protecteur idéal et s'était assuré en même temps qu'elle le dominerait sûrement et le tiendrait à distance. C'est l'éternelle dialectique du grand et du petit, du « fort » et du « faible » que nous retrouvons chez tous les dépressifs-limites ; l'objet n'est pas parvenu au stade génital des échanges, il demeure figé et « refroidi » dans un statut de dépendance anaclitique, dans les deux sens du courant relationnel. Malgré l'allusion à la « paralysie des membres », l'image représentative ne correspond nullement à un parent œdipien sexué ; elle reste fixée au dialogue avec le parent non génitalisé de la triade narcissique : deux « grands » et un « petit ». Il s'agit pour le « petit » d'utiliser au mieux les deux « grands », comme de s'en protéger en cherchant à les mettre en rivalité, non pas sexuelle, mais phallique, entre eux.

L'AUTO-DÉPRÉCIATION : UN « CRI DE SOUFFRANCE NARCISSIQUE »

La suite des événements devait tout logiquement évoluer en ce sens ; non satisfaite par son amant, Gilberte devait rapidement commettre l'apparente « maladresse » qui renseignait le mari sur son infortune et déclenchait chez lui une crise de jalousie narcissique d'une extrême vivacité. Comme elle avait fait mine de vouloir divorcer, le conjoint entre dans une violente colère, la bat devant ses enfants et prend les deux familles à témoin de la monstruosité de la conduite de son épouse.

La réaction de Gilberte ne se fit pas attendre : elle s'éprend à nouveau de son mari qui ne lui était jamais apparu sous un jour aussi avantageux ; *« il a changé du tout au tout à partir de ce jour-là, il a enfin pris toutes ses responsabilités, je n'ai plus eu l'impression d'être réduite à porter seule le poids du monde »*... Dès ce moment une entente à peu près parfaite, y compris sur le plan sexuel (déclare-t-elle), se trouva rétablie...

Mais, comme on pouvait le prévoir, le fonctionnement mental de Gilberte ne pouvait être radicalement modifié pour autant et, bien vite, elle n'a plus pu supporter une félicité basée sur un équilibre trop stable et trop univoque des « forces » ; comme le mari ne semblait pas décidé à abandonner une position martiale (et probablement essentiellement réactionnelle) conquise de haute lutte dans des conditions somme toute avantageuses pour lui sur le plan de l'idéal du Moi, c'est l'idéal du Moi de Gilberte qui « craqua » et elle commença à manifester des comportements assez nettement dépressifs, extérieurement et intérieurement ; elle devenait de plus en plus inactive et inintéressée par la vie courante ; le dernier épisode lui avait procuré un certain degré d'insight[3], la mettant en face de ses propres difficultés relationnelles intimes, mais cet insight n'avait pu être métabolisé en changement du registre affectif et s'était borné à déclencher, à l'intérieur de la faille narcissique ancienne, un mouvement de dépréciation de soi puisant une énergie considérable dans les défaillances enregistrées au niveau d'un idéal du Moi trop grandiose. *« C'est moi maintenant qui crois que tout ce que je fais est mal. »* Un tel *« mal »* ne constitue nullement un jugement émanant d'un Surmoi postœdipien génital et parental introjecté et réclamant le châtiment pour une faute sexuelle, mais un simple cri de souffrance narcissique par rapport à un idéal tout simplement calqué sur celui des « gens bien », de façon à pouvoir être normalement aimée et considérée par soi-même, par les parents et par la cité à la fois.

L'appel au secours anaclitique emprunte la même voie dépressive que la dépréciation ; pas plus l'une que l'autre ne permettent de trouver un chemin durable en direction de l'objet et d'organiser de véritables échanges de statut génital avec lui.

La fragilité du soubassement narcissique ne permet pas l'abord des élaborations fantasmatiques œdipiennes dans une mesure suffisante pour que le conflit s'institue à ce niveau.

LA DÉPRESSION DE GILBERTE S'ACCENTUE

Les éclats causés, tant par l'extravagance de conduite de Gilberte que par la violence des réactions du mari, attirèrent un peu trop l'attention sur le ménage, et, dans le pays, on regardait ce couple avec une évidente réprobation. Cette réprobation portait d'ailleurs beaucoup plus sur la transgression de la loi du silence observée habituellement, entre gens bien élevés, quand on découvre une infortune ou une incartade, que sur le fait (considéré comme bien banal en soi) de l'infortune

---

3. Aptitude du sujet à connaître son inconscient. (N.d.E.)

ou de l'incartade. Là encore, c'est l'idéal du Moi personnel et collectif qui dicte les conduites « normales » et « transgressives », non la référence à l'inceste, au génital et au Surmoi. Cette loi sociale est sévère ; on ne peut pas trouver avec elle les compromis du refoulement du symptôme ou, à la rigueur, de la pénitence, comme la chose est possible avec la culpabilité surmoïque génitale ; la transgression des principes de paix dans la société ne vise pas les « fautes » sexuelles, mais le scandale causé par le bruit fait à cette occasion. La morale sociale n'a rien de surmoïque : peu importe ce que tu fais, mais ne rends rien de public qui puisse troubler l'idéal du groupe si péniblement établi.

La culpabilité sexuelle mène à l'angoisse de castration sous une forme directe ou symbolisée, la faute contre l'idéal du Moi ne conduit qu'à la honte et à l'angoisse de perte d'objet.

Pour échapper à la honte, Gilberte et son mari, enfin réconciliés, vont fuir la ville où ils se sont déchirés et aller habiter en Provence, dans un pays où traditionnellement les libertés sont grandes, les originalités tolérées, les passions comprises.

Ils achètent, un peu à l'aveuglette, un commerce inconnu pour eux et qui d'emblée marche bien ; ils semblent les premiers surpris de leur succès, comme de l'évidente gentillesse de leurs nouveaux concitoyens à leur égard. Le mari ainsi que les enfants paraissent s'adapter fort bien à leur actuelle résidence ; par contre, Gilberte dit se sentir coupée de tous ses liens familiaux anciens et va présenter peu à peu une accentuation de son sentiment dépressif, ce qui l'a conduite d'abord dans une clinique du littoral méditerranéen où elle a effectué un séjour « de repos » sous une couverture médicamenteuse discrète, puis on l'a adressée au pseudo-psychanalyste dont il a été question plus haut. Comme les choses allaient de plus en plus mal avec lui, elle est venue vivre quelque temps chez une cousine de son mari qui tient un hôtel en Savoie ; elle y a connu le généraliste, ami de la cousine, qui me l'a adressée.

UNE NÉCESSITÉ POUR L'ANALYSTE : ADAPTER SON TYPE D'ÉCOUTE AU PATIENT

Je pense qu'à ce stade de l'exposé du cas de Gilberte, qui correspond d'ailleurs à la fin de mon premier entretien avec elle, il est nécessaire de m'accorder quelques instants de réflexion et de chercher à faire le point de ce que nous savons et de ce que nous aimerions connaître encore du passé et des vécus de la patiente.

Au cours de cette première rencontre, qui dura environ une heure, je me suis gardé de trop intervenir. Si mes hochements de tête et mes « oui » marquant la compréhension des situations qu'elle me décrivait furent fréquents, mes questions demeurèrent rares et se limitèrent à d'apparents détails ou au sens à donner à quelques silences, tout en prenant acte et en les respectant. Le discours de Gilberte se déroulait assez facilement, sans l'exhibitionnisme rencontré chez les hystériques, sans que j'aie eu à ressentir des « pièges » affectifs ou de grossières dénégations. Le propos portait principalement sur un passé récent et apparaissant comme empreint d'un certain perfectionnisme dans l'ordre des faits, leurs explications manifestes, les détails auxquels il était accordé de l'importance.

Dans la mesure où je me suis manifesté comme permissif et compréhensif, *sans plus,* une certaine distance a pu être respectée et l'entretien s'est déroulé avec assez de facilité. Je crois pouvoir affirmer que si je m'étais montré soit plus distant, soit plus inquisiteur, la relation se serait vue immédiatement bloquée.

Au point où nous en sommes de son récit, Gilberte nous présente son cas comme s'il s'agissait d'une de ces *névroses traumatiques* dont nombre de psychiatres demeurent friands, puisqu'elles sont si faciles à concevoir intellectuellement ; elles ne surviennent en réalité que sur un terrain préparé par une préhistoire personnelle tout à fait particulière. D'autres psychistes, au contraire, auraient tout de suite posé des questions clefs concernant ce dont, de toute évidence, il nous manque le rapport, c'est-à-dire les antécédents familiaux et personnels lointains. Je suis sûr que si j'avais procédé ainsi, elle se serait défendue aussitôt contre une nouvelle « tentative de... » et aurait arrêté son discours.

J'estime pour ma part que les patients répondant à l'organisation de type « limite » ne supportent ni le désintérêt ni le rapproché d'emblée, et que leurs tendances évidentes à passer d'une position affective extrême en un sens, à la position affective extrême dans le sens opposé, ne peuvent être modérées que par le respect de la distance qu'ils tiennent à donner eux-mêmes à la relation établie avec eux. Il y a lieu de bien les suivre, tout en leur laissant la plus grande partie de l'initiative relationnelle.

LE SECOND ENTRETIEN : UN ÉTAT DÉPRESSIF PLUS MARQUÉ

Au deuxième entretien, Gilberte arrive très correctement vêtue, mais avec beaucoup moins de recherche ; son état dépressif est plus manifeste, bien qu'elle porte ostensiblement deux bijoux anciens du meilleur goût.

Elle me demande d'abord de quoi elle pourrait parler maintenant pour mieux éclairer ses problèmes. Je lui demande, à mon tour, ce qui lui paraît n'avoir pas été abordé au cours de notre premier entretien. Après un temps de silence, elle me répond que, bien sûr, il lui faudrait évoquer son enfance...

Elle commence à le faire sous la forme de son curriculum vitae : « Je suis née à... pays où... que j'ai quitté à six ans pour aller à... puis à... à dix-huit ans je me suis mariée et j'ai habité avec mon mari à... où il était gérant de... puis depuis 19.. nous sommes à... »

Comme je m'intéresse à ce qui a pu se passer pour elle pendant ces différentes périodes, elle me répond tout d'abord qu'elle a eu une « pleurésie » à huit ans, qu'elle a séjourné à cette occasion pendant trois années dans un préventorium où elle demeurait assez inactive et « rêveuse », mais dans un sens plutôt « floconneux », précise-t-elle à ma demande, que dans celui d'une fantasmatisation symbolisée et élaborée sur le plan pulsionnel. Elle a souffert d'une « broncho-pneumonie » à l'âge de douze ans, sans suites. Élève de collèges privés jusqu'en classe de troisième, elle commença un apprentissage d'esthéticienne, mais dit l'avoir assez tôt interrompu en raison d'une allergie à certains produits

La triade narcissique de type prégénital: deux « grands » et un « petit ».
Il s'agit pour le « petit » d'utiliser au mieux les deux « grands ».
(Film « Derrière le miroir » de N. Ray, 1956).

295

chimiques, et aurait suivi ensuite quelques cours de secrétariat et comptabilité.

On peut, au passage, remarquer dans l'incident « allergique » (peu net quand on l'interroge) non pas forcément une régression réellement psychosomatique, mais au moins une impossibilité à supporter un rapproché trop grand avec la mise en valeur de la féminité. Après un petit temps de silence, elle me dit qu'elle est en assez bonne santé physique en ce moment, qu'elle a plutôt tendance à trop manger et à grossir (elle pèse 60 kg pour 1,70 m), que seules ses nuits sont agitées, comme celles de sa fille aînée, qu'elle se réveille parfois en proie à des angoisses. Je lui demande si elle se souvient en ce moment d'un rêve récent ou d'un rêve qui revienne souvent ; elle ne voit rien de bien précis à me rapporter, sinon des rêves de lutte ou des rêves d'animaux, des crabes en particulier ; or, comme il ne semble pas qu'elle ait absorbé de la mescaline, je suis enclin à voir dans ses cauchemars l'écho de ses propres combats narcissiques pour l'auto-conservation au milieu d'images terrifiantes qu'il faut à son tour terrasser si l'on veut assurer sa survie et une (au moins relative) autonomie.

Puis le silence se prolonge... Je demeure attentif et silencieux, m'efforçant de ne pas prendre une attitude extérieure pouvant être vite vécue comme tendue ou désinvolte. Je sens que nous approchons des points particulièrement délicats. Un faux pas de ma part et l'entretien tournera court.

Avant de se jeter à l'eau, Gilberte me demande encore : « Peut-être faudrait-il que je vous parle de ma famille ? » Mon visage s'allonge comme pour marquer l'intérêt pris à sa proposition ; un « hon-hon » affirmatif et strictement guttural, sans que mes lèvres aient bougé, suffit à rendre la voie libre ; je pense qu'il était cependant nécessaire d'émettre cette mimique et ce son ; l'interlocuteur trop énigmatique et trop hermétique ne peut assez désangoisser ce genre de patients, de même que trop d'expressivité les inquiète.

GILBERTE PARLE DE SA FAMILLE

J'apprends peu à peu, dans un propos qui n'est plus guère interrompu, que la mère de Gilberte était âgée de dix-huit ans à la naissance de sa fille. Elle n'était pas encore mariée alors avec le père, qui avait dix ans de plus qu'elle, et possédait un commerce florissant dans le pays où la mère était arrivée depuis peu de temps seulement.

Cette mère est décrite par Gilberte comme « légère », « parisienne » (ce qui en province signifie : ni très « sérieuse », ni très « solide », ni très « stable ») ; elle est présentée comme une personne s'intéressant très peu à ce qui se passe autour d'elle et, ainsi, sous des couverts très bavards, communiquant finalement assez peu avec les autres, sa fille en particulier.

Gilberte n'a d'ailleurs vécu avec sa mère que par périodes entrecoupées de longues séparations : les parents se sont mariés peu de temps après la naissance de l'enfant, contre le gré de la famille paternelle, d'origine rurale, inquiète de voir leur fils épouser une « étrangère » qui avait, de plus, si facilement accepté de fêter « Pâques avant les Rameaux ». Deux ans après le mariage, le père part avec une autre femme et le divorce est ensuite prononcé. Gilberte est confiée à sa mère, mais celle-ci ne tarde pas à partir de son côté avec un autre homme, qu'elle épouse par la suite. Gilberte se trouve, de fait, élevée par sa grand-mère maternelle. Quand elle atteint douze ans, sa mère, divorcée de nouveau, vient vivre chez la grand-mère pendant quelques mois, mais l'entente entre les trois personnages n'est pas bonne, et, devant les difficultés rencontrées, on décide d'envoyer Gilberte chez son père, où elle effectue un premier séjour. A ce moment, le père vivait théoriquement seul mais entretenait de nombreuses liaisons, et Gilberte fut obligée de revenir quelque temps encore chez sa mère et sa grand-mère. L'année suivante, elle retourne à nouveau chez son père, remarié entre-temps ; tout se passe bien au début, mais bientôt un enfant naît dans le foyer, une demi-sœur avec laquelle elle vécut cinq ans, sans grands échanges, « à cause de la différence d'âge », pense-t-elle. Comme d'évidents conflits se développaient entre les enfants on décide, quand elle atteint dix-sept ans de mettre Gilberte dans un foyer de jeunes filles, « pendant son apprentissage », à la ville voisine. Oisive et isolée après l'échec de cet apprentissage, Gilberte pense échapper à son sentiment d'insécurité par un mariage rapide dont on connaît la suite opérationnelle.

L'IMPOSSIBILITÉ D'ÉTABLIR DES RAPPORTS AFFECTIFS

On remarque, à l'entendre, que toute communication affective (y compris les affrontements inéluctables) tant avec des images maternelles que paternelles (ou même fraternelles) fut coupée *de l'extérieur* par une réalité, à laquelle certainement elle participait, mais dont elle dépendait tout de même passivement pour l'essentiel. Dès qu'elle se trouvait fixée depuis quelques dizaines de mois quelque part, c'est-à-dire dès qu'elle avait pu établir quelques liens affectifs (encore bien ténus), un événement extérieur survenait pour rompre les fragiles espoirs de tendresse ou les maigres possibilités identificatoires. Les raisons apparentes lui laissaient chaque fois supposer qu'elle était « de trop », de trop entre sa mère et la famille de son père, de trop entre son père et sa mère, entre sa mère et son amant, entre son père et ses maîtresses, puis entre son père et la deuxième fille de celui-ci.

LE CHOIX D'UN MARI FAIBLE À L'IMAGE DU PÈRE

Gilberte parle peu de son père ; je le lui fais remarquer ; elle cherche visiblement à minimiser son importance, à côté du rôle qu'elle attribue aux femmes de celui-ci ainsi qu'à sa mère dans tous les déboires et les déplacements qu'elle a connus dans son enfance ; elle le dépeint simplement comme assez lâche et fuyant toute responsabilité. C'est toujours le plan narcissique-phallique qui se voit mis en avant par Gilberte, jamais le plan génital. Les désordres enregistrés autour d'elle demeurent des conflits de puissance, on ne recueille aucune trace d'érotisation dans l'évocation des souvenirs.

Seule la grand-mère a représenté pour Gilberte une base affective assez constante et assez solide. C'est incontestablement cette relation rassurante et non toxique qui a évité à Gilberte les risques d'une psychotisation précoce. Mais cette image est décrite comme assez phallique d'une part, et, d'autre part, sa permanence s'est trouvée interrompue dès le début de la deuxième enfance ; la multiplicité des antagonismes narcissiques et agressifs qui se sont succédé par la suite n'ont pas permis à Gilberte d'aborder l'adolescence dans des conditions propices à des identifications œdipiennes suffisantes pour organiser le fonctionnement psychique sous le primat du génital.

Le Moi de Gilberte ne semble nullement morcelé, mais narcissiquement très lacunaire ; les frustrations de l'enfance ont laissé en elle une revendication affective inépuisable, une insatisfaction irréductible, une quémande permanente.

Il est certain qu'elle a choisi un mari faible, à l'image du père écrasé et bafoué par la mère. Mais son sentiment d'incomplétude foncière s'est mal accommodé d'un conjoint qu'elle vivait comme lui enlevant encore une part de son propre narcissisme, déjà assez défaillant. A nouveau, elle va solliciter un autre homme (l'amant), à la fois sous le couvert d'un rêve de force plus grande et sous les traits d'un invalide... Tout effort pour combler le vide, l'angoisse intérieure, est voué inévitablement à l'échec. Et quand le mari, enfin fouetté lui aussi par la blessure narcissique, relève le gant phallique, la dépression de Gilberte devient encore plus forte que lorsque son objet anaclitique se dérobait à elle. Les dépressifs se présentent comme des sujets impossibles à satisfaire, tant ils n'ont d'espoir et de désir que pour une partie de l'objet qu'ils ne peuvent pas toucher et qu'ils idéalisent ; tout leur devient immédiatement insupportable devant une partie de l'objet tournée, au contraire, en leur direction.

UN CONFLIT QUI EMPÊCHE TOUTE SATISFACTION ET ENGENDRE LA DÉPRESSION

L'angoisse de Gilberte n'a rien à voir avec les risques de punition des fantasmes incestueux ; elle se présente comme focalisée dans le cadre de la relation de dépendance, et correspond à une double crainte prenant une allure extérieurement contradictoire, sous forme d'angoisse de perdre l'objet de protection d'une part, et d'angoisse de se voir maltraitée par l'objet, d'autre part ; dès qu'il devient trop puissant, l'objet est présumé sadique. A la suite de la transformation opérée chez le mari par la provocation dont il a été victime de la part de Gilberte, celle-ci a pu enfin récupérer le « tuteur » anaclitique solide qu'elle espérait, mais, du même coup, les risques de se trouver en face d'un partenaire pouvant aller jusqu'à posséder une puissance génitale deviennent intolérables pour la faible maturation de son Moi sur le registre sexuel ; des mouvements phobiques-dépressifs de régression narcissique sont nécessaires pour opérer un déplacement et un évitement contre un retour inopiné des menaces érotiques, dont il est probable qu'elles sont perçues par la patiente essentiellement sur le registre de l'agression et non sur celui du plaisir.

SURESTIMATION ET DÉPRÉCIATION SIMULTANÉES DE L'IMAGE DES HOMMES

C'est à un tel raisonnement et à de telles hypothèses que j'étais parvenu à la fin de mon deuxième entretien avec Gilberte, et je pense qu'elle m'en avait dit en réalité beaucoup plus, au-delà des mots exprimés, puisque le troisième entretien venait confirmer mon opinion et apporter l'élément capital qui me manquait encore.

Gilberte arrivait à ce troisième entretien vêtue et parée exactement comme au précédent et dans les mêmes dispositions apparentes d'esprit, c'est-à-dire nullement provocante, mais pas complètement rassurée non plus, peu pressée dans le discours, sans avoir l'air de faire attendre l'autre, et paraissant au contraire s'efforcer de bien ordonner ses souvenirs, de ne pas omettre un détail pouvant se révéler intéressant, cherchant visiblement et sincèrement à critiquer les attitudes des uns et des autres comme les siennes propres, sans colère ni ménagement particulier.

Elle commence l'entretien en se demandant s'il ne faudrait pas qu'elle me parle *« des choses sexuelles »*. Une moue permissive et vaguement sonorisée par un long raclement de ma gorge, la même moue que lorsqu'elle me proposa de m'entretenir de sa famille, fut la seule réaction que je jugeai bon d'extérioriser. Gilberte tient à m'affirmer que les « choses sexuelles » ne l'ont jamais beaucoup intéressée, que, très tôt déjà, elle considérait, comme sa grand-mère, que seules les filles de très mauvaise éducation affichaient une recherche de plaisirs physiques. Mais la grand-mère devait certainement deviner les questions qui venaient à l'esprit de Gilberte sur le compte de sa propre mère ; la grand-mère ajoutait en effet aussitôt qu'il y avait aussi des filles « bien élevées » qui pouvaient être entraînées malgré tout, « par des hommes qui... », etc. Du dégoût (lignée narcissique et non œdipienne)

Gilberte supportait mal un mari qu'elle disait faible; mais lorsque celui-ci recouvrait sa « puissance génitale », elle le vivait comme une agression.
(La dispute pour la culotte, imagerie de Lille, vers 1800, musée Carnavalet).

des femmes sexualisées, on en est venu au dégoût des hommes. Mais qui suppose dégoût, c'est-à-dire dépréciation narcissique, implique complémentairement surévaluation négative, idéalisation négative de la même image, ce qui a certainement contribué très précocement chez Gilberte à opérer un clivage des représentations mauvaises ou merveilleuses (toutes deux « idéalisées ») de l'homme.

UNE AGRESSION SEXUELLE QU'ONT SUBIE TOUS LES CAS LIMITES

Or Gilberte nous rapporte, à propos de ses souvenirs liés aux deux chaînes associatives connexes, sexualité et grand-mère maternelle, un fait qu'elle dit l'avoir beaucoup meurtrie, mais sans paraître réaliser toutefois l'importance qui en a découlé pour l'avenir de son organisation mentale : vers l'âge de trois à quatre ans, pendant qu'elle se trouvait seule chez sa grand-mère, elle aurait été souvent confiée pour des promenades en campagne à un voisin artisan, mari d'une amie de la grand-mère, âgé et taciturne dont elle avait peur à cause de ses colères célèbres dans le quartier. Pourtant il était en général assez gentil avec elle, et, un jour, il l'entraîna assez loin, assise sur le cadre de sa bicyclette ; il commença à la caresser, puis s'arrêta en un endroit discret. Elle ne se souvient plus très bien de ce qui se serait passé, mais elle aurait crié et des paysans accourus l'auraient ramenée en pleurs chez sa grand-mère. Si ses souvenirs touchant à l'acte traumatisant semblent très estompés, il paraît évident que nous n'avons nullement affaire ici à un quelconque roman fantasmatique, tel qu'on le voit rapporté bien souvent par des patientes névrotiques prétendant avoir été l'objet de violences paternelles, dans une élaboration œdipienne tardive reconstruite après coup à partir, d'une part, d'un désir latent et, d'autre part, d'un décor réel sans rapport entre eux sur le moment. Ici nous rencontrons, comme chez tous les états limites, un fait *réel*, où vécu et fantasmes ont *objectivement* concordé dans les mêmes unités dramatiques de temps, de lieu et d'action. Gilberte aurait perdu le souvenir de ce traumatisme si la grand-mère et les voisins n'y avaient fait des allusions fréquentes et répétées par la suite. C'est la *réalité* qui prime, non la construction fantasmatique seule. Le moment n'a pas été choisi par les mouvements naturels et progressifs de l'élaboration psychique.

A l'instar des élaborations secondaires fantasmatiques des névrotiques, qui demeurent alimentées par les pulsions génitales, le degré de maturation affective de Gilberte au moment du traumatisme génital n'a pas permis à l'enfant de l'époque d'enregistrer sur le plan génital la vive excitation pulsionnelle ressentie ; celle-ci n'a pu être rangée que parmi les incitations agressives et classée à ce niveau par la suite. Depuis lors, une chose très grave ne cessait de se répéter : toute nouvelle sollicitation génitale interne ou externe réveillait le même schéma représentatif agressif et il fallait que Gilberte se défende, non seulement par des inhibitions supprimant l'affect (et non par un refoulement laissant intact l'affect), mais, en plus, qu'elle ressente toute initiative masculine comme une « *tentative de...* » (*cf.* le pseudo-psychanalyste), de mode essentiellement sadique.

La contradiction apparente, en réalité simple complément narcissique, consistait à rechercher dans le même moment une image toute bonne de père idéalisé, condensant à la fois le père qu'elle n'avait pas eu et la grand-mère qu'elle avait tout de même eue, ceci en un seul élément phallique-protecteur, non dangereux tant qu'il reste lointain et éthéré, mais persécuteur, en bascule, dès qu'il se rapproche.

On comprend mieux, du même coup aussi, une autre apparente contradiction qui sautait aux yeux quand Gilberte nous rapportait successivement, d'un côté la honte (narcissique) et le manque (narcissique) qu'elle ressentait aux souvenirs de son père et de sa mère, et d'un autre côté, le sentiment dépressif qui l'envahissait à se sentir dans sa nouvelle résidence loin « de sa famille »...

LE CAS DE GILBERTE : UN EXEMPLE PARFAIT DE DÉPRESSION LIMITE

Je ne pense pas qu'on puisse rencontrer très souvent en consultation de psychopathologie des cas aussi purs de dépression limite n'ayant pas encore dégénéré plus radicalement soit vers le versant caractériel, soit vers le versant psychotique, soit vers le versant pervers.

Habituellement, ces sujets ne sont pas montrés au psychopathologue par les médecins qui les gardent, sous un prétexte ou un autre, dans un dialogue rationalisé, soit du registre idéalisé sur le plan médicamenteux, soit du registre idéalisé sur le plan du conseil à prétention socio-psychologique : « Vous n'avez qu'à rompre avec... », etc. Ou bien encore, ces personnes ne vont pas consulter de médecins avant une sérieuse aggravation de leur état, en particulier un « deuxième traumatisme désorganisateur ».

Le cas de Gilberte ne présentait pas de difficulté particulière pour se voir différencier soit d'un aménagement caractériel ou pervers, du côté des autres évolutions « limites », soit d'une forme même atypique ou précoce de structuration psychotique. Le diagnostic sélectif demeurait beaucoup plus subtil, en direction de certains modes de structuration névrotique. J'ai jugé plus opportun de faire porter sur ce dernier point l'essentiel de mes réflexions, le problème me paraissant moins évident et, aussi, moins souvent débattu.

LES DÉPRESSIONS SELON LES MODES DE STRUCTURATION

Après avoir longuement développé à propos du cas de Gilberte ce qui constitue l'originalité des mécanismes mentaux de la dépression limite, je voudrais brosser beaucoup plus rapidement les grands traits distinctifs *latents* des différentes formes habituelles de manifestations dépressives selon leur appartenance à la lignée structurelle psychotique, à la lignée structurelle névrotique ou encore, tout comme Gilberte, au cadre des organisations limites.

Une dépression psychotique

Martine fut une gentille petite fille dont les qualités de courtoisie et les succès scolaires remplissent la mère d'orgueil, disent les voisins ; un psychopathologue dirait, lui, que c'est seulement grâce à ces réussites ostensibles de la fille que la mère semble récupérer un narcissisme probablement bien défaillant sans cela. Le père, plus effacé, contribue au renflouement du narcissisme maternel par l'intermédiaire de l'aide qu'il apporte aux efforts scolaires de l'enfant.

Tout se passe assez bien et assez discrètement jusqu'en classe de terminale où, bien que les scores intellectuels ne faiblissent pas trop, mais demandent une augmentation notable des efforts et de l'élève et du père, une altération du comportement (d'abord déniée par la famille) oblige finalement les parents à consulter : la jeune fille présente une soudaine boulimie et son aspect physique, autrefois gracieux, est devenu nettement inquiétant ; non seulement le poids atteint est relativement énorme par rapport à la taille, mais Martine se tient complètement voûtée, elle marche les jambes écartées, en regardant le sol, les deux bras pendants et flasques, l'œil hagard, ne saluant plus personne. Sa seule zone d'intérêt demeure ses livres, elle ne fréquente plus aucun camarade et s'isole dans sa chambre lorsqu'un parent ou un ami vient rendre visite à sa famille. Elle ne se lave plus, s'habille comme une petite vieille et passerait volontiers sa journée au lit si ses parents ne lui rappelaient ses examens prochains.

Ayant épuisé les capacités professionnelles du généraliste et de l'endocrinologue qui, devant la négativité de leurs investigations, ont mis avant tout l'accent, à juste titre, sur le tableau dépressif, les parents me présentent Martine.

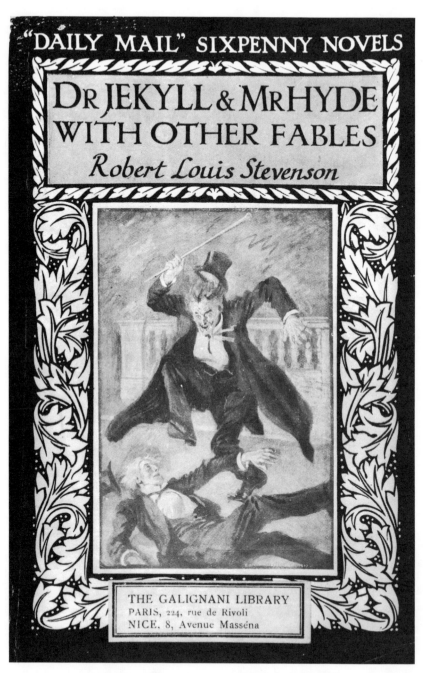

*La célèbre histoire du Dr. Jekyll et de Mr. Hyde
illustre le clivage du Moi dans la schizophrénie.*

de poser quelques questions à la malade, sinon il est bien évident qu'elle n'aurait accepté de prendre aucune initiative d'emblée, et comme l'heure était tardive...

Mais puisque j'ai pu, ainsi, lui permettre d'éviter toute responsabilité dans ce qui s'établit de fait entre nous, Christine se sent autorisée (sous l'apparente protection, également, du frère aîné qui se tient dans la salle d'attente) à « s'ouvrir » peu à peu à moi.

Elle met en avant ses ennuis actuels : un mari qui l'a déçue par sa pauvreté intellectuelle et la faiblesse de ses capacités professionnelles ; de plus, il la délaisse pour d'incessants voyages d'affaires. Bien qu'elle ait trois enfants qui ne lui posent aucun problème très aigu, elle s'ennuie dans la vie et se surmène tout autant chez elle que dans le cabinet immobilier où elle assure des fonctions à mi-temps, fonctions très investies, semble-t-il, sans pourtant ressembler à un simple perfectionnisme.

Pendant notre entretien, Christine commence à se redresser peu à peu, à arranger ses vêtements, à se recoiffer, à se recolorer, à croiser et à décroiser des jambes fines et soignées dans un évident souci de rapproché à l'allure beaucoup plus érotisée que simplement anaclitique. Au bout d'une demi-heure d'entretien, comme les choses vont déjà mieux, il est décidé que, pour ce soir, « nous en resterons là ». Je fais donc à nouveau entrer le frère qui, devant le nouvel aspect présenté par sa sœur, ne sait pas très bien quoi penser... Il paraît plus déprimé maintenant que la patiente, et c'est Christine elle-même qui le reconduit vers la sortie avant qu'il ait eu le loisir de prononcer une seule phrase cohérente ou entière ; il se contente de s'excuser pour ce dérangement à une heure inhabituelle et de remercier, visiblement désorienté.

Les entretiens suivants portent d'abord sur les insuffisances du mari puis sur la famille de Christine : un frère aîné, le médecin, marié à une femme insignifiante et agressive, dit Christine, est décrit comme s'épuisant dans un cabinet de banlieue beaucoup trop chargé pour un seul praticien ; mais, avec le caractère de son épouse, il n'aurait jamais pu trouver un associé durable. Christine est la plus jeune des quatre enfants ; entre le frère aîné et elle-même figurent deux sœurs célibataires, l'une infirmière, l'autre secrétaire, et ayant vécu jusque-là avec le père, dont la figure apparaît à cette occasion comme auréolée d'une omnipotence affective sur l'ensemble de la famille, à côté d'une image présentée par Christine comme très falote de la mère, aussi bien sur le plan culturel que sentimental. Ce père merveilleux dirigeait une vaste entreprise de textiles, et, dans la petite ville où il habitait, il est décrit par sa fille comme très estimé ; une rue porte son nom ; il est décédé il y a deux ans ; la mère était morte beaucoup plus tôt.

Christine a trente-cinq ans ; après des études secondaires conduites jusqu'en classe de troisième, puis commerciales, elle a occupé avant son mariage divers emplois dans des entreprises appartenant à des amis ou à des débiteurs du père ; c'est au fils d'un de ses derniers qu'elle s'est mariée, poussée, dit-elle, par sa mère, agacée de voir ses deux sœurs demeurer célibataires mais sans doute inquiète, bien davantage, de la sentir tourner affectivement avec succès autour de son père dont elle se trouvait incontestablement la préférée.

Malgré les naissances successives de trois enfants qui entretiendraient avec elle de meilleures relations qu'avec son mari, elle se montre très déçue par ce dernier, qu'elle ne cesse de comparer à son père, et, à l'occasion de plusieurs crises entre eux, elle a déjà connu divers épisodes dépressifs mineurs pour lesquels on a aussitôt appelé le frère médecin à l'aide. Celui-ci s'en occupe avec beaucoup de gentillesse et lui conseille de reprendre une occupation. Christine y parvient facilement et les choses s'arrangent ; rien ne laissait prévoir la rechute présente.

L'accès actuel se révélant comme beaucoup plus aigu et beaucoup plus inquiétant, le confrère se sent dépassé par les événements et renonce à ses habituels remèdes à vocations à la fois stimulantes et apaisantes.

Effectivement, mon opinion va dans le même sens et j'ai l'impression que la crise dépressive actuelle, non seulement dans son intensité, mais dans sa qualité même, se différencie assez sensiblement des autres.

Je cherche donc à mieux comprendre ce qui se passe de particulier dans le psychisme de Christine, et j'apprends finalement que celle-ci a un amant depuis quelques mois ; il s'agit du directeur de l'agence dans laquelle elle travaille, un homme beaucoup plus âgé qu'elle, et visiblement chargé de la majesté paternelle.

Le mari de Christine ignore cette liaison, mais les sœurs en ont pris connaissance accidentellement et l'ont répété au frère aîné. Il s'en est suivi une violente scène de famille, au cours de laquelle elle a été vivement prise à partie, en l'absence de son mari, par le médecin et les deux sœurs.

Peu à peu, le tableau dépressif actuel s'est installé, bien que le mari, tout comme l'amant, continuent à se montrer très prévenants avec elle, ne sachant que faire pour dissiper la tristesse de son humeur... Elle ne s'en trouve que plus coupable encore et cette *culpabilité* se situe comme fondamentalement génitale, œdipienne et surmoïque. Il n'y a pas eu, comme chez Gilberte, d'écho extérieur ni de honte sociale. Ce sont seulement les substituts de la loi paternelle génitalisée qui sont intervenus sur les éléments introjectés dans le Surmoi de Christine. La

relation d'objet de Christine se présente comme typiquement génitale. Les violents sentiments œdipiens voués au père et interdits par la mère ont été l'objet de la *défense* classique de refoulement ; c'est le retour du refoulé à l'occasion du transfert sur l'amant, image paternelle, qui constitue le symptôme — compromis entre la réussite pulsionnelle et l'interdit surmoïque. Ce symptôme se présente ici sous la forme dépressive ; c'est la seule et *rare* forme de dépression qui puisse se rencontrer dans le cas d'une structure névrotique. Le traitement en demeure bien connu et bien classique.

JEAN BERGERET[6]

Dans l'univers clos d'Ingmar Bergman,
l'exacerbation des passions conduit souvent les personnages
aux frontières de la psychose.
(Liv Ullmann dans « Une passion », d'Ingmar Bergmann).

6. *La Dépression et les états limites* (« Clinique de la dépression limite »), Payot édit., 1974, p. 155-174.

BIBLIOGRAPHIE[1]

Liste des abréviations :

- RFPsa : Revue française de psychanalyse.
- Psychoanal. Quarterly : The Psychoanalytical Quarterly.
- Int. Univ. Press : International University Press.
- Int. J. of Psa : International Journal of Psychoanalysis.
- JAPA : Journal of the American Psychoanalytic Association.

ABRAHAM K., « Signification des traumatismes sexuels juvéniles pour la symptomatologie de la démence précoce », 1907, *Œuvres complètes,* t. I, Payot. « Deux actes manqués d'une hébéphrène », 1921, *Œuvres complètes,* t. II, Payot. « Esquisse d'une histoire du développement de la libido basée sur la psychanalyse des troubles mentaux », 1924. Étude comportant notamment : « Les états maniaco-dépressifs et les étapes prégénitales d'organisation de la libido » ; « Mélancolie et névrose obsessionnelle : deux étapes de la phase sadique-anale » ; « Perte objectale et introjection au cours du deuil normal et des états psychiques anormaux » ; « L'introjection mélancolique. Les deux étapes de la phase orale » ; « La thérapeutique psychanalytique des états maniaco-dépressifs » ; *Œuvres complètes,* t. II, Payot.

ALEXANDER J. M. et ISAACS K. S., « Contribution à la théorie psychanalytique de la dépression », *RFPsa,* 1963.

AMMON G., « Colloque sur les psychoses », *RFPsa,* 1971, vol. 35.

AULAGNIER P., « Remarques à propos de la structure maniaco-dépressive, *in Recherches sur les maladies mentales,* Imprimerie municipale, 1961.

BAK R., « Regression of Ego Orientation and Libido in schizophrenia », *Int. J. of Psa,* 1939, vol. 20.

BALINT M., *Les Voies de la régression,* Payot, 1967. « Le renouveau et les syndromes paranoïde et dépressif », 1952, *in Amour primäire et Technique psychanalytique,* Payot, 1972.

BARANDE I., « Le délire de relation de Kretschmer », *Entretiens psychiatriques,* P.U.F., 1956. « Lecture des *Mémoires* de Schreber », *RFPsa,* 1966, vol. 30.

BAUMEYER F., « The Schreber case », *Int. J. of Psa,* 1956, vol. 37.

BECACHE A., « Rêve et Psychose dans l'œuvre de Freud », *RFPsa,* 1976, vol. 40.

---

1. Sauf en ce qui concerne les articles de Freud, on trouvera les références des extraits reproduits dans cet ouvrage à la section « Origine des textes ».

310

BENDER L., « Childhood schizophrenia », *American Journal of Orthopsychiatry*, 1947, vol. 17.

BETTELHEIM B., « Jocy, a mechanical boy », *Scientific American*, 1959. *La Forteresse vide*, Gallimard, 1971.

BICK E., « The experience of skin in early object-relations », *Int. J. of Psa*, 1968, vol. 49.

BION W. R., « Notes on the theory of schizophrenia », *Int. J. of Psa*, 1953, vol. 24. « Differentiation of the psychotic from the non psychotic personalities », communication au XIXᵉ Congrès international de psychanalyse, 1955.

BONAPARTE M., « A Psychological study of a murder », *Int. J. of Psa*, 1951, vol. 32. « Le cas de Mme Lefebvre », in *Psychanalyse et Anthropologie*, P.U.F., 1952. « Épilepsie et sado-masochisme dans la vie et l'œuvre de Dostoïevski », *RFPsa*, 1962, vol. 26.

BOUVET M., « Dépersonnalisation et relations d'objet », *RFPsa*, 1960, vol. 24.

BROMBERG W., « Dynamic aspects of the psychopathic Personality », *Psychoanal. Quarterly*, 1948, vol. 17.

BYCHOWSKI G., « The Ego and the introjects », *Psychoanal. Quarterly*, 1956, vol. 25. « The release of internal images », *Int. J. of Psa*, 1956, vol. 37. « Façade compulsive-obsessionnelle dans la schizophrénie », *RFPsa*, 1967, vol. 31.

CAPGRAS J., « Crimes et délits passionnels », *Ann. méd. psychol.*, 1927.

CARR A. C., « Observations on paranoïa and their relationship to the Schreber case », *Int. J. of Psa*, 1963, vol. 44.

CENAC M., « Syndrome érotomaniaque chez une persécutée interprétante hallucinée », *Soc. cl. méd. ment.*, 1924.

CHASSEGUET-SMIRGEL J., « Notes cliniques sur un fantasme commun à la phobie et à la paranoïa », *RFPsa*, 1966, vol. 30. Et BARANDE I., CHAZAUD J., MALLET J., RACAMIER P. C., SEMPE J. C., *La Paranoïa. Aspects psychanalytiques*, *RFPsa*, nº spécial, 1966, nº 1. Et RACAMIER P.C., « La Révision du cas Schreber : revue », *RFPsa*, 1966, vol. 30. « Notes de lecture en marge de la révision du cas Schreber », *ibid.*

CHAZAUD J., « Contribution à la théorie psychanalytique de la paranoïa », *RFPsa*, 1966, vol. 30.

CLAUDE H., « Mécanismes des hallucinations. Syndrome d'action extérieure », *Encéphale*, 1928, vol. 23. Et SCHIFF P., « Le délire d'interprétation à base affective de Kretschmer et ses rapports avec le syndrome d'action extérieure », *ibid.*

CLERAMBAULT G. de et BROUSSEAU, « Coexistence de deux délires : persécution et érotomanie », *Soc. cl. méd. ment.*, 1920.

CLIFFORD W. et SCOTT M., « Deuil et manie », *RFPsa*, 1965, vol. 29.

CREAK M., « Psychoses in childhood », *Journal of Mental Sciences*, 1951, vol. 97.

DAVIDS A., RYAN R., SALVATORE P., « Effectiveness of residential treatment of psychotic and other disturbed children », *Am. J. of Orthopsych.*, 1968, vol. 38.

DELEUZE G. et GUATTARI F., *L'Anti-Œdipe : capitalisme et schizophrénie*, Seuil, 1972.

DEUTSCH H., « Some forms of emotional disturbance and their relationship to schizophrenia », *Psychoanal. Quarterly*, 1942, vol. 11.

DEWHURST K., « A contribution to the symposium on manic-depressive psychosis », *British medical Journal of medical Psychology*, 1962, vol. 2.

DOLTO F., *Le Cas Dominique*, Seuil, 1971.

DIATKINE R., « Réflexions sur la genèse de la relation d'objet psychotique chez le jeune enfant », *RFPsa*, 1959, vol. 23.

Les psychoses : la perte de la réalité

DUBOR P., « L'articulation dissyntaxique des représentants pulsionnels dans l'humour et la psychose », *RFPsa*, 1973, vol. 37.

DUJARIER L., « A propos du traitement des maniaco-dépressifs », *RFPsa*, 1972, vol. 36.

DREYFUSS L., « Étude sur le retentissement de la théorie analytique sur l'organisation des structures de soins », *RFPsa*, vol. 33.

FAIRBAIRN R. D., « Schizoïd factors in the personality », *in Psychoanalytic Studies of the personality*, Londres, Routledge et Kegan Paul. « Considerations arising out of the Schreber case », *British medical Journal of medical Psychology*, 1956, vol. 19.

FAY D. W., « The case of Jim. Psychosis and Recovery », *Psychoanalytic Review*, 1920, vol. 7.

FEDERN P., « Psychoanalysis of Psychoses », *Psychoanal. Quarterly*, 1943. « Ego Psychology and the psychoses », *in Manic depressive Psychoses*, Londres, Imago, 1953, chap. XIV.

FEIGENBAUM D., « Analysis of a case of Paranoïa persecutoria : Structure and Cure », *Psychoanalytic Review*, 1930, vol. 17.

FENICHEL O., *Perversionen, Psychosen, Charaktersrungen*, Vienne, International Psychoanalytischer Verlag, 1931.

FERENCZI S., « Paranoïa », *in Bausteine zur Psychoanalyse*, International Psychoanalytischer Verlag, 1927. « Beitrag zur Atiologie der Paranoïa », *Wiener klinische Wochenschrift*, 1903, vol. 22. « Le rôle de l'homosexualité dans la pathogénie de la paranoïa », 1911, *Œuvres complètes*, t. I, Payot. « La figuration symbolique des principes de plaisir et de réalité dans le mythe d'Œdipe », 1912, *ibid.* « Quelques observations cliniques de malades paranoïaques et paraphréniques », 1914, *Œuvres complètes*, t. II, Payot. « La psychanalyse des troubles mentaux de la paralysie générale », 1922, *Œuvres complètes*, t. III, Payot. « Le problème de l'affirmation du déplaisir », 1926, *ibid.*

FORMARI F., « Condition dépressive et condition paranoïde dans la crise de la guerre », RFPsa, 1964, vol. 28.

FREEMAN D., « Notes on a theory of depression », *Psychoanal. Quarterly*, 1968, vol. 37.

FREUD S., *La Naissance de la psychanalyse* (« Manuscrit H », du 24 janvier 1895), P.U.F. *Délire et rêves dans la « Gradiva » de Jensen*, 1906-1907, Gallimard. « Remarques psychanalytiques sur l'autobiographie d'un cas de paranoïa : le président Schreber », 1911, *in Cinq Psychanalyses*, P.U.F. « Pour introduire le narcissisme », 1914, *in La Vie sexuelle*, P.U.F. « Un cas de paranoïa qui contredisait la théorie psychanalytique de cette affection », 1915, *in Névrose, Psychose et Perversion*, P.U.F. « Deuil et Mélancolie », 1915-1917, *in Métapsychologie*, Gallimard. *Introduction à la psychanalyse*, 1917, Payot. « De quelques mécanismes névrotiques dans la jalousie, la paranoïa et l'homosexualité », 1921-1922, *in Névrose, Psychose et Perversion*, P.U.F. « Le Moi et le Ça », 1923, *in Essais de psychanalyse*, Payot. « Une névrose démoniaque au XVIIᵉ siècle », 1921-1923, *in Essais de psychanalyse appliquée*, Payot. « Névrose et psychose », 1924, *in Névrose, Psychose et Perversion*, P.U.F., de même que : « La perte de la réalité dans la névrose et la psychose », 1924. « La négation », 1925, *RFPsa*, 1934, vol. 7. *Abrégé de psychanalyse*, 1940, P.U.F. Et JUNG C.G., *Correspondance*, t. II, 1910-1914, Gallimard.

FROMM-REICHMANN F., « Transference in Schizophrenia », *Psychoanal. Quarterly*, 1939, vol. 8. « Psychoanalytic Psychotherapy with psychotics », *Psychiatry*, 1943, vol. 6. « Psychotherapy of Schizophrenia », *Am. J. of Orthopsych.*, 1954. « Notes sur le déroulement du traitement de la schizophrénie par la psychothérapie psychanalytique », 1948, *in* G. Bychowski, *Techniques spécialisées de la psychothérapie*, P.U.F., 1958.

GÉNIL-PERRIN G. P. H., *Les Paranoïaques*, Bibliothèque neuropsychiatrique, Maloine, 1926. Et LOWINGER L., « The Psychotic patient », *Amer. Pract. Dig. Treatment*, 1950, vol. 1.

GILLIBERT J., « Deuil-Mort-Même », *RFPsa*, 1967, vol. 31. « Colloque sur la psychanalyse des psychoses », *RFPsa*, 1967, vol. 31.

GLOVER E., « A psychoanalytic approach to the classification of mental disorders », *Journal of mental science*, 1932. « The concept of dissociation », *in On the Early Development of mind*, Imago pub. Co, 1956. *The Roots of crime*, Imago, 1960.

GREENACRE P., « Conscience in the psychopath », *Am. J. of Orthopsych.*, 1945, vol. 15. « Certain relationships between fetichism and the faulty development of the body image », *Psych. study*, 1953, vol. 14. « Early physical determinants in the development of the sense of identity », *JAPA*, 1958, vol. 6. « On focal symbiosis », in *Dynamic Psychopathology in childhood*, Grune and Stratton, 1959.

GRESSOT M., « L'idée de composante psychotique dans les cas limites accessibles à la psychothérapie », *Encéphale*, 1960, vol. 4.

HAVELKOVA M., « Follow-up study of 71 children diagnosed as psychotic in preschool age », *American Journal of Orthopsychiatry*, 1968, vol. 38.

HEIMANN P. et ISAACS S., « Le régression », 1952, in *Developpements de la psychanalyse*, P.U.F., 1966.

HESNARD A. L. M., *Les Psychoses et les frontières de la folie*, Flammarion, « Bibliothèque de philosophie scientifique », 1924.

ISAACS S., « Nature et fonction du fantasme », *in Développements de la psychanalyse*, P.U.F., 1966.

JACKSON E., *The Etiology of schizophrenia*, New York, Basic Books, 1961.

JACOBSON E., « On psychotic identification », *Int. J. of Psa*, 1954, vol. 35.

JELGERSMA G., « Das System der Psychosen », *Zeitschrift für die gesamte Neurologie und Psychiatrie*, 1912, vol. 13.

JOAKI E. et THUILLIER R., « Érotomanie et délire d'interprétation », *Ann. méd. psychol.*, 1931.

JOSEPH B., « Quelques caractéristiques de la personnalité psychopathologique », *RFPsa*, 1961, vol. 25.

KATAN M., « Schreber's delusion of the end of the world », *Psychoanal. Quarterly*, 1949, vol. 18. « Schreber's hallucinations about little men », *Int. J. of Psa*, 1950, vol. 31. « Further remarks about Schreber's hallucinations », *Int. J. of Psa*, 1952, vol. 33.

KERSTENBERG J., « A propos de la relation érotomaniaque », *RFPsa*, 1962, vol. 26. « Notes sur le traitement par le psychodrame analytique des malades psychotiques hospitalisés », *RFPsa*, 1968, vol. 32.

KESTEMBERG E., « Quelques considérations à propos de la fin de traitement des malades à structure psychotique », *RFPsa*, 1958, vol. 22.

KHAN MASUD R., « Aspects cliniques de la personnalité schizoïde : affects et technique », *RFPsa*, 1961, vol. 25.

KITAY P. M., « A reinterpretation of the Schreber case », *Int. J. of Psa*, 1963, vol. 44.

KLEIN M., « La psychothérapie des psychoses », 1930, in *Essais de psychanalyse*, Payot. « Le deuil et ses rapports avec les états maniaco-dépressifs », 1940, *ibid.* « Notes sur quelques mécanismes schizoïdes », 1946, in *Développements de la psychanalyse*, P.U.F. « Notes sur la dépression chez le schizophrène », *RFPsa*,

313

Les psychoses : la perte de la réalité

1961, vol. 25. « Se sentir seul », *in Envie et Gratitude,* Gallimard, 1968. *La Psychanalyse des enfants,* P.U.F., 1975.

KRETSCHMER E., *Paranoïa et Sensibilité,* P.U.F., 1963.

LACAN J., *De la psychose paranoïaque dans ses rapports avec la personnalité,* 1932, suivi de *Premiers Écrits sur la paranoïa,* Seuil, 1964. *Écrits,* comportant notamment : « D'une question préliminaire à tout traitement possible de la psychose », 1956, Seuil, 1966.

LAGACHE D., « Passions et psychoses passionnelles », *Évolution psychiatrique,* 1936.

LAING R. D., *The Divided Self,* Londres, Tavistock pub., 1979.

LAPLANCHE J., *Hölderlin et ou la question du père,* P.U.F., 1971. Et PONTALIS J. B., « Délimitation du concept freudien de projection », *Bull. psychol.,* 1963.

LEBOVICI S., « Considérations sur la relation d'objet psychotique », *RFPsa,* 1959, vol. 23.

LENTERI L., « Étude clinique des aspects divers de la paranoïa », *Perspectives psychiatriques »,* 1964, vol. 7.

LEVY N. A., « The psychoses », *in* W. F. PRIOR, *Practice and Medicine Tice,* 1938.

LITTLE M., « On delusional transference », *Int. J. of Psa,* 1958, vol. 39.

MACALPINE I. et HUNTER R. A., « The Schreber Case », *Psychoanal. Quarterly,* 1953, vol. 22. « Observations on the psychoanalytic theory of psychoses », *British medical Journal of medical Psychology,* 1954, vol. 27. *Daniel Schreber : Memors of my nervous illness,* Cambridge, Mass. Bentley ed., 1955. *Schizophrenia 1677,* Londres, Holen Street Press, 1956.

MC DOUGALL J. et LEBOVICI S., *Dialogue avec Sammy : un cas de psychose infantile,* P.U.F., 1960.

MAHLER M.S., « On child psychosis and schizophrenia », *The Psychoanalytic Study of the Child,* New York, Univ. Press, 1952, vol. 7. « Dédifférenciation perceptuelle et relation objectale psychotique », *RFPsa,* 1961, vol. 25. Et FURER M., « On Human symbiosis and the vicissitudes of individualism », in *Infantile Psychoses,* New York, *Int. Univ. Press,* 1968, vol. 1. « Autism and symbiosis, two extreme disturbances of identity », *Int. J. of Psa,* 1958, vol. 39. Et ELKISCH P., « Some disturbances of the Ego in a case of infantile psychosis », *Psycho. of the child,* 1953, vol. 8. Et FURER et SETTLAGE, *Severe emotional disturbances in childhood : Psychosis,* New York, Am. Handbook of Psychiatry, Basic Books, 1953, chap. XLI.

MALE P., « Les préschizophrénies », *in Psychothérapie de l'adolescent,* chap. VIII.

MALLET J., « La dépression névrotique », *Évolution psychiatrique,* 1955, vol. 3. « Symposium sur les états dépressifs », *ibid.* « Une théorie de la paranoïa », *RFPsa,* 1966, vol. 30.

MANNONI M., *Éducation impossible,* Seuil, 1973. *Le psychiatre, son « fou » et la psychanalyse,* Seuil, 1974. *L'Enfant, sa « maladie » et les autres,* Seuil, 1975.

MELMAN, « Aperçu partiel de l'évolution d'un concept : la paranoïa », *Perspectives psychiatriques,* 1964, vol. 7.

MELTZER D., « The differentiation of somatic delusions from hypocondria », *Int. J. of Psa,* 1964, vol. 45. *Explorations in autism,* Clinic Press, Scotland, 1975.

MILNER M., *Les Mains du dieu vivant,* Gallimard, 1969.

NACHT S., « La structure inconsciente de quelques psychoses », *RFPsa,* 1932, vol. 5. « Les états dépressifs », *RFPsa,* 1959, vol. 23. *(Ibid., in La Présence du psychanalyste,* P.U.F., 1963)* « Deux visages du réel », *RFPsa,* 1962, vol. 6. Et RACAMIER P. C., « La théorie psychanalytique du délire », *RFPsa,* 1958, vol. 22.

NIEDERLAND W. G., « Three notes on Schreber case », *Psychoanal. Quarterly,* 1951, vol. 20. « Schreber : father and son », *Psychoanal. Quarterly,* vol. 28.

Nydes J., « Schreber, parricide and paranoïd masochism », *Int. J. of Psa,* 1963, vol. 44.

Pankow G., *L'Homme et sa psychose,* Aubier-Montaigne, 1969.

Pasche F., « De la dépression », *RFPsa,* 1963. « Le bouclier de Persée, ou psychose et réalité », *RFPsa,* 1971, vol. 35.

Pauleikhoff B. et Meissmer V., « Die psychotische Primitivreaktion », *Fortschr. neurol. Psychiat.,* 1967, vol. 35.

Philipp H. S., « Psychoses in children, their origin and structure », *Psychoanal. Quarterly,* 1954, vol. 23.

Pichon-Riviere E., « Exposiciòn suscinta de la teoria especial de las neurosis y psicosis », *Index Neur. Psic.,* 1946, vol. 6.

Powles W. E., « The nature of the psychotic state », *Canad. Psychiat. Ass. J.,* 1968, vol. 13.

Racamier P. C., « Psychothérapie psychanalytique des psychoses », *in La Psychanalyse d'aujourd'hui,* P.U.F., 1956. « Le Moi, le soi, la psychanalyse et la personne », *Évolution psychiatrique,* 1963, vol. 4. « Esquisse d'une clinique psychanalytique de la paranoïa », *RFPsa,* 1966, vol. 30. « Rêve et psychose : rêve ou psychose », *RFPsa,* 1976, vol. 40. Et Chasseguet-Smirgel J., « La révision du cas Schreber », *RFPsa,* 1966, vol. 30.

Rado S., « The problem of melancholia », *Int. J. of Psa,* vol. 9.

Raecke J., « Der Inhalt der Psychose Bemerkungen zum gleichnamigen Vortrag vom Jung », *Archiv für Psychiatrie und Nervenkrankheiten,* 1917, vol. 57, 2.

Reich W., « La désagrégation schizoïde », 1949, *in L'Analyse caractérielle,* Payot, 1971. Comporte notamment : « Le rôle du "diable" dans le processus schizoïde » ; « Le regard "lointain" des schizophrènes » ; « La percée de la dépersonnalisation et la compréhension de la dissociation schizoïde » ; « La fonction rationnelle du "mal diabolique" ; « Anorgonie et catatonie » ; « La fonction de l'automutilation dans la schizophrénie » ; « Crise et guérison ».

Renard M., « La conception freudienne de la névrose narcissique », *RFPsa,* 1955, vol. 19.

Resnik S., *Personne et Psychose,* Payot, 1973.

Rochlin G., « Loss and Restitution », *Psychoanal. Study of the Child,* 1953, vol. 8. « The Loss complex », *JAPA,* 1959, vol. 7.

Rodnik E. H., « The psychopathology of development : investigating the etiology of schizophrenia », *Am. J. of Orthopsych.,* 1968, vol. 38.

Rosenfeld H., « Analysis of a schizophrenic state with depersonalization », *Int. J. of Psa,* 1947, vol. 28. « A note on the psychopathology of confusional states in chronic schizophrenia », *Int. J. of Psa,* 1950, vol. 31. « The investigation of the need of neuvrotic and psychotic patients to act out during analysis », *in Psychotic States, a psychoanalytic approach,* Londres, Hogarth.

Rosolato G., « L'imaginaire du hasard », *Psychanalyse,* 1957, vol. 3.

Rycroft C., « The analysis of the paranoïd personality », *Int. J. of Psa,* 1960, vol. 41, n° 1. « An observation on the defensive function of schizophrenia thinking and delusional formation », *Int. J. of Psa,* 1962, vol. 43, n° 1.

Scheelan Dare H., « Homicide during a schizophrenic episode », *Int. J. of Psa,* 1955, vol. 36.

Schiff P., « Les relations entre le délire de persécution, le caractère anal et l'homosexualité », *RFPsa,* 1929, vol. 3. « Les paranoïas et la psychanalyse », *RFPsa,* 1935, vol. 8.

Schmideberg M., « The role of psychotic mechanisms in cultural development », *Int. J. of Psa,* 1930, vol. 11. « A contribution to the psychology of persecutory ideas », *Int. J. of Psa*, 1931, vol. 12. « The psychoanalysis of asocial children », *Int. J. of Psa*, 1935, vol. 16.

SCHMITZ B., « Les états limites : introduction pour une discussion », *RFPsa*, 1967, vol. 31.

SCHWEICH M., MARGAT P. et FORCY C., « A propos de la psychothérapie. Caractère psychanalytique des schizophrènes », *Évolution psychiatrique*, 1955, vol. 2.

SCHREBER D. P., *Mémoires d'un névropathe*, 1903 ; Seuil, 1972.

SEARLES H. P., « A note on depersonalization », *Int. J. of Psa*, 1932, vol. 13. « The effort to drive the other person crazy », *British medical Journal of medical Psychology, 1959, vol. 82. (« L'effort pour rendre l'autre fou »*, *RFPsa*, 1975, vol. 12.). « Sexual processes in schizophrenia », *Psychiatry*, 1961, vol. 24. *Collected papers on schizophrenia and related objects*, Londres, Int. Psychoanal. Library, Hogarth Press, 1965, chap. XIV.

SECHEHAYE M., *La Réalisation symbolique*, Berne, Hans Huber, 1947. *Introduction à une psychothérapie des schizophrènes*, P.U.F., 1954.

SEGAL H., « Some aspects of the analysis of a schizophrenic », *Int. J. of Psa*, 1950, vol. 33. « Depression in the schizophrenia », *Int. J. of Psa*, 1956, vol. 37.

SEMPE, « Le psychiatre et la folie raisonnante », *Perspectives psychiatriques*, 1964, vol. 7. « Les deux faces du paranoïaque », *ibid.*

SOCCARAS F., « Schizophrénie pseudo-névrotique et schizophrénie pseudo-caractérielle », *RFPsa*, 1957, vol. 21.

SOUZA D. S. de, « Disparition et restauration des relations d'objet chez une petite fille schizophrène », *RFPsa*, 1961, vol. 25.

SPITZ R. A., « Hospitalisme. Une enquête sur la genèse des états psychopathiques de la première enfance », *RFPsa*, 1949, vol. 13.

SZASZ T. S., « The psychology of bodily feelings in schizophrenia », *J. Am. Psychosomatic Society*, 1957, janv.-fév.

TOLENTINO I. I., « Contributo clinico al problema psicopatologico della paranoïa », Rass. neuropsich., 1957, vol. 11.

TUSTIN F., *Autisme et Psychose de l'enfant*, Seuil, 1977.

VAN OPHUIJSEN, « On the origin of the feeling of persecution », *Int. J. of Psa*, 1920, vol. 1.

WAELDER R., « The structure of paranoïd ideas », *Int. J. of Psa*, 1951, vol. 32.

Wender W. H., « The role of genetics in the aetiology of schizophrenia », *Am. J. of Orthopsych.*, 1969, vol. 38.

WHITE R. B., « The mother conflict in Schreber psychosis », *Int. J. of Psa*, 1961, vol. 42. « The Schreber case reconsidered in the light of psychosocial concepts », *Int. J. of Psa*, 1963, vol. 44.

WINNICOTT D. W., « Psychose et soins maternels » *in De la pédiatrie à la psychanalyse*, Payot, 1969. « L'effet des parents psychotiques sur le développement affectif de leur enfant », *ibid.*

WITHEHORN J. C., « The Psychoses », in Cecil, *Textbook of Medicine*, Saunders, 1955.

WITTELS F., « The position of the psychopath in the psychoanalytic system », *Int. J. of Psa*, 1938, vol. 19.

WOLFSON L., *Le Schizo et des langues*, Gallimard, 1972. Congrès international sur les psychoses, 1967 ; Union générale d'édition, 1972.

ORIGINE DES TEXTES

PREMIÈRE PARTIE
Comprendre les psychoses

I. *La paranoïa et son origine homosexuelle*
S. FREUD : C.G. JUNG : *Correspondance*, t. II (1910-1914; lettre de 1910), p. 97-98. Gallimard, coll. « Connaissance de l'inconscience ».
FREUD : *Cinq Psychanalyses* (« Remarques psychanalytiques sur l'autobiographie d'un cas de paranoïa : le président Schreber », 1911), p. 264-265, 268-273, 287-291, 295-296, 302. Presses universitaires de France, coll. « Bibliothèque de psychanalyse ».
S. FERENCZI : *Psychanalyse I, in Œuvres complètes* (« Un cas de paranoïa déclenchée par une excitation de la zone anale », 1911), p. 146-149. Payot, coll. « Science de l'homme ».

II. *Délire et projection paranoïaques*
S. FREUD : *La Naissance de la psychanalyse* (« Manuscrit H », 24 janvier 1895), p. 98-102. Presses universitaires de France, coll. « Bibliothèque de psychanalyse ».
S. FREUD : *Cinq Psychanalyses* (« Remarques psychanalytiques sur l'autobiographie d'un cas de paranoïa : le président Schreber, 1911), p. 307-311. Presses universitaires de France, coll. « Bibliothèque de psychanalyse ».

III. *Choix de la maladie et signification du délire*
S. FREUD : *La Naissance de la psychanalyse* (lettre à Wilhelm Fliess, du 9 décembre 1899), p. 270. Presses universitaires de France, coll. « Bibliothèque de psychanalyse ».
K. ABRAHAM : *Rêve et Mythe, in Œuvres complètes*, t. I (« Les différences psychosexuelles entre l'hystérie et la démence précoce », 1908), p. 36-47. Payot, coll. « Petite Bibliothèque ».
S. FREUD : *La Vie sexuelle* (« Pour introduire le narcissisme », 1914), p. 82-83, 92-93. Presses universitaires de France, coll. « Bibliothèque de psychanalyse ».
S. FREUD : *Introduction à la psychanalyse*, p. 414-416, 419, 421-422, 424-425. Payot, coll. « Petite Bibliothèque ».
S. FREUD : *Cinq Psychanalyses* (« Remarques psychanalytiques sur l'autobiographie d'un cas de paranoïa : le président Schreber », 1911), p. 313-315. Presses universitaires de France, coll. « Bibliothèque de psychanalyse ».

IV. *Schizophrénie et « appareil à influencer »*
V. TAUSK : *Œuvres psychanalytiques* (« De la genèse de l'"appareil à influencer" au cours de la schizophrénie », 1919), p. 179-201, 204-205, 212-214. Payot.

V. *L'intolérable réalité et son substitut psychotique.*
S. FREUD : *Névrose, Psychose et Perversion* (« Névrose et psychose », 1924), p. 283-

L'impression de ce livre
a été réalisée sur les presses
de l'Imprimerie Maury S.A.
45330 Malesherbes
pour les Editions Robert Laffont, S.A.
le 30 avril 1980

Dépôt légal : 2e trimestre 1980 – N° d'imprimeur : D 80/8398
N° d'éditeur : 5147
Imprimé en France

ISBN 2-221-50091-1

Je suis frappé d'emblée par des éléments qui me paraissent tout à fait pathognomoniques[4] sur le plan structurel : *l'apathie,* en rapport non avec un anaclitisme limite, mais avec un véritable téléguidage intérieur par la volonté maternelle (de moins en moins efficace d'ailleurs) ; l'allure nettement *autique*[5] de la relation d'objet ; l'énorme *angoisse de néantissement* qui perce dans les fragments de cauchemars que la patiente rapporte ou dans la façon dont elle sursaute au moindre bruit ; *le déni de la réalité* inquiétante et morbide auquel elle participe sous l'influence de la mère ; en effet personne dans la famille ne veut voir l'aspect inquiétant de l'évolution en cours et toute offre d'aide non rationnellement médicamenteuse se voit refusée ; les mises en garde pour l'avenir, si un effort intellectuel aussi considérable continue à être demandé à Martine, sont très mal supportées par les parents qui les reçoivent comme une atteinte portée à leur propre narcissisme. Il y aurait déjà eu des cas de dépression dans la famille... Avec des efforts sur soi-même et le bon air de la campagne (dont les parents sont originaires), les choses se sont toujours arrangées et s'arrangeront encore dans le cas présent... Pauvre Martine.

Son genre de dépression correspond de toute évidence à un mode de début assez fréquent de schizophrénie ; c'est à ce stade-là qu'il conviendrait d'intervenir par une psychothérapie des plus efficaces... Mais la schizophrénie ne constitue-t-elle pas, avant tout, une maladie familiale ? Et certains parents, très fragiles et très angoissés eux-mêmes, ne peuvent accepter nos propositions que lorsque les choses se voient considérablement aggravées.

Une dépression névrotique

Un confrère m'appelle un soir, au téléphone, au secours de sa sœur qui présente un épisode dépressif aigu assez inquiétant. Il y réagit d'une façon qui semble tellement convaincante et l'impliquer lui-même, que je lui demande de m'amener cette patiente sans attendre.

Une demi-heure après, je vois arriver mon confrère portant dans ses bras une jeune femme visiblement habillée à la hâte, à l'allure défaite et défaillante ; dès que celle-ci se trouve déposée et bien calée, dans un fauteuil, les yeux à demi fermés, je tiens d'abord à m'assurer auprès du frère qu'il n'y a eu aucune absorption fâcheuse dans les heures qui précédaient ; la patiente se redresse alors pour me certifier que ses ennemis ne sont pas du tout de ce domaine. Je demande donc au confrère de nous laisser, ce qu'il ne semble pas apprécier, et je suis bien obligé

---

4. Se dit de signes propres à une affection, et qui suffisent à eux seuls à la caractériser. (N.d.E.)
5. Se dit d'un sujet coupé de tout environnement affectif, et replié sur lui-même. (N.d.E.)